石奕龙　著

# 仪式·意义·阐释

人类非物质文化遗产代表作
送王船仪式实践的人类学诠释

厦门大学出版社
XIAMEN UNIVERSITY PRESS
国家一级出版社
全国百佳图书出版单位

## 图书在版编目（CIP）数据

仪式·意义·阐释：人类非物质文化遗产代表作送
王船仪式实践的人类学诠释 / 石奕龙著. -- 厦门：厦
门大学出版社，2023.12
　　ISBN 978-7-5615-9091-1

　　Ⅰ. ①仪… Ⅱ. ①石… Ⅲ. ①非物质文化遗产-文化
人类学-介绍-福建 Ⅳ. ①G127.57

中国版本图书馆CIP数据核字(2023)第156266号

责任编辑　林　灿
美术编辑　李夏凌
技术编辑　朱　楷

出版发行　厦门大学出版社
社　　址　厦门市软件园二期望海路 39 号
邮政编码　361008
总　　机　0592-2181111　0592-2181406(传真)
营销中心　0592-2184458　0592-2181365
网　　址　http://www.xmupress.com
邮　　箱　xmup@xmupress.com
印　　刷　厦门市金凯龙包装科技有限公司

开本　720 mm×1 000 mm　1/16
印张　15.25
字数　213 千字
版次　2023 年 12 月第 1 版
印次　2023 年 12 月第 1 次印刷
定价　78.00 元

厦门大学出版社
微信二维码

厦门大学出版社
微博二维码

# 目　录

# 同安吕厝村的王爷信仰①

　　关于王爷信仰的问题,大陆的学者研究得不多;台湾学者中有不少人涉及,有的着重介绍一些王爷信仰的现象,有的则研究王爷信仰的起源与含义等。② 本文是根据笔者 1992 年在福建省同安县吕厝村的田野调查而作,主要是简略地介绍吕厝王爷信仰的情况,并据此对一些问题进行初步的探讨。

## 一、吕厝村的基本概况

　　吕厝村为同安县西柯镇的一个行政村,它位于西柯镇中部,同安县西桥溪出海口之西岸海边,与镇政府紧邻。该村西南以官浔溪同潘涂村相望,西边为官浔村,西北隔着同溪车路为西柯村,北边为浦头村,东南过去为丙洲岛。20 世纪 70 年代,由于围海造田,现丙洲与吕厝之间的沧海已成为田地和养虾池,同溪车路也从东头埔一直延伸到丙洲,丙洲也成了半岛。

　　吕厝行政村由吕厝社、东头埔社、何厝社与后吴社四个自然村组

---

　　① 本研究的田野工作得到 Luce Foundation 的支持,在此谨表本人的谢意! 同时,这项研究也曾得到吕厝许多乡亲的帮助和支持,在此也向他们表示我的感谢!

　　② 参见蔡相辉:《台湾的王爷与妈祖》,台北:台原出版社,1989 年;康豹:《屏东县东港镇的迎王祭典》,"中央研究院"《民族学研究所集刊》第 70 期,1991 年。

成,其中吕厝社、东头埔社姓吕,何厝社姓何,后吴社姓吴。1991 年底,全行政村人口有 2482 人,519 户,平均每户 4.78 人。其中吕厝社 270 户,1255 人,平均每户 4.65 人;东头埔社 125 户,561 人,平均每户 4.49 人;何厝社 91 户,495 人;后吴社 33 户,171 人。换言之,吴姓有 33 户,171 人;何姓有 91 户,495 人,而吕姓有 395 户,1816 人。

吕厝社原称泉州府同安县从顺里三都霞崎保石井,东头埔社原称童头苏。原有的居民姓洪、白、童、苏等。据说吕姓是在明代洪武年间迁居此地的。吕姓的开基祖叫吕宗裕,讳长顺。他原住在同安县金门岛上,到同安来谋生,就留了下来。相传,他先到浦头村教书,但发现那里的风水不利于吕姓的发展,就转到西柯村的磁灶社去教书,在那里也觉得该村的风水不利于吕姓的繁衍,于是在明代洪武年间来到霞崎的石井村教书。在这里,他发现现在吕氏祠堂的那块地是块风水宝地,就乘村民要他留下来教村中儿童读书之机,要了那块地,在那里建了一个草寮住了下来,并把他母亲和弟弟也接来。等到他结婚时,他把草寮改建为单倒水的瓦房,这使得姓白的人家逐渐衰落下去。后来又借口要多招几位童子就读而把单倒水的房屋改建为双倒水的瓦房,这又使得洪姓等其他几个姓逐渐衰落下去,而吕姓却慢慢地发达起来。其他姓见到这种情况,知道风水已被吕姓得了,只好摸摸鼻子走人,迁居出去,因此,石井慢慢成了吕姓的天下,而改名为"吕厝"。吕氏族谱的记载也证实这段传说基本可靠。《吕氏族谱·由浯江迁居霞崎谱系》曰:"均寿公生于元顺帝己丑年(1349 年),娶妣李氏,甫生三子,由浯江往南京,即于其地寓居,而再娶,传有后裔,建置基业甚然殷富,迨明洪武二十五年壬申(1392 年)七月二十八日卒于京师。其所遗浯江之子长讳长顺,因父均寿既卒,思欲改居,遂于洪武二十六年癸酉(1393 年)从其母李氏偕二弟由浯江刘澳吕厝村移居从顺里三都。有三卜室,始宅于浦头村,再宅于磁灶村,皆未惬意也,三则宅于霞崎石井内,见其地脉精神雄壮,可以贻谋我后,遂作室于兹焉。则长顺公字宗裕,谥潜德,是为霞崎之始祖。公之二弟外出,不知所之。其母李氏生于元顺帝戊子年(1348年),卒于明永乐癸卯年(1423年)九月十二日,在霞崎正寝,葬在从顺里四、五都之山前村茂林边,土名橄榄树社后。"该谱又云:"长顺公于洪武二十六年癸酉从其母李氏偕二弟由浯江刘澳吕厝村移居从顺里三都霞崎石井,娶妣柯氏,生子有四,长大乾,次大宜,三大成,四大宝。"由此看来,吕厝的开基祖是同母亲和一个弟弟(二弟)一起从金门岛刘澳的吕厝迁来的,其有四个儿子,除了次子迁居河北外,留下的三子都在同安发展。现他们的后裔已分布在吕厝、东头埔、竹仔林、四口圳、古湖、后垵、四角河、桥上、土楼、坝仔内、南山、后坂、官治、社仔后、面前山、湖林等社。在吕厝则分为三个角落,即吕厝社的上下角落与东头埔社。

过去吕厝村的村落聚居区紧靠海边,土地较少,同时又缺乏淡水,除了靠桔槔提取水井的水种一点水稻、地瓜、花生等外,则以讨小海和贩卖海蛎为主要生计。一般而言,除了种地以外,每年农历三月开始,村民就在海滩上讨生活,有的背着鱼篓捉螃蟹、捡海螺;有的用沙虾耙在海滩上耙虾;有的则在海滩上建鱼堁、鱼堡捕捉黄翅鱼、鲈鱼、乌仔鱼、钱头鱼、江鱼等,然后由本村的小贩卖到同安城里、附近的村社与内山地带。大约到农历十月左右,丙洲岛与同安东界的琼头村的海蛎开始收成,吕厝人往往会从那里买来带壳的海蛎,自己破或请人破后,挑到同安城或附近的村社与内山地带叫卖,或者直接到那两处批发鲜海蛎去叫卖。这种作业大致可以一直维持到农历翌年三月。

1927年左右,同安城至东头埔的同溪车路建成,东头埔成了同安县城与厦门市区联络的海路码头之一。此后,东头埔每年有十多人在码头上当码头工人"挣吃"。后来,临近的西柯村人眼红码头之利,也想插手码头事务,这就引起一场吕姓与柯姓的械斗。在这场械斗中,东头埔人联合吕厝的同姓一起同西柯人斗,最后斗赢了。此后,吕厝社的吕姓也可以轮流到码头上工作。具体做法是,吕厝分为上下两角落,东头埔算一角落,每个月由三个角落派人去投标,标中的角落组织人到码头工作一个月,标银交村里的老大管,用于一些吕姓的公益事业及祠堂的事务,余下的款项才由该月当码头工人的每一个人分配。换言之,在此之后,吕厝、东头埔的吕姓村民中,也有一部分人在码头上干活,东头埔码头的收入也成了当时吕姓的一个资源。

由于土地资源较少,人口又不断增殖,吕厝人曾不断地向海要田,例如曾在吕厝社与东头埔之间的海湾中围了"八分""十二分""五十分""新埭"等埭田,何厝也曾围了"内块""外块""尾块"等海塘。1947年,吕厝三个角落的吕姓又联合起来围了称为"三百分"的埭田,获土地三百多亩。1949年后,吕厝大队曾在何厝、后吴的东边沿同安西桥溪的西岸围了"北堤埭"。20世纪70年代,当时的策槽公社又组织了"策槽围垦",把吕厝与丙洲岛之间的海湾全围了起来。所以,现在的丙洲已不再是个小岛,而是半岛了。因此,在这样的过程中,地形地势也发生了变化,吕厝的耕地面积也有所增加。1949年后,曾有一段时间,吕厝比较偏重农业,海蛎加工与贩卖和码头活则为副业,讨小海因人口的增加与自然资源的有限和减少而逐渐衰落。20世纪50年代末,因厦门海堤的建立,东头埔码头也衰落了。20世纪70年代"策槽围垦"后,东头埔码头也不复存在。吕厝人只能以农业和海蛎加工与贩卖为主要生计。20世纪80年代后,此地由于靠海,兴起了对虾养殖业,所以目前吕厝的经济来源是以养殖和农业为主,其他各行各业为副业。


## 二、吕厝王爷宫——华藏庵


### (一)王爷宫现状

吕厝王爷宫的宫名为"华藏庵",其坐落在"龙虾出港"风水的头部,过去面海,王爷宫外即为沙滩,现由于"三百分"与"策槽围垦",王爷宫现在面对的是一片田地。

华藏庵"坐艮朝坤",为一单开间悬山顶的小庙。这是因为其坐落在"龙虾头"上,因而宫体不能建得太大,大了怕不稳,因此1980年重修时,也只比1966年以前的宫体每边各扩展一尺。其门额上写着"华藏庵",石头门柱上的对联曰:"华中幽冥第一阁,藏处阴阳无二理。"庙内石柱上也各有对联,其曰:"华阁庄严合境苍生皆仰敬,藏经感化四方黎庶尽蒙麻。""华及夷畛域无分共见代天游行于四海,藏与形德威并济何待巡狩莅任乎五年。"庙内正中为一座神龛,内供有水仙尊王五尊,亦称"五府王爷"(参见附录一),另供有姜太公吕尚、吕洞宾、大魁星君及中坛元帅。龛左画有注寿公,龛右的画像为注生娘娘;龛上挂着八仙彩,上曰:"华藏庵代天巡狩",其上有一匾,上曰:"代天巡狩";龛上的对联曰:"华山巍峨今尚在,藏水澎湃昔依然。"此为同安前县长许昭明所题。在龛前有一中案桌与一供桌,上有香炉、运签、杯筊等。供桌左边近墙处,摆着一条木制的小王船,而右边近墙处则供着日月二大使,他们坐在神辇上,面对着大门,其前也有一供桌,上也有香炉。在其边上的墙上则挂着签诗架。在庙门外的左廊上,摆有庙公桌,庙公在那里卖些鞭炮香烛、金纸及糕点、水果等,并为平常来拜拜的善男信女解签(参见图1)。

庙外为一半圆形庙埕,埕下为一广场,广场南边的正中有一个半月形池塘,其两旁各有一凉亭,亭子的两旁又各有一戏台。在庙埕上,近庙处有一用钢架搭起的简易拜亭,中有一供桌,上有香炉,据说这是天公炉。庙的左右近旁均有一金炉。在左边的"龙虾眼"上则建有一歇山顶的碑亭,内竖有《华藏庵史略碑志》碑,其碑文如下:

> 代天巡狩系由江北巡至江南,后续巡入闽。于洪武辛未年莅巡本邑从顺里三都霞崎石井(今之吕厝),初且座于日月二大使小庵。历数秋,神鉴石井盛地,环水依山,巨地龙虾出港,东望何厝,南联长弓形山脉,龙之左足,西对岸童头苏(今之东头埔)山脉入海,龙之右足。座由西山山脉落经西湖塘,袭龙于石井。堂朝洪

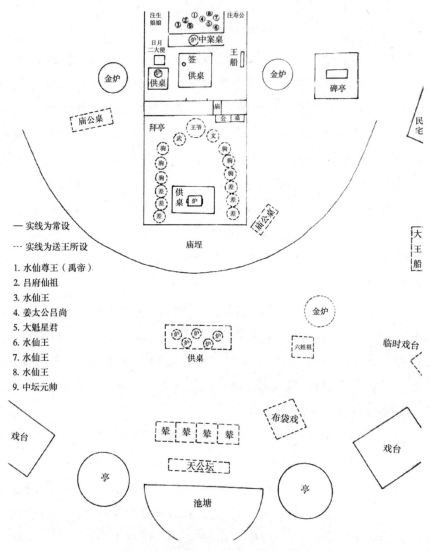

图1　华藏庵及庙埕广场（送王时的平面布置）

海，供龙吮水，真景难尽。神吉择龙首落座。时本境弟子吕宗裕
致力庙宇，殚精竭虑，倡导于戊寅年，始就此迹，命名"华藏庵"，座
艮朝坤。其时日月二大使旧庵已淹没，即本境诸明神均请落座于
华藏庵，时值潮澎，龙虾吮水，胜景猷（犹）活，故促神威兴盛，遐迩

震及,内外昭风,确由盛地促神威。至明永乐戊子年一四零八年玉皇敕旨:钦赐王爷荣爵,并订代天巡狩,以子、辰、申命任岁次。是年孟春初四迎接新任王爷。

此日,吕厝、卿扑、三社吕(四口圳、古湖、后垵)旗鼓辇队,更有迢郡邻邑邻梓之众多善男信女,千里不辞,诚心而至,共赴海沿,迎接新任王爷。此后穿梭绵似,侨航归返,郡邑车舟,邻里跋涉,故有庵港泊桅成林,辆积漫山,人马拥挤,香烟参天,善求必应,应扶行善脱险,灵助积德兴昌。更有巨数邻梓,迎接代天巡狩香火,座镇奉敬。至季春望日,各村筹精巨形异式多种艺术行伍,据四口圳埔会合,序列视察大游伍,游览村道。翌日复聚卿扑,依此续游,俗曰迎香。期至仲秋、季秋、孟冬,此间各村络绎奉送代天巡狩香火回庵。孟冬初二至旧王离任止,吕厝、东头埔均竖高灯达六丈余为标,旧王调本部他镇兵将返庵,期待离任出发。孟冬下旬,择吉奉送旧王离任,新任王爷座庵,苍生仰敬。上情,史久惯例。

代天巡狩,神威显赫,弘扬悠久。值至 1966 年庵被毁没,延至 1980 年,蒙星洲侨胞诚心兴资复建于原址,重立明神复座。兹为增建亭于龙虾眼,蒙诸君虔诚,暨本境弟子,共力乐资兴建秀景二亭,并碑立名略史启发,垂念千秋!

华藏庵建亭碑理事会立撰

公元一九八九年岁次己巳仲秋吉日

## (二)王爷与王爷宫的来历

根据上述情况看,吕厝王爷宫内并没有供奉王爷的神像,他们仅由"代天巡狩"之匾或八仙彩代之,即对联中所说的"藏与形"。据村民讲,王爷是由三十六位进士转化来的。而他们是被皇帝与张天师害死的。据说有三十六位进士在翰林院等待皇帝派官。当时皇帝想试一下张天师的法术,就在翰林院的下面挖了一个地洞,要三十六进士在里面弹唱弦乐。皇帝带张天师走入翰林院,听见底下有音乐的声响,就问张天师为什么有此声,是不是有什么东西作怪。张天师屈指算了一下,知道是怎么回事,也不讲话,只用脚在地上跺了三下,地底下就鸦雀无声了。事后,皇帝问这三十六进士为什么不弹了,三十六进士回答说,不知为什么突然都无法动弹,所以弹不出来。过了几天,皇帝又要他们照样再弹,然后又问张天师,怎么回事,又有此种声音。张天师也不答话,就把三十六进士的姓名写在一张纸上,放到一个瓶子里,塞上塞子,封好蜡,丢到河里。这下子地底下又没声音了。事后皇帝下去一看,原来三十六进士都死了,皇帝没辙了,只好埋了他们。再说那个装着写有三十六进士姓名纸条的瓶子在河里、海上漂,一直漂到吕厝这里的沙滩上,正巧被一个乞丐看到了,他捡了起来,见里面有东西就拔开塞子,三十六进士的冤魂就乘机飞了出来。他们飞到京都,找皇帝作祟讨封,皇帝没办法,就封他们为代天巡狩王爷,可以走到哪里吃到哪里。由于三十六进士是漂到吕厝这里得到封赐的,所以这里就有了王爷宫。同时,由于是乞丐把三十六进士从瓶里放出来的,所以人们认为乞丐是他们的大哥,送王时添载的柴米油盐等物品,乞丐甚至可以分一半。村民还认为,吕厝王爷是巡狩王爷,他们每四年来一任换届。新任王爷姓什么,借由日月二大使、姜太公、大魁星君、吕洞宾或中坛元帅的乩身等告诉村民。当年底送走旧王以后,新任王爷就"藏与形"地坐镇在华藏庵内,并在同安西界一带巡狩,保佑这地方的安宁。

那么,王爷是何时来到吕厝?王爷宫又是何时建成的呢?据碑志记,王爷是明洪武二十四年(辛未年,1391年)来到吕厝的。当时其先落座于日月二大使的小庵内。这个庵的旧址即今华藏庵宫前左戏台的位置。过了十年,日月二大使之庵堂被海水冲毁,王爷显灵落座于龙虾头上,故吕姓的开基祖吕宗裕就倡导在"龙虾头"上建了王爷宫,命名为"华藏庵",后又把本村其他各神明都请到里面,华藏庵成了吕厝的村庙。到了明永乐六年(1408年),王爷才正式有"玉皇敕旨"的爵号,并订下了子、辰、申年来此巡狩的规矩。这以后,王爷宫就在"龙虾头"上屡坏屡修,王爷信仰特别是每四年一次的迎王送王仪式也就从此代代相传下来。

然而,村民还有另一种口传,即王爷最早是到何厝社的,后来觉得吕厝社这边的风水好才移居到吕厝。何厝人对此传说并不反对,但对王爷的来历以及王爷是如何迁到吕厝,也有他们自己的说法。他们相传,很早的时候,有一个乞丐在何厝的海边见到一些白骨,发了善心把它们掩埋了。后来这些无主的鬼灵显圣说是王爷,何厝人就在该地建了一座小庙来拜拜。也不知过了多久,该庙毁坏了,何厝人一时无法修好,就把王爷寄到华藏庵里,可能是因为那里的风水好,王爷到那里后就不走了,所以王爷才被吕厝人得了。何厝人请不回王爷,也只好认了这一事实。这说法虽与吕厝人讲的有些差异,但应该基本符合事实,因为在过去,当地势还未因围海造田而变化时,吕厝王爷宫迎王要到何厝附近的海边迎,送王则在吕厝和何厝交界的海湾边送。还有,送王时,一定要在何厝的何姓祠堂中糊王爷、王船,然后从那里把王爷迎到吕厝王爷宫开光让人祭拜。此外,何厝人可先一天在何厝祀王贡王,因此吕厝的王爷应有过先驻足何厝的历史。

将上述几种看法综合起来看,以下的信息大体是比较可靠的,即大约在明代以前,王爷信仰就先在何厝开始,到明代初年,由于何厝宫毁才寄于吕厝的日月二大使庵,此后,该庵也被海水冲毁,这才在"龙虾头"上建立起王爷宫,到明永乐年间,才最后确定下王爷的身份、头衔、爵号以及子、辰、申年迎王送王的仪式,并相传下来。而这个从何厝转到吕厝的过程,则与吕姓的开基祖吕宗裕有关。换言之,由于吕宗裕是明洪武二十六年(1393年)迁居吕厝的,因而王爷从何厝转到吕厝的年代当在明代初年,而王爷信仰在何厝产生的年代应早于此。

### （三）王爷宫的经营方式

王爷宫由吕厝上下角与东头埔这三个角落中选出的理事会负责管理。理事会成员由吕姓各户在王爷宫内卜杯选出,1989 年来的一届理事会由吕良友、吕子厚、吕俊吟、吕涂水、吕俊炉、吕良入、吕德发、吕礼义、吕笃卿、吕俊卿、吕坎婴、吕总水十二人组成,理事长为吕良友。理事会聘请两人为庙公,管理每日的香火,并为来拜拜的人解签。他们每人轮两日,既管宫内的香火,也为人解签,同时兼卖些金纸、香烛、糕点、水果之类,卖东西的所得,扣除成本后的利润四六分成,即庙公得四,王爷宫得六。此外,平常有人为王爷宫添油捐款,他们也要记录清楚,然后报给理事会的会计,钱则交给出纳保管。这些钱主要用于购置宫中日常用的香烛以及修建宫庙。

由于吕厝王爷宫在同安西界小有名气,平常的日子里,除本村人外,外村及外乡也会有人慕名来此拜拜、讨准。笔者在调查期间就曾遇到笔者调查过的后田村的熟人来此问运途,尽管后田村有自己的王爷庙,因此该村也不曾到吕厝王爷宫接王去坐镇,但他却因吕厝王爷"灵验"而跑到此来问运途。根据王爷宫所存添油簿的记载,吕厝王爷信仰的圈子大抵以现同安西界与厦门郊区部分为主,此外,同安东界(现翔安区)乃至南安县南部的一小部分人以及厦门市区中一小部分人,也会来这里拜拜。

## 三、迎王与送王

迎王与送王是吕厝王爷信仰中最重要的仪式。每逢农历的子、辰、申年都要举办一次,即使在"文革"中,也不曾中断过。吕厝的迎王与送王仪式与其他宫庙的迎王送王仪式有一点不同之处,即其他宫庙如台湾屏东县东港镇东隆宫的迎王送王仪式是在几日里做完，[①]而吕厝华藏庵的迎王送王仪式则延续了四年。他们在"王爷公年"的正月初四迎这届新王，而在当年的十月底，以卜杯选出的日子送四年前迎来的旧王。而且在此过程中还有一些其他活动，下面就分门别类简介之：

### (一)迎王送王仪式的筹备与组织

吕厝王爷宫的迎王送王仪式只是吕厝行政村吕姓的事。在每次送王仪式完成后，吕厝的吕姓就要每户出一人到王爷宫卜杯，选出新一届的十二位"头家"以负责下一届的迎王事宜。选举时是先选出卜到"三圣"的人，然后再在其中以谁卜到的圣杯多而选出 12 人，故有时头家中也可能出现年轻人，而当选的人也会以此为荣。待王爷公年快到时，他们就会同华藏庵理事会及吕姓的乡老们一起商议迎王、送王等事宜，并负责收丁口钱及组织人筹办迎送王队伍和管理仪式进行时的庙务等。

### (二)迎王

碑志记："代天巡狩，以子、辰、申命任岁次。是年孟春初四迎接新任王爷。此日，吕厝、卿扑、三社吕(四口圳、古湖、后垵)旗鼓辇队，更有迢郡邻邑邻梓之众多善男信女，千里不辞，诚心而至，共赴海沿，迎接新任王爷。"换言之，既到王爷公年(子、辰、申)的正月初四，以吕姓为主的吕厝、卿扑、三社吕都责无旁贷地要到海边去迎接新任王爷，而其他乡村的善男信女也都会自动来参加。过去接王的地点在何厝过去一点的海边，而现在因围了"北堤"埭田，接王就移到北堤外的海滩

---

① 康豹:《屏东县东港镇的迎王祭典》，"中央研究院"《民族学研究所集刊》第 70 期，1991 年。

上。接到王爷后,则顺吕厝和何厝村北的大路,走到同溪车路上,再从那里转进吕厝村,回到王爷宫,并由乡老与童乩们用卜杯或扶乩等方式来了解新任王爷的尊姓。

### (三)请新王爷坐镇各村

当把新一任王爷请进王爷宫后,在这以后的一两个月中,附近的一些村落会派人扛着神辇来此,把新王的名号写于一张红纸上,成为新王爷的神位,放于神辇中抬回村里拜拜并让新王在该村驻守一阵子。这种活动的范围大体是以同安西界的西柯镇、祥桥镇为主,例如西柯镇的潘涂村农历二月十二接去新王,九月二十六送旧王还。又如下山头村三月十五日接新王去该村拜拜,十月初四送回。再如祥桥镇的四口圳村是正月十六接新王,十月初六送回。但也不一定如此绝对,例如西柯镇的西柯村,虽与吕厝只隔一条车路,但他们就不从吕厝王爷宫接新王,而是供奉他们自己的池王爷。这是因为在历史上,吕厝的吕姓开基祖吕宗裕虽娶了西柯村的进士柯中江的妹妹柯氏,但由于柯中江要霸占吕厝外甥们的海地,因而亲家翻脸,乃至吕厝这位柯氏祖婆发了一个毒誓,说以后吕氏后裔如"娶西柯猪母,会断子绝孙",即不让子孙后代同西柯人通婚,因而这两个村子在 1949 年以前一贯不和,这也导致西柯村不来吕厝王爷宫接新王去坐镇保境安民,尽管吕厝王爷在当地"挺显"的。又如西柯镇的后田村也不去吕厝王爷宫接新王,因为他们村自有一座小王爷庙,在农历八月二十八该村自己会举办迎王送王仪式,而不参加吕厝这边的仪式。还有,西柯镇的瑶头村也不到吕厝王爷宫迎接新王爷,因为该村的延福堂供奉玄天上帝,据村民讲,上帝公的地位比王爷高,所以他们也不用来此请新王爷去坐镇。

### (四)迎香

碑志曰:"季春望日,各村筹精巨形异式多种艺术行伍,据四口圳埔会合,序列视察大游伍,游览村道。翌日复聚卿扑,依此续游,俗曰迎香。"这种仪式在1949年以前每逢王爷公年都会举行,日期定在农历三月份,但具体日子则在正月初四迎王回来后,以卜杯的形式决定。1949年以后,这类活动就停止了。过去举办这类活动也是以吕姓为主,其他村落自由参加,并有游艺队伍(阵头)参加,如吕厝村装香队(即戏装马队)、丙洲村蜈蚣阁、舞狮,石浔、梧侣村装阁,同安五条街装阁、高跷、西湖塘、后溪乡后浦村、杏林高浦村宋江阵,八卦村车鼓阵,新厝顶村八音,杏林马銮村大彩旗,马巷赵厝村番婆弄。他们从各自的村落出发,第一天在吕姓的另一村落祥桥镇四口圳埕上集合,然后在附近几个村子里巡游,而后绕境至吕厝宗祠附近解散。第二天又到吕姓的另一个村子卿扑村(与吕宗裕不同祠堂的吕姓)集中,然后绕境至吕厝宗祠附近解散。或者先到卿扑村集中先巡游北边,第二天才到四口圳集中巡游西边。例如,1948年农历三月十五的巡境路线为:三月十五,四口圳—古湖—后坂—赤坪—后宅—双厝—涂厝—埭头—下山头—磁灶柯—吕厝祖厝口分符;三月十六,卿扑—西湖塘—浦头—后吴—吕厝祖厝口分符。据说在四口圳、古湖、后坂、卿扑等吕姓的村落中,迎香的队伍会进村落游境,而对其他村庄则大多是从"社皮"经过,至多是迎香的队伍接受所经过村落的村民的路边祭拜而已。

(五)决定送王的日子

送王的日期都在王爷公年的十月,但具体日子则要先请择日师选几个日子,而后在王爷面前以卜杯的形式决定出一个日子。如1992年的壬申科送王的日子是在农历六月由理事会的吕乌铆到丙洲请择日师择的。所选的日子是十月二十六、二十八、二十九三日,然后在王爷宫卜杯决定为十月二十九下半夜四时送王。日子定下后,就到处贴榜文公开告示善男信女,让大家有所准备,其榜文如下:

华藏庵代天巡狩明示

戊辰旧任三代巡（许、吕、古）已功德完满，兹定于壬申年农历十月二十九日下半夜四时离任回归，介时壬申新任吴代巡将率本境弟子及四方善男信女举行盛大送王庆典，为使本境弟子及四方善男信女有所准备，特此明示。

诚望相互转告。

华藏庵理事会

一九九二年农历六月二十八日

### （六）送王回庵与竖高（篙）灯

从农历八月份开始，凡在四年前的正月到三月请王到本村坐镇的各村落，都会陆续把请去的旧王送回华藏庵，在吕厝送王前将请去的旧王神位集中，以便吕厝的送王仪式开展。这一般要在农历十月十五日之前完成。此外，从十月初二开始到送王止，吕厝与东头埔两社都要竖高灯（灯篙），使"旧王调本部他镇兵将返庵，期待离任出发"。高灯由杉、竹等接成，一般下为杉木，上为竹子，最高可达六七丈，矮的也有三四丈高。其头节贴有王爷公符，顶端挂着一面小三角红旗及滑轮，以便升降神旗或灯笼，四周则用绳索固定，使它不致摇晃得太厉害。在过去，吕厝社与东头埔社是按房头的数量来竖高灯的，例如吕厝社有大小房头十个，1952 年所竖的高灯有九支，房头大的各竖一支，高的有六七丈；而有两个房头人太少，故合竖一支三四丈高的，它们都竖在王爷宫前。东头埔则竖在宗祠前，有六支。高灯竖起后，白天挂上写有当境神祇名号的神旗，晚上则挂上点亮的灯笼。通常人多的房头一户挂一盏灯，而人少的房头则一户挂两盏灯。此外，捆绑及固定高灯的绳索，也由吕姓各户提供。人多的房头每户出一条三四丈长的就够了，而人少的房头则每户出三四条才够用。现在这种高灯已有所改革，如 1992 年竖的高灯，吕厝与东头埔各只竖一支，而且所挂的灯笼也改为各十二盏马灯,而不是过去的每户一盏了。不过,现在固定高灯的塑料绳上还绕有成串的节日小灯,这另有一种情趣。此外,从十月初二开始,吕厝王爷宫就从厦门请人来此地,在何厝的何姓祠堂里糊王爷、差役、神驹、王船等,而这些都需在十月二十六日以前完成。

## (七)送王

吕厝王爷宫的送王仪式都在农历十月底举行。1992年壬申科的送王时辰为十月二十九日下半夜四时,实际是十一月初一凌晨四点钟。十月二十七日敬王活动就开始了。该夜何厝先开始,由于他们村小人少,所筹资金少,故只演布袋戏酬王。二十八日上午十一点,何厝请来一位道士做清醮仪式。他们先把王爷请到何姓祠堂的厅沿正中,由道士吹着牛角,用法铃的柄为王爷开光做醮。许多村妇站在后面举着三炷香跟着拜。祠堂外的广场上摆满桌子,上都供着"炸枣"、"发糕"、"索子股"、"柴梳包"、柑、苹果及鞭炮、金纸等,大部分桌上还供着刚杀好的整猪,其嘴里塞一粒柑,背上放着猪内脏,并插着一把刀;有的则用清水煮一下的猪肉敬。据何厝村民讲,吕厝人原不让何厝先独立开光敬王,如上一科(戊辰科)送王时,何厝就没单独敬,因此何厝的人丁不旺,1991年整个何厝社才出生一丁。何厝人认为这是没敬王的缘故,所以1992年就派村里的乡老同吕厝乡老商量,几经交涉,最后吕厝人才同意让他们在二十八日先独立开光敬王,到该日下午结束时再把王爷脸封好,并保证不得弄坏纸糊的王爷,以便吕厝王爷宫二十九日的送王仪式正常进行。因此何厝才得以以自己的力量办起这场隆重的敬王清醮仪式。

与此同时,吕厝王爷宫前也很热闹。吕厝人虽没像何厝人那样把供桌集中摆在王爷宫前敬,但也几乎家家都有杀猪,他们是三三两两陆陆续续用自行车、摩托车或板车等把猪运到宫前各自敬,一直延续到二十九日。在广场上,除原有的两个戏台外,在左戏台边又搭了一张戏台。他们请了同安县新店镇的洞庭兴高甲剧团、厦门银鹭高甲剧团,新墟镇的厦门市霞浯村新隆兴高甲剧团来演高甲戏(吕厝送王不能演芗剧)。二十八日下午开场,各演"章子明劫法场"、"李旦下江南"和"彩云楼"剧目,晚上又演"包公错断狄龙案""双钗记"等,直到二十九日凌晨。二十八日下午,有位嫁到厦门市的东头埔女儿,请了一位和尚与几位菜姑来东头埔做"菜敬",在仪式过程中,他们也到王爷宫里烧香、点烛、念经。这为送王仪式增添了一个小插曲,也从另一角度体现了王爷信仰的民间信仰性质。

十月二十九日早上七点,吕厝王爷宫前又热闹起来,请来的三位道士开始做清醮仪式,几位乡老也身着长衫跟着道士们"祀王"。这时要到何厝接王的人陆续来到广场上。广场南边的月池旁已安置好了"天公坛"。在理事长的指挥下,锣鼓响起来,接王的队伍在广场上整队,其排列大致是:(1)头家与理事会成员及乡老;(2)两面开道锣及两面黄色王爷令旗;(3)金瓜式的灯笼,"回避""肃静""代天巡狩"牌;(4)各当境神祇的名号旗及旗帜;(5)四顶神辇,中间一顶为王爷公辇,其前有一万民伞,其后则为宫扇;(6)接王之村民。队伍在广场上转了几圈,接王的人也不断加入。待宫前的仪式一完,主祭的乡老手捧放有一碗盐米和一碗清水的方盘走下宫阶,道士锣鼓随其后,三位道士又跟在后面。他们插到队伍前,队伍就沿宫左通何厝的小路到何厝去接王。一路上鞭炮声、锣鼓声、道士的牛角声响成一片。

到了何厝,仅主祭与道士入何姓祠堂,在祠堂天井中的供桌前做仪式,而仪仗均在祠堂外等待。待道士做完仪式,并用盐、米、清水洁净了环境后,这时几个吕厝的童乩跳了进来,吕厝人开始把王爷、神驹、差役、王船等请出,有的东西太大,过不了大门,就让它越墙而过。当请王爷等出动时,在场的村民齐声大呼:"进啊!""发啊!""出啊!"鞭炮声也一片雷动,到处烟雾腾腾。接王的队伍没从原路回吕厝,而是顺何厝的大路出村,从村北的大路折到同溪车路上,再从那里进吕厝村,回到吕厝王爷宫。然后在拜亭中建起王爷府,把王爷等安置在拜亭中,王爷居中,其为戏装武将打扮,红脸,其左右有文官、武将各一,两旁各有三只神驹及三个差役,最靠近王爷的神驹上,还各骑着一员武将。王船则安置在宫左的广场上,王船为三桅帆船形制,"头犁壁"上装饰着虎头,边上各有一面红旗,上写着"祈求吉庆"(左)、"合境平安"(右)。尾坡上饰着一条盘龙。王爷府建于官厅之上,水手站于船沿边。中桅后的大仓上安置着供品塔,上挂着各种供品。此外,中桅上吊着帅旗和代天巡狩旗,桅尾旗下挂着一盏灯笼,上写"华藏庵代天巡狩"。头桅也挂一盏灯笼,上写"添丁进财"。还有,龙目前写着"太平王船"。船沿的两边还顺序插着"代天巡狩""保生大帝""中军都督府""二十八星宿""天上圣母"的神位。此外在广场上也增设了两张长条供桌及金炉,而且还把在"三百分"堤上的"六姓祖"请到宫前广场之左边,临时搭个宫棚,以便利善男信女们拜拜(参见图1)。

将王爷请到王爷宫中安置好后,道士们为王爷开了光并开始做清醮仪式。而此时,吕厝村的童乩们(大魁星君、吕洞宾、姜太公、日月二大使、中坛元帅等的童乩)都在广场上上窜下跳,神辇也在广场上冲来冲去。不久神辇慢慢停了下来,安放在天公坛前。而童乩则在广场左边的戏台上滚"丹床",最后跑进宫右边的民宅中,在该家的神龛前退身。此后,从早到晚,道士一场一场地"做敬",并在王爷庙的墙上贴出清醮文榜(见附录一),本村与外村的香客则陆续来拜拜。有的外地来的香客留在广场等着夜里送王。到下午以后,人越来越多,两点半左右,王爷神辇到吕厝和东头埔巡游一下,接受吕姓各家的供奉并收邪煞,此俗称"吃香接"。到了晚上,广场上以及进村的路上和同溪车路上,到处都挤满了人。他们不断燃着香,等待着送王时刻的到来。广场上的戏台均演着高甲戏,而吕氏宗祠前的广场则放映电影,让人们在娱乐中等待送王的时辰到来。

二十九日夜十二时,王船先行到送王地点(吕厝与丙洲之间的田地里)添载,有一批人也跟着去。到了十一月初一凌晨三点五十分左右,吕厝童乩们陆续来到王爷宫前的王爷府中,一个一个地逐渐跳将起来,一些执事人员也来帮着为王爷装扛子等。四点多,大魁星君的童乩大叫:"进啊！发啊！"这时王爷宫理事长手一挥,大叫:"进啊！"执事们纷纷抬起王爷等往送王地点走去,成千上万的善男信女也各执三炷香蜂拥着跟着前往。到了送王地点,只见王船头朝东南方向放着,执事们忙着把王爷等放到船上,王爷的神辇、仪仗绕着王船一圈一圈地转,神辇不时到处冲一冲,童乩们也同样跳来跳去,道士的牛角鸣咽着,送王的人们不时"发啊！发啊！"地呼喊。一切准备妥当后,大约在五点多,王船终于点燃,周围的人们不断大喊:"发啊！发啊！"不到十分钟,王船就被吞噬在大火中。火焰窜至三十多米高。这时有位童乩突然从大火中窜过去又窜过来,为送王仪式增添了不少惊险色彩。待大火逐渐熄灭下来,围观的人们这才慢慢地离去。当笔者回到住处时,已是早晨六点了,而这时,王爷宫前的戏台上还在紧锣密鼓地演出。

# 四、讨论两个问题

自从 20 世纪 70 年代台湾学者引用与重新界定冈田谦的祭祀圈概念,并以此来探讨台湾地区的地域性组织的形成与结构以来,似乎已形成一种观念,即超越村落范围对某主神的崇拜,就构成一超村落的地域组织。换言之,超越村落范围对某一主神的祭祀或信仰范围就构成一地域组织。因此有超村落性的祭祀或信仰的某一主神或神庙就成了该地域组织的象征。[①] 然而,这种观念或概括似乎仅是台湾这一

---

① 参见许嘉明:《彰化平原福佬客的地域组织》,"中央研究院"《民族学研究所集刊》第 36 期,1973 年;施振民:《祭祀圈与社会组织》,"中央研究院"《民族学研究所集刊》第 36 期,1973 年;庄英章:《林圯埔:一个台湾市镇的社会经济发展史》,"中央研究院"民族学研究所专刊乙种第八号,台北:"中央研究院"民族学研究所,1977 年;林美容:《由祭祀圈到信仰圈》,载张炎宪主编:《中国海洋发展史论文集》第三辑,台北:中山人文社会科学研究所,1988 年;林美容:《彰化妈祖的信仰圈》,"中央研究院"《民族学研究所集刊》第 68 期,1989 年。

特定地区的反映而已。因为，在福建地区，除了上述情况外，还存在不同的情况，同安县吕厝村的王爷信仰就是一明显的例子。

第一，从华藏庵添油簿的记录以及参加迎王仪式的善男信女的来源地看，同安县吕厝王爷信仰似乎有一个超村落范围的信仰范围，其范围包括同安、厦门、南安的一小部分（见附录五）。但是吕厝王爷信仰的其他一些活动或仪式范围都没有那么大，其一是接新任王爷到各村落坐镇的范围。每个王爷公年，吕厝王爷宫迎新王后，附近一些村落会来王爷宫请新王去该村庄坐镇保境安民，但是这种接王活动的范围主要集中于同安的西柯镇和祥桥镇以及厦门郊区后溪乡的一部分村落中，此范围要比信仰范围小一些。其二是迎香活动范围。此又比上述范围小一些。据前已述及的迎香路线看，每一天都是在一吕姓村落（四口圳、卿扑）集中，然后巡境回到吕厝的吕姓宗祠口解散，而且主要是在吕姓的村落中巡游，故其活动范围仅限于西柯镇的中部、北部和祥桥镇的东南部。其三是王爷宫理事会、迎送王的头家、迎送王期间的丁口钱及送王时所竖高灯的范围，这些都在吕厝行政村中的吕厝与东头埔两个吕姓自然村中选出或提供，其区别只是，丁口钱由这两个吕姓自然村的每一个人承担。高灯原由两社中的各房头分别竖，而现在则由两社分别承担。头家、王爷宫理事会成员是以两社的三个角落为单位选出的，并在迎王送王的仪式过程中，同这两社的吕姓乡老结合，共同处理各项事务。例如清醮文榜上所列的乡老均为吕姓（见附录一），而且捐资重修华藏庵的人也大多是吕姓（见附录二、三）。此外，仪式中的童乩、执事等也都由这两社的吕姓成员承担，因此从迎送王的主要活动及其他一些现象看，此似乎只是吕厝行政村中吕姓们的事，而不是王爷信仰范围中的各村落的事。

另外，从台湾的例子看，大凡以某主祭神或神庙来联系某一地区的各村而构成地域组织时，不仅仅有区域性的祭祀活动，更有其他一些社会功能。换言之，即以某一神灵为象征所构成的地域性组织，往往曾以该神作为旗帜，纠集或联合起该地域的各村落，同另一区域组织斗争,如械斗或其他抗争。然而,在吕厝王爷信仰范围中,却没有这种现象。吕厝、东头埔的吕姓曾同其他姓因某种原因争斗过,但都没有以王爷做认同的主神和其他不同姓的村落进行联盟。前述东头埔与西柯村的柯姓为争码头经营权所进行的械斗,东头埔吕姓是同吕厝的吕姓联合。这是他们同宗不同房或不同角落的联合,是为宗姓联合,而不是其他。此外,吕姓曾卷入纪姓和陈姓的械斗中。这次械斗是后麝附近的陈姓欺负附庸于纪姓的小姓而造成的。事件发生后,该陈姓联合阳翟陈、丙洲陈等不同灯号的陈姓与纪姓斗,而纪姓则联合吕、卢、高、许姓同陈姓斗。因为据说吕、卢、高、许姓都源于姜太公吕尚,是同源同宗兄弟。因此,在同安的历史上,见到的多是"字姓拼",而少有以神庙为认同的分类械斗(至少近代是没有)。由此可以看到,吕厝王爷信仰虽有一个超村落的信仰范围,但并没有以王爷作为认同的主神而构成一地域性组织。因此,如果我们把吕厝王爷信仰同前面述及的吕厝王爷庙的兴起与吕姓开基祖吕宗裕有关,迎送王仪式主要是吕姓们的事情,迎香活动主要在吕姓村落中进行等现象结合起来看,吕厝的王爷信仰似乎只是吕姓宗族维系他们散居在同安各地族人的一种手段或一种象征,而不是村落联盟或地域组织的象征。也因此,笔者以为,对一超越村落范围的拜拜活动,应具体分析它的历史形成过程,才能确知它是否为一种地域性组织的投射。

第二,台湾有的学者认为王爷信仰是瘟神信仰,形成于明代以前。[1] 有的认为王爷信仰是郑成功过世后,因台湾百姓对郑氏的敬慕、感激,将其供为神而形成的,由于在清王朝的压力下,百姓不敢明着拜,所以形成了王爷信仰,这样王爷信仰的形成最早只能在清代初年。[2] 也有学者反对上述说法,认为王爷信仰的形成可追溯到宋代,王

---

① 刘枝万:《台湾民间信仰论集》,台北:联经出版事业公司,1983年。
② 蔡相辉:《台湾的王爷与妈祖》,台北:台原出版社,1989年,第100~105页。

爷也不全是瘟神,而是一种厉鬼,但其有行瘟的潜力。① 对这些观点,笔者比较赞同最后一种说法,但不太赞同他所认为王爷是种有行瘟潜力的厉鬼的说法,因为无论怎么说,王爷都已属于神灵之类,而不应该再属于鬼类,尽管他们是从鬼转化来的。例如清醮文榜就是把王爷同其他神灵并列,而且把他们同五方瘟疫使者区别开来。(参见附录一)同时,王爷庙还有药签(见附录四),这也是崇鬼的阴庙所没有的,因此,王爷是神明,而不是瘟神,更不是鬼。以前把王爷与瘟神混为一谈,应该是王爷信仰形成后再附会上去的,或是因这两类有某种相似之处而最后混淆起来造成的。换言之,王爷是鬼灵因"神异"的关系而转化或上升为神明的,初形成的王爷信仰完全与瘟神无关。

首先,目前人们所说的王爷可包括两大类:一是某些地方的守护神,如灵安尊王、广泽尊王、开漳圣王、开台圣王等,这一类多是历史上有其人或相传有其人,因生前的功绩或死后的神异而被人们供奉为神。二是人们认为与瘟有关的王爷。这类又可分为两类:其一是有名有姓的,如池王爷池梦彪,温王爷温琼、温峤、温鸿或温煌等;其二则是有姓无名的,如吕厝王爷。后一大类的王爷多分布在沿海沿江地带,多有迎王送王仪式,虽然有的是驻殿的王爷,但有不少是来来去去的。从地理环境看,这些地带常有一些无名的尸骨漂浮到河海岸边或漂走的现象,这些地带的人们常有掩埋这种漂到当地而无法再漂走的无名尸骨并建阴庙拜拜的习惯。例如前面述及的吕厝王爷来历就是如此。又如厦门曾厝垵的阴庙圣妈宫边就有一个"漂客坟茔",崇武镇大岞村的海边有七八座"头目公庙",②晋江石圳村海边的苏王府边有个"良伯公"小庙。而当这种阴庙鬼灵"神异"显著时,它们就可能转化为神庙,此类鬼灵也就转化为神明了。前述吕厝王爷庙就是如此转化来的。

① 康豹:《屏东县东港镇的迎王祭典》,"中央研究院"《民族学研究所集刊》第70期,1991年。

② 陈国强、石奕龙主编:《崇武大岞村调查》,福州:福建教育出版社,1990年。

余光弘在其著作《妈宫的寺庙：马公市镇发展与民间宗教变迁之研究》中所述澎湖马宫火烧坪社灵光殿的朱、邱、余王爷也是这样转化来的。[①] 由于民间许多神灵的帝号往往是由皇帝赐封的，如保生大帝、天后均如此，所以民间似无法封神为帝，因此最高也只能称其为王爷，这大概是民间力量所能赐予神灵的最高头衔了。并且由于这类神明是由漂来的尸骨之鬼灵转化来的，所以也常会形成在水边迎王送王的仪式，以象征他们的到来和离去，并因此形成了巡狩王爷。至于那些有名有姓的王爷，实则是有了姓以后，才引经据典地去附会上其名号，再编造身世与事迹等，逐渐地形成其传说，从当地人的主观意识上对这些来历不明、身份不清的王爷加以解释而后形成的。

其次，民间传说谈到这类王爷时，基本上都是讲他们是由某朝代被坑害或遇难的三十六进士或三百六十进士演化来的。从这些民间传说看，他们都与海有关，不是像台湾东隆宫的传说在海上遇难的那样，就是像吕厝王爷的传说是装灵魂的瓶子在海上漂浮的那样。这表明这些传说的表层结构虽不完全一致，但它们的深层结构却是一致的，即他们都与水上的遇难者有关，同时也和鬼灵有一定的关系。换句话讲，这类传说也透露了王爷的形成与海上遇难者或鬼灵有关。实际上吕厝王爷宫中的对联"华中幽冥第一阁，藏处阴阳无二理"，业已明白地表达了这方面的信息。

最后，目前大多数人都认为王爷或为瘟神或为凶神，这种认识同人们对阴庙拜拜的态度是一致的。此也可说明王爷信仰与其有关。

因此笔者以为，王爷的真正来历是由水边的阴魂转化来的。同时，正因为王爷是由鬼灵转化来的，人民对其也就有着又敬又怕的心态，这样，也就容易同对瘟神信仰的又敬又怕的心态重合，从而形成王

---

① 余光弘：《妈宫的寺庙：马公市镇发展与民间宗教变迁之研究》，"中央研究院"民族学研究所专刊乙种第十九号，台北："中央研究院"民族学研究所，1988 年，第 82～83 页。

爷即瘟神或凶神的观念。

## 附录一：吕厝华藏庵壬申科送王清醮文榜

鸿钧转运

檀福金章

恭闻天地无私,道乃三清之主,肇生一气,水为万派之源

今据福建省泉州府同安县从顺里三都霞崎堡吕厝社 众等奉

道设醮禳筵祈安保境植福 乡老:吕乌铆,吕芬,吕分,吕文金,吕家,吕笃卿,吕总水,吕进水,吕良从,吕子帝,吕火绞,吕原,吕亮卢,吕中象,吕文从,吕缅,吕田

暨合众老幼人等同诚拜忏

鸿造 所伸意敢则告于

无上正真三宝天君

羽渊伏魔大帝

钦巡代天巡狩

五方瘟疫使者

天地水府万圣 众恭祝钦巡代天巡狩

东岳城隍 邑主当境 姜太公祖 五府王爷 吕府仙祖

大魁星君 日月二大使 中坛元帅 醮筵会内一切真宰 普资

至化各降恩光 言念 某 等同修禳灾祈安 者事

伏 以

维神维灵显绩诚丕应之众

降福降告着为善余应之麻 通因

上天降旨 使者按临 福正祸邪彰瘅恶 叩蒙

境主示谕 欢求平安 特设清醮答谢 涓卜今月廿九日伏道 就

华藏庵修设冥阳清醮及演戏一会 发申文字 启真圣 披宣妙经

临午献供 罗列香花 至期三酹 焚化金帛 时夜冥建道场

　　三进茗香　醮事完周　送驾回递　化贵玉帛　上奉

　　灵恩　下谢境主列位正神　祈求福佑　伏硕

　　天灾地丕入福圣之乡　岁辰月厌无廷仁里之社　更异合众均安
男女迪吉

　　家家帧祯户户获福　男添百福女纳千福　丁添进财儿孙昌盛

　　生理如意财源广进　五谷丰登六畜旺盛　四时无灾八节有愿
处具疏上以

　　以此　右恭怡

　　天慈俯垂　属灵洞鉴　炉前恭望　伏婪　抬格谨疏

　　天运壬申年阳月廿九　笃将卫坛　百拜

　　悬示文榜


## 附录二：重建华藏庵时旅居新加坡华侨捐款名单

| 吕和顺捐 | 750 元 | 吕水生捐 | 30 元 | 吕俊发捐 | 1000 元 |
|---|---|---|---|---|---|
| 吕顺生捐 | 68 元 | 吕毓涛捐 | 34 元 | 吕俊德捐 | 68 元 |
| 吕俊电捐 | 68 元 | 吕毓楠捐 | 68 元 | 吕俊港捐 | 137 元 |
| 吕俊富捐 | 138 元 | 吕毓侨捐 | 137 元 | 吕毓生捐 | 137 元 |
| 吕水钻捐 | 274 元 | 吕毓财捐 | 500 元 | 吕持踏捐 | 137 元 |
| 吕俊生捐 | 683 元 | 吕俊义捐 | 1370 元 | 王惠文捐 | 34 元 |
| 曾进来捐 | 34 元 | 陈有山捐 | 68 元 | 陈时新捐 | 68 元 |
| 陈福顺捐 | 68 元 | 陈忠庆捐 | 68 元 | 林雨兴捐 | 137 元 |


## 附录三：重建华藏庵时本境弟子捐款名单

　　虔资建亭并碑芳名

共和己巳年(1989年)吉旦

**诚献碑石芳名**

下墩村塔尾后纪乃卿、下墩村纪刷水、下墩村社弦纪延宗、下墩村塔尾后吕乃枪。

**诚碑石装卸运输芳名**

下墩村：纪华坎、纪桨、纪金坡、纪芊葫、纪精刷、纪永丰、纪清杉、纪文渊、纪跃进、纪大方、纪架、纪船。

石碑雕刻人王炳煌500元、侨居新加坡吕俊港400元、何厝村何中华300元、浦头村林嘉会300元、后吴村林树林300元、城关桥头街吴佳国200元、厦门市高崎叶水返200元、厦门市磁安路陈铁200元、西洪塘砖仔埕张水坎200元、厦门市鹭江道庄海清200元、何厝村何俊杰200元、潘涂村林合艺200元。

诚运筒瓦：马巷井头村林水电200元。

**本境弟子虔资**

同类金额以祠宗字行排列,同辈中按年龄长少依次。

吕笃卿1600元、吕良挽620元、吕俊墩600元、吕六耳600元、吕子撰600元、吕子水600元、吕涂水500元、吕俊吟400元、吕俊发400元、吕礼义400元、吕老家400元、吕为国400元、吕子厚400元、吕俊铆300元、吕蜜水300元、吕炳耀300元、吕俊铨300元、吕木德300元、吕良佰300元、吕良田300元、吕俊振300元、吕再球300元、吕监温300元、吕再新300元。

**下各资二百廿元**

吕亮潭、吕水竿、吕笃祯、吕甲来、吕子练、吕水笔、吕建南、吕瑞营、吕子底、吕子萍、吕良倭、吕庆发、吕良担、吕金镇、吕大情、吕阿三、吕良福、吕阿咪、吕总水、吕文腾、吕金利、吕俊春、吕毓出、吕文金。

**下各资二百元**

吕俊闽、吕雨露、吕成都、吕阔嘴、吕俊榜、吕俊木、吕俊树、吕俊超、吕才陆、吕康健、吕天德、吕庆丰、吕金泰、吕温柔、吕深水、吕金造、吕俊炉、吕才根、吕再来、吕毓彩、吕毓坪、吕毓芬、吕良磅、吕良不、吕良斜、吕再兴、吕田岸、吕良入、吕迫水、吕玉玺、吕金转、吕水蝗、吕良卯、吕良友、吕踏水、吕良味、吕添福、吕良意、吕小伶、吕良货、吕良江、吕良付、吕良浅、吕良代、吕下荣、吕良分、吕妙根、吕文礼、吕子联、吕金展、吕老奖、吕水龟、吕滴水、吕金殿、吕大旗、吕金搭、吕火绞、吕庆全、吕水上、吕子握、吕温巡、吕怡塞、吕金星、吕良德、吕博厚、吕良狮、吕坎婴、吕良猷、吕伯修、吕宝塔。

理事会：吕良友、吕子后、吕俊吟、吕涂水、吕俊炉、吕良入、吕德发、吕礼义、吕俊铆、吕坎婴、吕总水。

# 附录四：华藏庵代天巡狩药签

## 内科药签

1.灶心泥一把，凤退 3 克，凤葱 1 根，灯芯 8 节，豆蒲 7 粒，水一碗煎五分。

2.白术 3 克，土茯 3 克，淮山 3 克，白芷 1 克，菊花 1 克，水一碗煎五分。

3.淮山 3 克，土茯 3 克，金英 3 克，莲子 5 克，水一碗煎四分。

4.马尾须 3 克，白芷 3 克，金英 2 克，淮膝 2 克，水一碗煎五分。

5.木退 3 克，淮膝 3 克，灸草 3 克，水一碗煎四分。

6.煅别甲 3 克，凤退 3 克，防风 3 克，甘草 2 克，水一碗煎四分。

7.当归 3 克，淮山 3 克，茵陈 3 克，灸草 3 克，白芷 3 克，水一碗煎五分。

8.蝉退(蜕)3 克，神曲 3 克，淮山 3 克，金英 3 克，枳壳 3 克，白芷 3 克，水一碗六煎八分。

9.竹茹 2 克，麦芽 2 克，蝉蜕 2 克，麦文 3 克，水一碗煎五分。

10.木通 2 克,连乔 3 克,白术 3 克,枳壳 3 克,土茯 3 克,归中 3 克,水一碗四煎七分。

11.淮山 3 克,牛七 3 克,金英 3 克,茵陈 2 克,干葛 2 克,水一碗四煎七分。

12.白菊 2 克,白芷 2 克,莲子 2 克,淮山 3 克,甘草 2 克,水一碗四煎七分。

13.淡竹叶 3 克,朴硝 3 克,淮山 3 克,金英 3 克,甘草 2 克,水一碗半煎五分。

14.栀子 3 克,射干 3 克,白术 1 克,六味 1 克,山甲 2 克,皂莿 2 克,别甲 3 克,麦文 3 克,水碗半煎五分。

15.白术 3 克,淮山 3 克,牛七 3 克,木通 1 克,归中 2 克,水一碗二煎五分。

16.绿豆壳 3 克,淮七 3 克,知母 3 克,酒军 2 克,水一碗二煎七分。

17.白术 3 克,白菊 3 克,淮山 3 克,柴胡 2 克,甘草 2 克,水一碗煎五分。

18.别甲 2 克,麦芽 2 克,柿蒂 3 克,石松 2 克,水一碗煎五分。

19.益母粉 3 克,枳壳 3 克,金英 3 克,凤退 2 克,水一碗煎四分。

20.酒军 3 克,淮山 3 克,牛七 3 克,归中 3 克,油虫沙 1 克,凤退 1 克,水一碗煎四分。

21.凤退 2 克,油虫沙 2 克,归中 2 克,冬瓜 7 条,小金桔 3 个,水一碗煎五分。

22.六味 5 克,蝉蜕 5 克,柿蒂 3 个,水一碗煎五分。

23.木通 3 克,木贼 3 克,枳壳 3 克,栀子 2 克,槟榔 2 克,灯芯 7 扎,水八分煎四分。

24.常山 3 克,槟榔 2 克,青仁乌豆 7 粒,肉豆 3 粒,水八分煎四分。

25.青豆 7 粒,黑姜 3 克,茵陈 3 克,淮山 3 克,水一碗煎五分。

26.枳壳 3 克,白术 3 克,桔梗 3 克,凤退 3 克,甘草 2 克,水一碗煎五分。

27.茯苓3克,干葛3克,竹茹3克,川芎3克,归全3克,淮七3克,水一碗四煎四分。

28.神曲3克,六味1克,甘草2克,水一碗煎四分。

29.木通3克,甘菊3克,枳壳3克,淮山3克,甘草1克,水一碗煎四分。

30.归全3克,谷精2克,别甲2克,白芷2克,甘草2克,水一碗煎五分。

31.黄芩3克,蓝色菊3克,白菊3克,柴胡3克,水一碗煎五分。

32.薄荷1克,益母2克,生姜3片,油虫沙2克,乌糖少许,紫苏3克,水一碗煎五分。

33.竹茹3克,槐花3克,木贼3克,胆草2克,川连1克,白芷1克,凤退2克,水一碗煎五分。

34.川芎1克,黄柏2克,枳壳3克,神曲1克,黄芩1克,水一碗煎五分。

35.黑栀1克,甘草1克,川贝2克,灯芯7节,茅心7条,水一碗煎五分。

36.当归3克,川贝3克,川乌3克,赤茯2克,牛七2克,水一碗煎七分。

37.青石松6克,荆芥5克,防风5克,水一碗煎四分。

38.黑姜3克,白芷1克,桃子3克,乌枣7粒,红枣7粒,胡椒7粒,水一碗煎五分。

39.杜仲5克,归中3克,莲子3克,牛七3克,水一碗煎五分。

40.麦芽3克,文冬3克,蝉蜕8个,淡竹叶3克,柿蒂7块,水一碗煎五分。

41.射干3克,木耳3克,川贝3克,桔梗3克,连乔3克,甘草2克,水一碗煎四分。

42.川连、大黄、胆草、柳枝、黄柏、铁钉,论病强弱加减,水不拘多少煎服。

43.石松 5 克,英色壳 5 克,细辛 5 克,胆草 2 克,半夏 2 克,马尾须 2 克,水一碗四煎七分。

44.白术 5 克,连乔 5 克,木贼 5 克,谷精 5 克,川贝 3 克,半夏 3 克,甘草 1 克,水一碗半煎七分。

45.马蹄金 2 克,枸杞心 4 个,生菊 1 克,水不拘煎服。

46.甘草粉 1 克,人中白 1 克,英色壳 1 克,共研末,水煎开冲服,连服二三次。

47.马蹄金 2 克,白芷 1 克,公石松 1 克,水不拘煎服。

48.川连 2 克,甘草 2 克,冬瓜 50 条,水不拘煎服。

49.桔饼 7 个,灯芯 12 节,粗糠壳 5 克,水不拘煎服。

50.金包银 50 克,糯米 50 克,红枣 7 粒,青仁乌豆 7 粒,白胡椒 3 粒,水不拘煎服。

51.枳壳 5 克,木贼 5 克,槐花 2 克,共为末用开水冲泡蜜服。

52.生地 5 克,连乔 2 克,山甲 2 克,土茯 1 克,皂莿 2 克,水一碗二煎五分。

53.淡竹叶 1 克,麦芽 1 克,茯苓 1 克,乌糖 1 文,水一碗煎五分。

54.木通 3 克,乌枣 3 克,木贼 3 克,水不拘煎服。

55.常山 2 克,麦文 2 克,槟榔 3 克,柿饼 3 克,水不拘煎服。

56.冬瓜 50 克,冰糖 50 克,六味 2 克,水不拘煎作茶服。

57.柴胡 2 克,川贝 1 克,油虫沙 1 克,枳壳 1 克,水不拘泡黄金散服。

58.凤退 1 克,仙楂 1 克,扁豆 1 克,紫苏 1 克,风葱 1 根,水不拘煎服。

59.四神粉 1 克,松花 0.7 克,用柿果一块破开入药,煎一支香久,服二三次。

60.附子 1 克,归中 2 克,肉桂 2 克,洋参 1 克,水一碗煎一支香久服。

61.桔梗 1 克,射干 1 克,川连 1 克,水不拘煎服。

62.珍珠散1厘,沉香3克,乳香3克,共为末冲开水服。

63.鹿仔草1克,神曲2克,炒姜1块,水不拘煎服。

64.石松1克,莲子1克,马尾须2克,姜半夏1块,水不拘煎服。

65.使君子3粒,油虫沙1克,柿果3个,水不拘煎服。

66.正寄生6克,水一碗煎五分。

67.连根风葱1根,白胡椒7粒,金针5克,水不拘煎一支香久服。

68.香菇1克,赤茯3克,仙楂0.3克,生姜1片,水八分煎四分。

69.人中白1克,朱砂1克,牛黄1厘,黄柏0.6克,金蝉1克,共为末泡开汤服。

70.洋参1克,白茯1克,角沉1克,朱珀散5厘,共为末和开水服。

71.桔梗2克,陈皮2克,赤茯1克,生姜1片,水八分煎四分。

72.辛夷6克,细辛5克,菜豆壳9克,小茴3克,用新瓦焙,将吸鼻孔息内。

73.川连1克,枳壳3克,砂仁少许,水八分煎出味服。

74.琥珀末2克,朱砂1克,川连1克,中白少许,共为末泡开水调药全帖服。

75.萱花1朵,莲房3克,季菊花叶7片,苦桃叶3片,水煎出味或服或洗。

76.牛乳200克,将水半碗调热水服。

77.白茯3克,沙参3克,陈皮1克,甘草1克,水七分煎四分。

78.独摇草3克,茅草3克,洋参0.6克,生姜2片,木贼1克,水九分酒三分合煎服。

79.福圆肉50克,木耳50克,人中白3克,水碗半煎一碗。

80.蛇蜕、蜈蚣蜕各一条,蝉蜕2克,凤退2克,水煎出味作茶服。

81.金沸、水梨不拘,水煎出味作茶服。

82.苁蓉10克,熟地1克,枸杞1克,水一碗煎七分。

83.藿香1克,川芎1片,升麻1克,粉草2克,水煎出味作茶服。

84.柑仔蜜3克,熟地3克,乌梅3粒,用水煎服。

85.琥珀散 2 克,朱砂 2 克,人中白 2 克,柿霜 2 克,共为末,用金蝉、陈皮各 2 克煎汤送服。

86.虎骨胶 6 克,保龄丸 1 粒,用酒一碗浸一宿夜煎服。

87.杜仲 3 克,枸杞 3 克,甘草 3 克,白茯苓 3 克,甘菊 3 克,共为末煎汤送服。

88.莲子 200 克,熟地 6 克,生姜 3 片,半酒水煎服。

89.蝉蜕 7 个,灯芯 12 节,纹银 1 块,共煎出味将药汤调琥珀散 1 克服。

90.归中 2 克,莲子 3 克,茯苓 3 克,豆蔻 1 克,水一碗煎五分。

91.薏仁 25 克,扁豆 3 克,赤茯 2 克,麦芽 3 克,水不拘煎茶服。

92.熟地 2 克,当归 1 克,灸草 2 克,水一碗煎六分。

93.南桔 4 粒,沉香 3 克,木瓜 3 克,木香 1 克,水一碗煎出味服。

94.海藻 3 克,昆布 3 克,白芷 3 克,木花 3 克,或煎汤或泡饮通宜。

95.陈皮 2 克,赤芍 3 克,木香 2 克,仙楂 3 克,水九分煎五分。

96.赤芍 3 克,枣肉 3 克,仙楂 5 克,使君子 5 克,水一碗煎五分。

97.绿豆壳 3 克,车前 7 支,凤尾草 1 把,冰糖 50 克,水一碗煎五分。

98.虎骨头 3 克,川芎 3 克,木贼草 3 克,赤芍 3 克,水一碗煎五分。

99.洋参 3 克,姜母 3 片,水一碗二煎六分。

100.金针 12 克,谷精子 3 克,木贼 3 克,甘菊 2 克,水五分酒三分燉服。

101.葛藤 3 克,天花 3 克,赤茯苓 1 克,薏仁 1 克,水不拘煎作茶服。

102.七层塔、赤培肉、红枣 12 粒,半酒水燉服。

103.角沉 1 块,乌药 1 条,磨童便服。

104.糯米一升,白茯 3 克,莲肉 200 克,红枣 7 粒,用龙眼叶煎汤和糯米煎作茶服。

105.福圆 3 克,白术 3 克,桃仁 4 粒,灸草 3 克,水不拘煎服。

106.连乔 3 克,刺猬 3 克,山甲 2 克,蒺藜 2 克,水一碗煎五分。

107.柴胡 3 克,酒芩 3 克,甘草 3 克,生芎 3 克,红枣 3 克,水一碗煎五分。

108.灯芯 1 把,冰糖 200 克,莱菔 12 克,水煎作茶服。

109.紫苏 12 克,生芎 1 片,赤谷草 1 把,水煎作茶服。

110.六一散 3 克,葛根 2 克,升麻 2 克,水煎汤泡六一散服。

111.宋陈 2 克,生姜 1 片,苏薄荷 2 克,泡开水服。

112.沉香末 3 克,红枣 7 粒,煎汤泡沉香末服。

113.金匮丸 6 克,水泡盐服。

114.前胡 2 克,苏子 1 克,川朴 1 克,枳壳 2 克,杏仁 3 克,水不拘煎服。

115.六一散 3 克,青黛 2 克,琥珀末 2 克,朱砂 2 克,水不拘煎服。

116.黑藕 3 克,黑芎 3 克,地榆 2 克,枇叶 2 克,水一碗煎五分。

117.雄黄 2 克,金蝎 2 克,薄荷 2 克,川芎 2 克,没药 2 克,牙皂 2 克,共为末吹入鼻孔内。

118.别甲 2 克烧成灰,共末冲酒服。

119.血珀 1 克,乙金 1 克,川连 1 克,川贝 1 克,地龙 1 克,中白 1 克,朱砂 5 厘,青黛 5 厘,甘草 3 厘,共为末搅童便服。

120.洋参 2 克,远志 1 克,归中 2 克,茯苓 3 克,白术 3 克,红枣 6 粒,福圆 1 粒,水一碗二煎六分。

**外科药签**

1.大黄 1 克,白芷 1 克,黄芩 1 克,南香 2 克,共研末和鸡蛋清涂。

2.山茨菇 3 克,天花 2 克,三黄 3 克,白芷 3 克,细豆 2 克,没药 3 克,共研末和醋糊。

3.三黄 3 克,天花 3 克,白芷 3 克,紫荆皮 3 克,共为末和鸡蛋清涂。

4.鸡舌癀 1 把,鸭舌癀 1 把,母丁香 3 粒,三黄末 3 克,和春蜜涂。

5.山茨菇 3 克,大黄 3 克,天花 3 克,赤芍 3 克,浙贝 3 克,细豆 3

克,五倍子 3 克,遍地锦 3 克,共为末和鸡蛋清或醋涂。

6.大黄末 3 克,南星末 3 克,共为末和猪胆或叶下红。

7.川连 3 克,元胡 3 克,细辛 3 克,共为末和猪胆或鸡蛋清。

8.松香 3 克,蛤粉 3 克,五倍子 3 克,青黛 3 克,各平重,共末和鸡蛋清或醋。

9.冰片、水石、绿豆、川连、五倍、海螵、雄黄、黄丹、轻粉各少许,共末和茶油。

10.生豆腐、黄柏末各少许,共末和蜜涂。

11.霜降花叶 1 把,白蔹 3 克,白芷 5 克,乳没 1 克,旧壁泥不拘,共末和猪胆或鸡蛋清。

12.赤芍、白蔹、黄芩、黄连、黄柏、草粉各少许,共末和鸡蛋清或蜜。

13.炉甘石 3 克,煅硼砂 2 克,梅花片 0.3 克,共末和茶油。

14.白蔹、白芷、天花、苏皮、大黄、紫荆、青黛、黄柏,共末和蜜或鸡蛋清。

15.大黄、黄连、黄柏、五倍、滑石各平重,共末和蜜或童便。

16.甘草粉、人中白、归尾、红花、黄柏、生蒲黄、青黛,共末和蜜或童便。

17.五香抹末 3 克,瓜蒌根 3 克,红花 1 把,穿山龙 3 克,共末调酒或醋。

18.万应膏,涂患处。

19.天花粉 3 克,铁箍散 3 克,共末和醋或鸡蛋清。

20.三黄末、草粉、南星、五倍、文蛤、白芷、乳没、天花、山甲、木香、青黛,各平重,共末和酒或鸡蛋清。

21.天花 3 克,白芷 3 克,南香 3 克,各平重,共末和鸡蛋清。

22.青大黄、车前草、黄芩、生石膏、大丁黄、川连、千金红、黄柏、白芷、瓦楞粉,各平重,共末和茶油。

23.川连 2 克,神砂 2 克,水石 3 克,硼砂 1 克,甘石 1 克,油虫沙 2 克,共末和茶油抹。

24.石脂、水龙、川连、黄柏片、茶豆粉、甘草,各平重不拘,共末和茶油抹。

25.五倍3克,白芷3克,乳没3克,甘草3克,大黄3克,甘石3克,共末和春蜜涂。

26.白肉叶1把,雄黄3克,薄荷叶1把,白蔹3克,白芨3克,共末和春蜜涂。

27.生石膏、母丁香、天花粉、文蛤、红曲,各平重,共末和猪胆或冬蜜。

28.霜降花叶、地龙干、水仙子、南香各平重,共末和蜜或猪胆。

29.血竭、水龙骨、雄黄、儿茶,各少许,共末和鸡蛋清。

30.田乌草、鸭舌红、叶下红各1把,丁香3克,南星3克,石膏1克,白银2克,共末春冰糖涂。

31.青黛2克,白芷3克,大丁黄6克,田乌草1把,共末和鸡蛋清。

32.扁豆6克,绿豆3克,丁香3克,白芷3克,小丁黄3克,共末和茶油涂。

33.大黄3克,白芷3克,浙贝3克,白菊花叶3片,薄荷3枞,共末和冬蜜涂。

34.丁香、雄黄、中白、文蛤、南香,各少许,和蜜涂。

35.紫荆皮、独活、赤菊、白芷、南香,各平重,共末和葱头汁涂。

36.生香附、藿香、白芷、防风、木香、甘草,平分不拘,共末和葱头汁糊。

## 附录五：各地到吕厝华藏庵添油人数统计

单位：人

| 时间 | 地区 | | | | | | | | | | | | | | | | | | | |
|---|---|---|---|---|---|---|---|---|---|---|---|---|---|---|---|---|---|---|---|---|
| | 厦门市区 | 郊区 | 后溪镇 | 杏林区 | 同安县城 | 西柯镇 | 祥桥镇 | 洪塘镇 | 五显镇 | 马巷镇 | 新店镇 | 新圩镇 | 汀溪镇 | 莲花镇 | 大嶝岛 | 灌口镇 | 南安古山 | 惠安 | 新加坡 | 吕厝村 |
| 1991 年 4 月 | 1 | 1 | | | 2 | 14 | 3 | 1 | | | | | | | | | 26 | | | 6 |
| 1991 年 5 月 | 3 | 1 | | | 7 | 16 | 2 | 2 | | | | | | 1 | | | 4 | | 35 | 8 |
| 1991 年 6 月 | | 1 | | 4 | 3 | 8 | 2 | | | 1 | | | | | | | | | 1 | 4 |
| 1991 年 7 月 | | | | | | 11 | | | | | | | | | | | | | | 8 |
| 1991 年 8 月 | 4 | 4 | 1 | | 1 | 9 | 1 | | 1 | | | 3 | | | | | 19 | | | 4 |
| 1991 年 9 月 | 4 | | | | 5 | 17 | 3 | | 1 | 3 | | 1 | | 2 | | | | 1 | | 4 |
| 1991 年 10 月 | 9 | | 1 | 3 | 1 | 15 | 2 | 6 | | 12 | 1 | | | | | | 16 | | | 4 |
| 1991 年 11 月 | | | | | 3 | 14 | 2 | | | | | 2 | | | | | | | | 5 |
| 1991 年 12 月 | 1 | | 2 | | | 13 | | 1 | | 2 | 1 | | | | | | | | | 6 |
| 1992 年 1 月 4 日 | 49 | 2 | 9 | | 25 | 59 | 49 | 9 | | 10 | | 4 | | 1 | 1 | | | | | 2 |
| 1992 年 1 月 | 8 | 1 | 3 | 5 | 22 | 62 | 18 | 9 | | 1 | | 1 | | | | 5 | | | 6 | 17 |
| 1992 年 2 月 | | | 6 | | 19 | 32 | 11 | 4 | 2 | | | | | | | | | | 1 | 15 |
| 1992 年 3 月 | 1 | 3 | 14 | | 5 | 20 | 5 | 1 | | 5 | | | | 2 | | 1 | | | | 8 |
| 1992 年 4 月 | 6 | 1 | 4 | 1 | 11 | 32 | 3 | 1 | 2 | 5 | 1 | 4 | | | | | 2 | 30 | 3 | 14 |
| 1992 年 5 月 | | | | | | 13 | 2 | 1 | | 1 | | 1 | | | | | | | 1 | 5 |
| 1992 年 6 月 | | 2 | | | 19 | 24 | 8 | 2 | 1 | 1 | | 3 | | | | | | 1 | | 12 |
| 1992 年 10 月 20 日 | | | | | | 2 | 4 | | | | | | | | | | | | | 1 |
| 1992 年 10 月 21 日 | 4 | | | | | 5 | | | | | | | | 1 | | | | | | 1 |
| 1992 年 10 月 22 日 | 4 | | | | | 2 | 2 | | | | | | | | | | | | | 1 |

续表

| 时间 | 地区 | | | | | | | | | | | | | | | | | | | |
| --- | --- | --- | --- | --- | --- | --- | --- | --- | --- | --- | --- | --- | --- | --- | --- | --- | --- | --- | --- | --- |
| | 厦门市区 | 郊区 | 后溪镇 | 杏林区 | 同安县城 | 西柯镇 | 祥桥镇 | 洪塘镇 | 五显镇 | 马巷镇 | 新店镇 | 新圩镇 | 汀溪镇 | 莲花镇 | 大嶝岛 | 灌口镇 | 南安古山 | 惠安 | 新加坡 | 吕厝村 |
| 1992 年 10 月 23 日 | | | | | | 4 | 1 | | | 1 | | | | | | 1 | | | | 1 |
| 1992 年 10 月 24 日 | 1 | 1 | | 1 | 2 | 10 | | | | | | | | | | 1 | | | | 1 |
| 1992 年 10 月 25 日 | 2 | | | | | 3 | | 1 | | | 2 | | | | | | | | | 2 |
| 1992 年 10 月 26 日 | 4 | | | | 1 | 2 | 1 | | | | | | | | | 1 | | | 1 | |
| 1992 年 10 月 27 日 | 6 | | | | | 8 | | | | | | | | | | | | | | 4 |
| 1992 年 10 月 28 日 | 3 | 2 | | | 2 | 9 | 1 | | | | | | | | | 7 | | | | 6 |
| 1992 年 10 月 29 日 | 11 | 2 | | | | 6 | | | | 1 | | 2 | | | | | | | | 3 |

注:西柯镇的人数包括吕厝村的。添油的人数只占来拜拜的人数的一小部分。

本文原载庄英章、潘英海主编:《台湾与福建社会文化研究论文集》,台北:"中央研究院"民族学研究所,1994 年。

# 厦门同安吕厝王爷来历考辨

　　福建省厦门市同安区西柯镇吕厝村的王爷信仰,是一种有着"迎王""送王"仪式,但没有具体、固定神像的王爷信仰。在当地人的主位意识中,这类王爷是"代天巡狩"的王爷,每四年换一任。

　　关于这类王爷的来历有着不同的说法或文本。1997年8月,吕厝村吕良督、吕实力先生提供了一份说是从龙海市博物馆抄录来的资料——清代嘉庆初年黄卯所撰写的《闽南采风札记》,其中的"吕厝王爷"条说:清代雍正年间,因受"查嗣庭试题狱"的牵连,新科进士区金元及好友王自家联络了同科进士共35人,准备南下投奔"反清复明"的"洪门会",并先派人送信到福建省南安县石井乡的郑成功府第联络。35名进士随后结伴来到福建境内,见沿途官府盘查甚严,便分批而行,约定十月十九日相聚南安石井再乘船赴台。区金元等一行人走到南安与同安交界的小盈岭,因方言的谐音,把南安石井误为同安石井,于是他们一拨人来到同安濒海的霞崎石井村(即今之吕厝),这才发觉走错了地方,又听说官府到处设关卡,陆路难行,就决定由此乘船往南安石井会合。船刚驶出吕厝港,就在海面上遇到王自家等人自南安石井乘船而来,于是大家共乘一船准备驶向台湾。但节外生枝的是,35名进士中有一人事母至孝,为使母亲放心,离家时投信告知去处,其家母因目不识丁,遂请人代读,从而事情泄露,以致罪连九族。该村有进士何信,急公好义,自告奋勇携书南下,告知事败。众进士见信仰天长叹,倘若赴台事成,势必家人、九族难保,故连同何信等36名进士决定舍身取义以尽孝,为国为家投海蒙难。玉皇大帝感其忠孝信义,就册封他们为"代天巡狩",子、辰、申四年一任,择其年初正月初四上任,周而复始。因此,这些"代天巡狩"之王爷就成了吕厝华藏庵的主神。他们常在海上陆上显灵,拯救遇难渔民,制止民间械斗,因而香火不断。换言之,这一种已形成文字的文本说法是认为吕厝王爷是由区金元、王自家、何信等36名进士在吕厝海面投海蒙难后转化而来的,时间大约是在清代雍正五年(1727年)"查嗣庭文字狱"之后。

然而,这一文本"故事"虽然有一些有名有姓的人物,例如进士区金元、王自家、何信等,也有事件发生、发展等完整的表述,却可能与真正的历史事实相距甚远。例如,在同安县流传有"吕厝王爷怕吴提督"(一说这故事名为"死王怕活王")的故事。该故事说:同安吕厝有间王爷宫,相传王爷神是轮任的,每五年要换两任,即凡是农历有闰月的那一年,就换新王到任,很有威灵。全县各角落,都要去进香,并迎回神位香火,以求保境安民,非常热闹。但这一迎一送,也要花费民众很多人力、钱财。

清朝时候,同安县城溪边街出了一位名叫吴必达的人,他曾经官居厦门水师提督。童年时,吴必达常和孩子群在溪边的沙滩上玩耍游戏。有一次正碰上溪边街民众到吕厝王爷庙进香,迎回吕厝王爷驻村"巡狩",善男信女焚香叩拜祈祷,乩童耀武扬威,上窜下跳地作法,并驱散在旁观看与游戏的孩童。吴必达被乩童的行为所激怒,就对伙伴说:"别看他们这样神气,看我筑城把他们围住,叫他们进得来回不去!"说罢吴必达就拣了一些石头、瓦砾等,在沙滩上堆砌起一小方城(一说是用沙筑了一小方城),玩耍解气。俗话说得好,"死王怕活王",吕厝王爷真的被吴必达的方城围困住了。乡里老大知道后很害怕,就去劝吴必达,要他亲手拆掉小方城,放吕厝王爷一马。吴必达说:"拆就拆,不过今后吕厝王爷不准再来溪边街吵吵闹闹。"从此,吕厝王爷被吓跑了,真的再不敢来溪边街了。所以,同安西界各村每五年都得两次到吕厝迎王、送王,唯独溪边街不必劳民伤财,据说就是傍了吴提督的恩荫。①

　　首先,这个故事流传在同安县城,故事中的吴必达确有其人,他字通卿,号碧涯,是同安县城溪边街人,清代雍正丁未(1727 年)入泮,己酉(1729 年)武举人,庚戌(1730 年)联捷武进士,殿试三甲,分发广东候补。乾隆七年(1742 年)补授广东广海寨守府(守备);十一年(1746 年)补授琼州协镇阃府;十五年(1750 年)补授广东寨游府(游击);二十三年(1758 年)补授海门营参将,还补授香山协镇府(协镇);二十四年(1759 年)升授温州水陆总镇府;二十五年(1760 年)入京陛见,赏戴孔雀翎,调补广东左翼总镇府,升授广东全省水陆提督军门;三十年(1765 年)官至厦门水师提督,带管澎台水陆官兵。② 由此看来,吴必达应出生在康熙年间。因此,这故事虽是对现在溪边街不信奉吕厝王爷,或不从事迎送吕厝王爷现象的一种主位的解释,但由于传说故事往往都具有一定的事实作为根据,因此,这也可能反映了有这样一个事实,即吴必达曾经为难过吕厝王爷,或者曾在吕厝王爷信仰传播到溪边街的过程中起过阻止作用。另外,这故事也反映了这样一种民间观念,即认为当官的人都是天上的神灵诸如文曲星、武曲星下凡,他们跟神灵一样。如果这样,那么,由于吴必达是在童年时代与吕厝王爷发生纠葛,因此,吕厝王爷的信仰在雍正年间之前就应该已形成,而不可能在雍正五年以后才形成,否则这种信仰不可能传播到这样一个大范围。

　　其次,在目前吕厝王爷信仰的仪式中,每任迎来的王爷都是一些有姓而无名的王爷,而且多由乩童被"上身"后才说出该任王爷姓什么。如果黄卯的故事是真的,为什么吕厝王爷不是区金元、王自家、何信等? 为什么只是知其姓而不知其名?

---

　　① 同安县民间文学集成编委会:《中国民间故事集成·福建卷·同安县分卷》,北京:中国 ISBN 中心,1989 年,第 44 页。

　　② 民国《同安县志》卷三十,《武功录》,第 9 页。

再次，在清代雍正年间，台湾早已不是反清复明的大本营，或者"洪门会"的基地，因此，这些进士到台湾参加"洪门会"的情节似乎没有必要，这也是这一故事中的败笔。

另外，从南安石井乘船赴台，完全不必走金门与同安之间的水道，而从金门之北边走即可。王自家等进士从南安石井乘船赴台，不可能走此水道，因此实际上也就不可能在吕厝海面同区金元他们相遇，所以，这也是这一故事中的"马脚"。因此，黄卯的故事虽是对吕厝王爷如何形成的一种解释，却与历史事实多有不合，而且互相矛盾之处甚多，因此它不可能是历史事实，而只是一种对吕厝王爷为何形成的地方主位解释，一种主位话语。

除了这一主位的解释外，根据笔者在吕厝行政村的田野工作，吕厝村还有其他一些口传的有关吕厝王爷来历的地方主位话语。在吕厝社，某些人认为，王爷是由36位进士死后转化来的，但他们不是因为反清败露后自杀身亡，而是被皇帝与张天师害死的。据村民说，不知在哪个朝代，有一年有36位新科进士在翰林院等待皇帝派官。当时，皇帝想试一下龙虎山张天师的法术，就叫人在翰林院的庭院下面挖了一个地洞，叫这36位进士在里面奏乐唱曲。当皇帝带着张天师散步走进翰林院时，听见地底下隐隐约约传来音乐声，就问张天师为什么会有此声音，是不是有什么东西在作祟。张天师屈指一算，就知道是怎么一回事。他也不讲话，只用脚在地上跺了三下，地底下就变得鸦雀无声了。张天师走后，皇帝问这36位新科进士，为什么不弹唱了。他们回答说，他们正弹得高兴，但不知为什么大家都突然不能动弹了，所以弹唱不出来。过了几天，皇帝又要他们照样在地洞中弹唱，然后责怪张天师，怎么搞的，又有了此种声音。张天师有些恼了，也不答话，他拿出一张纸，把这36位进士的名字写上去，装进一个瓶子里，塞上塞子封上蜡，顺手丢到河里去。这下子地底下又没声音了。张天师走后，皇帝下去一看，原来这36位进士全都命归黄泉。皇帝没辙了，只好将他们厚葬。

再说那个装着写有 36 位进士名字纸条的瓶子,从河里流到了海上,又顺海流漂啊漂啊,最后搁浅在吕厝村外的海滩上,碰巧被一位乞丐发现。他拾了起来,见里面有东西就拔开瓶塞。这样,36 位进士的冤魂就乘机飞了出来。他们飞到京城,找皇帝作祟讨封。皇帝被这些冤魂闹得实在没有办法,就封他们为"代天巡狩"的王爷,可以"走府吃府,走县吃县"。由于王爷是漂到吕厝这里后才得以封赐的,所以吕厝就建立起王爷庙来祭拜他们。同时,由于是乞丐把王爷从瓶里放出来的,所以人们认为乞丐是王爷的大哥。因此,当吕厝举办送王仪式时,人们供奉给王爷给王船添载的柴米油盐等物品,乞丐甚至可以分一半。

　　吕厝社的吕姓村民还认为,王爷是明代洪武二十四年(1391 年)来到吕厝社的,他们先寄身在今华藏庵前左戏台处(海边的沙岗上)的日月二大使的小庙中。过了十来年,该宫为海水冲毁,王爷这才显灵出现在华藏庵处——风水穴龙虾穴的龙虾头。所以,吕姓的开基祖吕宗裕就倡导在该处修建华藏庵,后又把本村的各神明都请到了庙里,华藏庵也变成吕厝村的村庙。到了明永乐六年(1408 年)王爷才正式有"玉皇敕旨"的爵号,并定下子、辰、申年来吕厝或同安巡狩的规矩。这以后,王爷宫就坐落在这"龙虾头"上,屡坏屡修,每四年一次的迎王、送王仪式也从此代代相传下来。

　　不过,吕厝的吕姓村民还有另一种口传,即认为王爷最早是到何厝社,后来王爷认为吕厝村华藏庵这边的风水好,才移居吕厝华藏庵,永驻吕厝的。对此种传说,何厝的何姓社人并不反对,但对王爷的来历以及王爷如何转驻吕厝村,他们也有自己的主位说词。他们相传,很早的时候,有一个乞丐在何厝的海边见到一些海水冲上来的尸骨,他发了善心把他们在海滩上掩埋了。后来,这些无主的鬼灵显圣说他们是王爷,何厝人就在该处建了一座小庙来拜拜。也不知过了多久,该庙毁坏倒塌了,何厝人一时无法马上修复宫宇,就把王爷寄存在华藏庵里。可能是因为华藏庵那里的风水比较好的缘故,王爷驻进华藏庵后,就不愿再回何厝,所以,王爷这才被吕厝人得了。何厝人请不回王爷,也只好认命,承认这一事实。

上述两种说法虽有些出入,但也存在着一些共性。其一,在深层的无意识结构上有着共同的特性,如都认为王爷信仰的形成很早,至少是在清代以前就已形成。其二,王爷都与海上的亡魂有关,吕厝的故事讲海上漂来的瓶子内装有王爷的魂魄或写有王爷名字的纸条;何厝的故事讲王爷是顺海水漂来的无主尸骨。除去两个故事表层结构表述上的差异,这两个故事深层的无意识结构都是讲王爷是由海上漂来的鬼魂转化而来的。其三,王爷先到的地方不是吕厝的华藏庵。吕厝的故事说王爷是先到日月二大使的小庙驻足,然后才落脚华藏庵。何厝的故事则说,何厝人先建了王爷庙,后来其庙倒塌才移足华藏庵。

从目前迎王、送王的仪式过程中所存留的痕迹看,何厝人的说法可能更接近历史事实。因为不论过去与现在,每次接王的地点都在何厝边上的海边,而且接到王爷后,要先到何厝何姓祠堂门口转一下,才迎到吕厝的华藏庵。送王时,糊王船、王爷要在何厝的何姓祠堂中进行,然后,再由吕厝人由此将王爷请到吕厝的华藏庵举行送王的仪式。这种种迹象表明,在迎吕厝王爷和随后的送王仪式中,确实有尊何厝为先的做法。这说明确实是先到何厝,并因此形成了一些固定下来的做法。所以,王爷先到何厝的说法,应该是历史事实。

因此,我们可以根据这些传说故事中所反映的深层结构或历史事实来构拟吕厝王爷崇拜形成的原型,即在很早以前(很可能是明朝以前),有个乞丐在何厝的海边见到一些水流尸骨,就在当地掩埋了,后来,这些“鬼灵”显圣,何厝人建了一座小庙加以膜拜,后来由于该庙宇倒塌,故何厝人把王爷寄存于吕厝村的日月二大使庙或华藏庵,由于那里的风水好,王爷就驻足不走了,这大约发生在明代初年。因为吕姓的开基祖是在明洪武二十六年(1393年)来吕厝的,而由此开基祖所经营的王爷信仰,应在其在吕厝(霞崎石井)定居以后。这以后,到了永乐年间才把现在接王、送王的仪式等固定下来。换言之,吕厝王爷是由海上的鬼灵转化而成的,其形成年代大约是明代初年。

由海上的鬼灵转化成这种有迎王、送王仪式的王爷信仰,也有一些其他的佐证。如在闽南的沿海地区,常有在海上捞到尸体或网到骨头而运到岸上掩埋的习俗;也有崇拜海上鬼魂的习俗,如惠安县惠东人称这类鬼魂为"头目公";同安县西柯镇后田村称这类鬼魂为"老大公";厦门市何厝村的渔民称这类鬼魂为"好兄弟",都需要祭拜。而这类有迎王、送王仪式的王爷信仰主要都分布在闽南沿海地区。两者的分布有部分重合。

　　另外,在其他人的著作中,也曾提到这种由鬼魂转化成王爷的现象。如余光弘的《妈宫的寺庙:马公市镇发展与民间宗教变迁之研究》中,就曾记载,约当明末清初之际,澎湖火烧坪社的西海边发现三具溺水而死的无主尸首,社人拾其骸葬于今灵光殿庙址,以老古石简单堆砌成一坟;殓葬之后,当地居民有事前往祭拜者,有祷皆应,举凡寻失物、治疾病、祈子嗣、求财禄等等,均是有求必应,且诸灵常在社民梦中显现,故乃以诸灵公尊号称之。约在 70 余年前,社中有 8 位结义兄弟合议塑诸灵公之金身,年年过家越宅,个个祀奉虔诚。至 1926 年左右,在当时的保正陈江成家中成立一鸾堂,1932 年正月,朱府王爷在该堂降鸾,宣示其自身的来历,并提出建庙的要求,所以,陈江成等人即出面劝捐,于 1932 年 11 月动工,同年 12 月即完工,这就是今天的灵光殿。

　　根据扶鸾时所得的资料,在火烧坪海滩上发现的三具尸体,本是从金门到福州参加乡试的三名秀才,其姓分别是朱、邱、余,他们三人中举后搭船返金门省亲拜祖,不幸遇台风在农历六月十三日遇险丧命。三人经火烧坪社人殓葬后,因极力拯救民困,其功德上闻于天,经玉帝逐渐拔擢升赏,从无主孤魂逐渐升至将军、元帅乃至王爷,待三人官阶升至王爷时,余、邱二王调职他去,仅留朱王长驻火烧坪,为社民之守护神。①

———————————

　　①　余光弘:《妈宫的寺庙:马公市镇发展与民间宗教变迁之研究》,"中央研究院"民族学研究所专刊乙种第十九号,台北:"中央研究院"民族学研究所,1988 年,第 88～89 页。

　　从上述澎湖的情况看,的确存在着水流尸骨转化成王爷的"真实"事件。因此,根据吕厝村等地流传的传说故事,以及参考余光弘的资料,我们可以看到,吕厝王爷的来历主要是无主的水流尸骨,先是当地人掩埋了这些尸骨,而后其有"显圣"之现象,时间久了,"灵验"多了,再慢慢地上升为王爷。而这一过程的形成,可能就在明代初年。

　　本文原载《闽台民俗》1998年第2期。

# 厦门湾里的请王送王仪式

## 一、前言

在闽南地区的沿海地带流行着一种有着"请王""送王"仪式的"王爷"崇拜,特别是泉州湾与厦门湾内。这种王爷民间俗称为"代天巡狩"王爷,他们是什么样的神明?据在鸿渐村主持王醮仪式的王道长说,相传古时候有三十六位进士在翰林院等待皇帝赐官。当时皇帝想试一下张天师的法力,就在翰林院的地下挖了一条地道,要三十六位进士在里面吹拉弹唱。皇帝带张天师走进翰林院,听见地底下有音乐的声响,就问张天师为什么地下会有这声音,是不是有什么东西作怪。张天师掐指一算,很快就知道是怎么回事,他一言不发,用脚在地上跺了三下后,地底下就鸦雀无声了。事后皇帝问进士们为什么不弹唱了,进士们说不知道为什么突然就无法动弹了,所以弹不了。过了几天,皇上要求他们照样弹唱,然后问张天师为什么又有这些声音。张天师就把三十六进士的名字写在一张纸上,放到一个瓶子里,塞上木塞子,封好蜡,扔到御花园的水沟里,这下地底下彻底没有声音了。张天师走后,皇帝下去一看,原来三十六进士都死了。那个装有三十六进士姓名的瓶子漂到海边被乞丐捡到,他把塞子一拔开,三十六进士的冤魂就乘机飞了出来,到京师日夜骚扰皇帝讨要封号,皇帝没有办法,于是分封他们为"游府吃府、游县吃县"的代天巡狩王爷,可以云游四方,走到哪里吃到哪里,并负责驱逐凶煞,保境安民,护佑一方平安,同时下令民间各地轮流迎送王爷执行巡狩任务。这样就形成了在闽南沿海地区相当盛行的,迎送当值王爷莅临执行任务的送王祭典。

在泉州湾与厦门湾中,有举行这类仪式的村落基本都分布在沿海与晋江和九龙江河口的沿岸,内陆地带比较少见,而且每个有这类崇拜的村落的仪式举行年份也不一致,有的村落年年都举行请王与送王仪式,如厦门湖里区的蔡塘村;有的村落虽也是年年做,但有大年、小年之分,如厦门湖里区的穆厝;有许多村落则是几年做一次,但也不一致,有的村落如龙海的白礁村(九龙江沿岸村落)六十年举行一次;有的村落六年做一次,如厦门湖里区的何厝村和杏林区的高浦村;有的是隔三年做一次,如厦门同安区吕厝村就是如此,他们选择在鼠、龙、猴年里做;有的村落是逢闰年做一次,如杏林区的新垵村;有的村落隔两年做一次,如龙海角美镇的鸿渐村、乌屿村、寮东村等都如此,他们选择鼠、兔、马、鸡年做;有的则和他们岔开,选择牛、龙、羊、猪年做。

15年来,笔者已观察过数次这类仪式,并在1994年写过关于王爷信仰的文章。2004年,笔者看过厦门港、杏林区新垵村、海沧区钟山村所举行的送王仪式。2005年,笔者也看了湖里区穆厝的送王仪式和龙海角美镇鸿渐村的送王仪式,下面所记录与叙述的正是鸿渐村乙酉科的送王仪式。

鸿渐村是厦门湾内九龙江边的一个村落,过去属于泉州府同安县管辖,1949年后,省政府把靠近九龙江口的海澄县海沧镇与较里头一点的同安县角美镇对换,所以现在鸿渐村属于龙海市管辖。鸿渐行政村包括鸿渐社(自然村)、新楼社、旧楼社、阶巷社等几个自然村。其中,鸿渐社的居民主要为许姓,新楼社的居民主要为黄姓,旧楼社的主要居民为谢姓,阶巷社的居民主要为林姓,除此之外,鸿渐行政村中还杂居有蔡、颜、王等姓。

鸿渐社有三座神庙,老村的东边的路口为关帝庙,其主神为关帝,配祀关平、周仓。老村北边的路口为太保公庙,主神为大、二太保。老村南边的路口为凤山宫,其有前后两进、右侧加有护厝的庙堂,庙宇背靠凤岗,面朝九龙江,是村中主要的"公众庙",凤山宫崇拜的主神为保生大帝,配祀池王爷、大使公、乞雨公、先生公、中坛元帅、虎爷和一尊大约30厘米高的不知为何姓氏的"王爷公祖"以及阎罗王、注生娘娘、土地公。此外,凤山宫的左侧还附建了一座小庙,内供奉观音佛祖,而右侧护厝的厅堂中则供奉大尪公和大尪公娘(其夫人)。凤山宫有一定的历史,在宫庙右边的墙上有一块同治丁卯年(1867年)重修宫庙的捐款碑,神案上有一个石制的香炉,正面刻有"凤山宫保生大帝"的字样,背面则刻有"光绪辛丑高益号答谢"的字样,所有这些都说明该庙修建于清代同治年之前,至少已有130年以上的历史。

根据传统,鸿渐村附近的许多村落都有这种迎送王爷的祭典。根据一位在鸿渐村糊王船的黄银来师傅讲,"鸿渐村在鼠、兔、马、鸡年中都有这种迎送王爷的仪式,也就是说,他们每隔两年就要举办一次迎送王爷的大型祭典。而附近的寮东村也一样,今年的十月十三,他们请王。此外,乌屿村今年也有迎送王爷的祭典,他们在十月十五请王。在我们这个地方迎王送王的日子一般不会超过冬至,也就是说,某年中某村落要迎王送王的话,一般在当年的冬至以前要做完仪式。除了鸿渐村外,附近还有许多村落也会举行这种迎王送王仪式,但不是每个村落都有,如我住的石美村的东西南门外的村落都有举行这种仪式,但北门外的村落就没有,我们这里有句俗话讲,'王爷不入北',就是说石美北门外的村子没有举行迎王送王科仪。虽然有许多村落有举行迎王送王仪式,但都不一定与鸿渐同年份,有的是猪、兔、羊年举办,像我们村(石美)就是,有的是虎、马、狗年举办,有的是鼠、龙、猴年举办,没有一定,如海沧的钟林美(钟山)、东屿村是'年年做,三年一大邦',也就是说,东屿村年年都举行迎王送王的仪式,但三年才做一次大型的。年年做的仪式,一般只糊'轿马王爷',而做大型的迎王送王仪式时,则需要糊'王爷船'等,仪式也比较大型与热闹。此外,钟林美、东屿'三年一大邦'的迎王送王仪式去年(2004年)就举行过了,所以他们是鼠、龙、猴年举行大型的迎王送王仪式"。在举行这种仪式时,通常村里都要请本地的正一派的道士来"建醮",对这种醮会,道士称为"做王醮",其有做一天科仪和做三天科仪之分,前者正式的名称为"灵宝消灾醮会",而后者,道士称其为"灵宝禳灾祈安醮会";民间则俗称整个仪式过程为"迎王"、"送王"或"送王船",在厦门岛上的民众也俗称此为"做好事"。

## 二、仪式的准备过程

在鸿渐村,举行迎王送王仪式已有悠久的历史,1949年后虽有过一段时间的沉寂,但从1987年开始,村里又恢复做此仪式,这以后,每逢鼠、兔、马、鸡年的十月,村里都要举行这种迎送王爷的祭典,也就是说每隔两年做一次,或三年做一次,或四年做两次。由于这种年份都要举行迎王送王的大型祭典科仪,因此,村民也称这几个年份为"到科年"或"王爷年",如2005年为鸡年(乙酉年),即村民所谓的"到科年"。在农历八月初十,凤山宫组织村民到钟山村的王爷庙水美宫"割香"时,宫庙理事会的头头就在那里"卜贝"[①],问今年来的王爷的姓氏。通过卜贝,得知今年"到任"的王爷为"朱王爷"。"割香"以后,凤山宫理事会又派人去请角美镇龙田村的道士推算"王船龙骨开斧"、竖灯篙、请王、开荤、送王的吉日与吉时。根据推算,选出农历九月初二王船龙骨

---

① "贝"为庙宇中占卜的工具,过去多用"筶""筊""杯"等字,笔者之所以觉得用"贝"字为好,一是因为其字音与闽南方言"bei"相近;二是因为自然界中的"贝"与占卜用的"bei"形式相近,是双合的带弧度的器物;三是因为"贝"有宝贝的意思,某些贝也当过钱币,而过去的占卜有的就是以钱币来进行的,故这个字最适合做"bei"的汉字书写,而且也许它就是"bei"的本字。

开斧，九月三十竖灯篙，十月初一请王爷或迎王爷，①十月初四开荦，十月十一到十三举行"王醮"与送王。此后就根据此日程从事仪式过程。

农历九月初二，理事会请来道士、木匠和纸扎师傅，由他们在许姓大宗祠里举行王船龙骨开斧仪式。许姓大宗祠为"崇本堂"，是一座前后两进的大厝，其厅堂为敞厅，有较大的空间，在里面糊王船、王爷等，比较方便。举行仪式时，理事会成员摆上三张八仙桌，每个桌脚都垫有金纸。一张桌子供奉一根已基本成形的 7.2 尺长的"签"（龙骨），一张桌子供奉由纸扎师傅编扎的"厂厅公（厂官）"与妈祖，他们是造王船的监督神灵（厂厅公）与护送王船出海的保护神（妈祖）。另一张桌子则是道士的道坛，道士临时搭一个小神坛，摆上其法器来举行仪式。此仪式的主要目的是"洁净"，即洁净王船的龙骨及纸糊所用的纸张、布匹等。道士吹法号、摇帝钟，请神、请净水等，洁净了龙骨、造王船的用品等后，木匠还需在龙骨头处放些钉子、寿金等，并贴上"合境平安"的红纸条，以祝愿该村的所有人添丁、添财，合境平安。然后，在地上安放隔架，上放红布，再把龙骨安放在铺有红布的隔架上，开始用木料和竹片拼装船体，即用木料做架，船帮用长竹片连接，将船体的基本形体做出来。糊纸师傅也在龙骨开斧后，先糊王爷及其随从如侍女、印童、吼班、差役和请王时需要用的器物等。

在闽南，这类代天巡狩王爷都需要在迎王、送王时临时用纸糊，他们在村庙中鲜有木雕神像。王爷的形象与年龄如何，从事仪式的村落需告诉糊纸师傅，糊纸师傅要根据事主提供给他的王爷形象来扎与糊。这次请来的糊纸师傅是龙海市角美镇石美村埭头社的黄银来，他说事主需告诉他王爷是什么类的，是文的还是武的，或是半文半武的，他们则根据事主的意见来扎与糊。不过，一般也只有三种形象，如果是文的，王爷穿的是龙袍，而且脸部为五缕胡须，粉色脸；如果是武王

--------

① 有的地方也称"请水"，既指在水边（海边、江边等）请王，也指请水神赐予圣水，用于净坛。

爷,则穿盔甲,武将打扮,背后还要插上五根旗子,脸色可以偏黑,也可以为粉色,胡须也可多样化,或无须,或八字须,或满脸大胡子;如果是半文半武的,则穿着龙袍,但肩部要露一些盔甲出来,背后则插四根旗子。这次乙酉科迎王送王仪式,鸿渐村请的是朱王爷,他是半文半武的王爷,其形象为粉红脸,五缕长须,身穿黄色龙袍,左肩露出盔甲,背后插着四面旗子,坐在一张龙椅上。而上届迎的是"邢王爷",他胡子是白的,这表明他年纪较大。黄师傅制作好王爷后,还得先用红纸将其脸部遮起来,待请王时,由道士来开光。

除了在许姓宗祠中,师傅们忙着为仪式准备纸糊的王爷、王船等外,宫庙理事会也在请王仪式前抓紧选出这次科仪的头家和"主会"。在鸿渐村,头家一般为三人,其中"三主",需在去年结婚者即所谓的"新婚头"中选。头家需要比一般人多出些钱,今年规定大主须交1200元,二主交800元,三主交600元,而村中的每丁口则出16元,其他则随施主的意愿,如愿意出钱请戏还愿,则可以请戏,即一场戏的戏金由他出。头家过去由卜贝决定,圣贝多的人当选。由于当头家可以多获得王爷的庇佑,并且风头十足,有提高声望的作用,所以,想当选的人也不少。今年改为以自愿认领的方式来进行,即先定好大主需交1200元,二主需交800元,三主需交600元,让愿意当的人来认领,前两者在一般村民中进行,三主则让去年成婚者来认领。这样选出许建发、许跃赐、许有传三人当这届"王醮"的大主、二主和三主,他们的主要任务就是在祭典时代表全村人当主祭。此外,也用卜贝的方式,选出十几个"主会",他们的任务是作为仪式中的执事,与道士一起去各家做祈安仪式,在庙中举行各种祭拜科仪时帮忙等。

# 三、仪式过程

鸿渐村迎王送王的仪式,实际上从农历九月三十就开始了,因为

50

这天,村中开始竖起表示建醮仪式时间与空间的标志——灯篙,开始招呼各路神仙与鬼魂来享用他们准备的"贡王"盛宴。

在农历九月廿八,凤山宫理事会就贴出通知让村民做好准备,如糊门符、竖起灯篙等,以便正式进入仪式过程或时间。该通知曰:

> 农历九月三十日,(各家)要糊好门符,有竖灯篙户也要搞好。
> 农历十月初一上午要净灯篙,家中要备办清茶、(蜜)钱盒、寿金200张、红包一个。
> 特此通告。
>
> 凤山宫理事会<br>农历九月廿八日

农历九月廿八为公历 10 月 30 日,由此看来,在举行仪式时,民间还常常使用传统的时间概念来处理事务。但我们在凤山宫中看到的另一张通告,则用公历来记录,该通告为通知村民给王船添载的,其曰:

> 神定每丁米贰担、柴贰担、寿金 600 张。
>
> 理事会<br>2005 年 10 月 12 日

公历 10 月 12 日为农历九月初九,即传统的重阳节,看来,在重阳节时,理事会有活动,即通过卜贝的形式,把为王爷船添载的事务确定下来,而且规定村里每个男丁至少要为王船添载米 2 担、柴 2 担和寿金600 张。不过,在这份通告上,他们使用的时间概念是公历的,由此可见,在民间,传统与现代的时间概念是并用的。

**(一)竖灯篙布置醮场**

根据理事会的通知,鸿渐村的各家各户在九月三十就开始行动起来,各家各户都在自家的大门上贴上新的对联,有些人家还在自家的门口竖起了灯篙。理事会的成员则负责布置村里的各宫庙,特别是凤山宫。他们在村中的三座庙宇前都竖起了灯篙,并为各村庙贴上门符(即对联等),如太保公庙前左边(大方)竖起一支灯篙,其上原来的石刻门联是"著千古之功勋职封太保,济万民乎黎庶德重凤山"。现在则换上红色的门联,其曰:"向阳门第纳千祥,如意人家生百福",横批为"代道宣扬"。凤山宫也是如此。凤山宫有三门,其中门的对联换成"代天巡狩宣德化,为是解厄布仁风",横批为"代天巡狩";左边门的对联换成"天泰地泰三阳泰,神安民安合境安",横批为"五福盈门";右边门也换上了"建醮三朝庆吉祥,天恩吉庆表诚心"的红色对联,其横批是"吉祥贵富"。由于凤山宫是这次王醮的主要科仪场所,即要当"代天府",所以在其宫庙前的左(大方)右(小方)各竖了一支灯篙,其大方的一支按道理是作为阳竿,以便邀请、招呼神灵来赴宴,其小方的一支则是作为阴竿,以便招引孤魂野鬼享宴。其大宗祠因临时作为"王爷造船厂",其门前也竖有两支灯篙,其对联也换成"合家平安添百福,满门和顺纳千金",横批则是"五福呈祥"。

按照传统,灯篙竿应用留末梢的青竹为之,闽南民间称之为"透脚青",也象征着有始有终"有好尾"之意义。灯篙有阴阳之分,阳竿是邀请神灵用的,而阴竿则是招引鬼魂用的。《灯篙牒》云:"宫前吉地,竖列神幡,飘摇空中,引迎天神地祇,莅坛鉴醮。"因此,按照传统规矩,阳竿上应布置红色的"天旗""天灯"及蓝色或青色的"天布"和"醮旗"。而阴竿上则需布置白色或黑色的"招魂旗""七星灯"及黄色或蓝色的"地布"等。然而,鸿渐村没有完全按照传统,他们用干的长竹竿代替"透脚青"的青竹,但为了表示"有好尾"的意思,他们在每根竹竿的顶端加上一小束龙眼树的绿枝,以表现"透脚青"的意义。另外,这次鸿渐村所立的灯篙以阳竿为主,但也没有完全按照传统的规矩,而是根据自己的意思布置,他们在灯篙的顶端,挂一面三角形的红色令旗,灯篙的横杆也用捆绑有龙眼绿枝的竹竿替代"透脚青"的竹枝,上挂一面白色长条状写有"代天巡狩合境平安"字样的旗帜,还挂有黄色方形的"帅"旗和一面三角形的红色令旗以及一盏有灯罩的天灯(红色电灯泡)。这些都与传统的形式有别,但他们所竖的灯篙的脚部都用草席裹住,并在凤山宫前的灯篙前安置了香案,让人可以祭拜"灯篙神"①。由此看来,鸿渐村对传统是既有继承,又有创新,重新发明了传统,同时也是一种节省的做法,因为干的长竹竿下次举行仪式时还可以使用,而不必像过去那样,仪式结束,就得把"透脚青"的青竹烧掉。

灯篙竖起来后,该村落就正式开始了仪式,由这一天开始,他们需要斋戒三天,吃素净身,并以素的供品祭祀王爷,以示虔诚敬意。村落中许多庙宇与宅第都竖起灯篙,建构了一个仪式空间,同时也是对神祇、鬼魂等发出请帖,欢迎他们来这一仪式空间中享宴,共襄盛举。

图 1 凤山宫前竖灯篙

① 此在凤山宫前才有,因为那里是醮场,而太保公庙与关帝庙前和宅第前的灯篙则没有设香案,村民只要早晚烧香祭祀一下就可。

### (二)请王与净灯篙

农历十月初一(公历 11 月 2 日)早晨五点(卯时)左右,来自角美镇龙田村自静靖应会坛的道士就和理事会的人一起,抬着凤山宫的神灵到村中许姓大宗祠门口请王、迎王。他们在那里吹法号、摇帝钟等,用盐米、净水洁净后,为纸糊的王爷以及随从等开光,即把蒙在他们脸上的红纸撕掉,表示请来了王爷,然后敲锣打鼓将纸糊的王爷神像迎到凤山宫中,并开始布置代天府。

在闽南地区,民间认为这类王爷为代天巡狩王爷,如凤山宫的理事许阿强就对笔者说,王爷是代天巡狩王爷,替玉帝巡狩民间。另一位村民则说,王爷是巡按,过几天村里把王船做好,上面会挂十几盏灯笼,那是王爷巡按的省份。他每隔两年来这里巡狩一下,住几天就走,不常驻扎在村里,而且每次来的王爷姓什么也只有"到科年"时通过"问神"才知道。所以,有迎王送王祭典仪式的村落几乎都没有代天巡狩王爷自己的庙宇,因此,当这类王爷来到一个村落时,通常都需要借用当地主要的村庙或祠堂作为临时驻跸的"代天府",以便村民举行仪式。也因此,闽南的俗民常说"无柴雕的王爷,只有纸糊的王爷",就是说,尽管有的村落中也供奉王爷,但那些在庙宇中常年供奉的王爷,都不属于代天巡狩王爷的系统。因为多数的村庄都是几年才举行一次迎王送王的祭典,也就是说,王爷几年才巡狩到某一村落,而且每次来的王爷也不固定,即每一任的王爷都可能是不同姓氏的,如这次可能姓朱,下次可能姓李,再下次可能姓张,这需要通过神职人员(道士、乩童、三坛头等)问神后才知道,等等。所以,村庙中一般是不会有这类王爷的神像,因为他们是"客王"。鸿渐村就是如此,在他们的凤山宫中虽有一尊王爷的神像,但不是 2005 年乙酉科所请的王爷。所以,当请来王爷时,村民需把凤山宫作为临时的代天府,也就是说,这次来的巡狩王爷要借保生大帝的凤山宫来作为临时驻跸的府第,以便村民来敬奉和道士做仪式。①

　　当纸糊的王爷神像请到凤山宫时,宫庙理事会的人会把原来供奉在正殿神龛中的主神保生大帝及配祀神灵请到庙堂的左边,而把太保公庙的太保公,也从该庙请出来,安置在庙堂的右边,把庙堂的明间当作代天巡狩王爷的临时代天府,也就是说,把本科轮值来的朱王爷,即纸扎的王爷神像摆在正殿的位置,其旁各有一执扇侍女与一中军印童,一班扛着回避、肃静的吼班则安置在两旁低处,侍女执的扇子上,一把画着太阳,一把画着月亮,表示王爷的等级。而在前殿(门厅)正中摆放的八仙桌上,安置本庙中的王爷木雕神像,其左侧的八仙桌上,则安置纸扎的监督造船与护航的厂厅公(厂官)与妈祖及妈祖的部将千里眼、顺风耳和一班吼班随从。同时,凤山宫中也挂出"王府"龙灯和"三朝王醮"的宫灯,以表示这个仪式时间里,凤山宫就是代天府(见图2)。

　　代天府布置好,摆上四份素供品(一份为凤山宫公家出钱供奉的,另三份为头家的),道士和庙中的"三坛头"联手为之净场,同时也为庙前的灯篙做了"祀旗挂灯"的净灯篙科仪和安上符箓,在把庙宇神灵所属的五营神兵派出后,②他们就到村中竖有灯篙的家庭去做"净灯篙"的仪式。由于竖灯篙的人家不少,所以道士分为三路,分别由大主、二主、三主带领去竖有灯篙的人家"净灯篙"。各家都需要摆香案用素品祭祀"灯篙神",由道士吹角、念咒,用盐米、净水洁净一下,并把灯篙上的灯点亮,这就算是净完灯篙,或者做完"祀旗挂灯"的仪式,做完后,各家都把准备好的红包送给道士,算是给他们做仪式的报酬,并把准备好的寿金烧给灯篙神,算是请到了灯篙神。

---

　　① 有的村落则在祠堂中举行仪式,如杏林区新垵村的甲申科迎王送王仪式就是在该村丘姓大宗祠中举行。

　　② 此以五营旗代替,其安置在庙的广场前部,边上也钉有五营符。

图2　代天府

## （三）斋戒期间的祭祀与开荤、添载

九月三十日，竖起灯篙后，村民开始斋戒，素食净身，以表示对神的敬意，也是避开某种不敬将会遭到危险的一种方式。而在这三天中，村民如果去凤山宫祭祀王爷，也是带素食，如斋菜、水果等去祭拜。而在凤山宫中，公家与三位头家这三天敬奉的供品也是素的。这三天一般的供品有果盘、饯盒、甜茶。其中果盘中有橘子、"旺梨"（菠萝）、苹果、柿子、葡萄、杨桃、猕猴桃、反季节的龙眼、香瓜、李子等，甚至有按传统不能用于拜神使用的石榴，这表明在鸿渐人的记忆中传统观念已经有所淡薄；饯盒中则为各种蜜饯；九月三十日敬的甜茶是冬瓜茶；十月初二供的是龙眼干茶；十月初三供奉的是四果茶，其用"土豆"（花生）、红枣、柿饼和桂圆肉剪碎后泡成。据说这些茶都是该村村民举行婚礼喜事时，作为"大礼"招待尊贵客人而使用的茶水。另外，在鸿渐村比较特殊的是,在敬神的每个茶盘中,他们不是用人们通常敬神用的"三"这种阳数,而是每个茶盘中都供四个盖碗,与其他地方有些差别。理事会成员解释这样做是因为在鸿渐村的喜事中,一茶盘中放四杯果茶待客,是该地的一种大礼,因此他们是用当地民间的大礼习惯来接待王爷,同其他村落不同。

另外,这三天的斋戒期,大主、二主、三主要轮流在每天的下午来宫庙里代表全村为王爷奉茶与上香,即他们轮流在每天早上六点和下午五点来到宫庙奉茶,重新换上一杯甜茶,祭拜王爷。

十月初四由宫庙的理事会用三牲祭祀天公、王爷后,这就算是开荤了。除了宫庙外,各家在这天的早晨也需要在家里摆一个"天桌"祭祀天公,祭祀完就算是开了斋,这以后到初十为止,村民陆续来凤山宫烧香,就可以带着三牲、五牲甚至生的整猪、整羊来庙里祭拜,并根据理事会的通知,给王船添载,一般每家人至少添载金纸600张、米两担、柴两担,实际上是米四小包、柴四小捆,以代表米两担、柴两担,也代表送给王爷等的柴米油盐,而且多多益善,这些东西象征着村民对王爷等的心意。宫庙理事会的成员,则将村民所添载的东西装在纸箱中集中起来,堆在宫庙的一角,以便到"烧王船"的那天,装进王船中一起烧掉,给王爷押送出境带走的鬼灵用。另外,在鸿渐村,村民喜欢双数,所以初四、初六、初八、初十来庙中祭拜的人较多,单数的日子里则少些。

### (四)装饰王船等

美轮美奂的王船是王船祭典中的主角,在请王前,木骨与竹骨扎成的船体已做好,请王后,糊纸师傅就需要在十月十三日前将其装饰好。师傅先糊一层纸,再裱布,把船体弄好后,再用彩纸等装修、装饰。在船头的"犁头壁"上,画有对称的、上涌的浪花纹,上面有一阴阳相拥的太极。犁头壁上方,装饰一立体浮雕的狮头,头顶部还插有两根红缨枪。船尾装饰着双龙抢珠的图案,并写着"顺风相送"的吉祥语。船尾的后舱尾上有奉祀妈祖和厂厅公的官厅庙堂,其舱门上写着"天上圣母"的名号,并贴有"天泰地泰三阳泰、神安民安合境安"的对联,官厅的后部则插着青、红、黄、白、黑色的五方龙旗或五营旗。船身上则用彩纸装饰,"船稳"之下为白色,上装饰一些水波纹、云纹;"船稳"之上的船帮装饰着八仙和一些代表富贵吉祥的图案,以及画有"龙目"与泥鳅,前者以象征船即龙,后者则代表船体滑溜,能快速行进。船帮上还插有水手、神将等纸扎的人物像和许多小旗,船帮两边各有些生肖旗,上画着十二生肖;船头两旁各插有写着"代天巡狩""合境平安"的红色醮旗;船尾还插着写着"三军元帅""天上圣母""帅"的黄色令旗。此外,船尾部还插着纸糊的"万民伞",表示这船是一艘"官船"。在甲板上也如真船一样设有三根船桅,此外如船舵、锚锭等也一应俱全(见图3)。

图3　王爷船正面

除了装饰王船外,糊纸师傅还需扎一些其他神像与物品,如普度用的"大士爷""浴室",门神殷郊、殷洪,镇守路头的"路头尫仔",挂在船上的省份灯笼,让村民还愿用的戏盒等。糊纸师傅说,这些都是根据宫庙和道士做仪式的要求而制作的,如门神用殷郊、殷洪这类武将是符合鸿渐村在神灵的宫庙中举行王醮仪式的要求的,如果在宗祠中举行仪式,那么其门神得扎"山神"与"土地"。

### (五)建立神坛与闹厅

十月十日下午,龙田村的道士们来到鸿渐村,他们先在庙里搭建王醮期间的神坛,民间俗称此为"排三宝、点天灯"。他们将凤山宫分为内坛和外坛,内坛设在凤山宫后殿的明间,在纸扎的立体王爷神像周围挂上三清、四御、天师、雷公等的布质和卷轴神像,元始天尊旁有一对联,上书"元北参天无量德,始开道教有真源"。每张神像下有一神案,上供着给神灵的疏文。王爷神像前安置有长条神案,上铺着写有"代天巡狩"名号的"八仙彩",上供着四个"斗灯",一个是公家的,其他三个是大主、二主、三主的。其前面的供桌上,也排列一排疏文,并放有罄、木鱼等道士做仪式的法器。桌子前有一小空间,为道士做仪式的空间。而在内坛的坛口则设一个"金阙",以其来隔断内坛与外坛(见图4)。

外坛主要设在前厅,其正中供奉宫庙中原有的木雕王爷,而且把前几日安放在王爷近旁的差役、吼班等也移到这位王爷的身边。其左边仍供奉着纸扎的妈祖与厂厅公。而在大门前的廊上则一左一右安放着三米来高的门神——殷郊、殷洪,他们骑在麒麟上,戏装武将打扮,背后都插着四面旗。另外,有一尊纸扎的普度公——大士爷则安放在左边门前,因为在王醮的第三天普度时才用,所以,尽管安放在那里,却是封着脸,待普度时再开光。在鸿渐村建醮期间,内坛是举行各类科仪的主要场地,为了保持内坛空间的洁净,除道士及建醮工作人员如主会、头家等外,其他人均不得随意进入,因为这些人都斋戒过,

**图 4　王醮神坛的建立与布置**

属于洁净之身,而且道士都住在庙里,而对其他人,则不清楚其是否斋戒过,故谨慎一些较好。外坛通常都是开放的,村民来上香祭拜可以在那里进行。

内外坛安置好后,据说当日虽没有正式的科仪,但需要"闹厅"一下,所以在晚饭后八点左右,道士们集中起来在内坛中敲锣打鼓半个钟头,理事会的工作人员则在庙门外放些鞭炮,双方合作一起热闹一番,活跃代天府内的气氛,也象征着王醮的醮坛已经设立完成,三朝王醮的仪式已准备就绪。

### (六)消灾祈安醮会

前期的准备工作做好后,鸿渐村王醮活动从农历十月十一正式开始。这天做的科仪,道士说是"祈安清醮",村民则说是"王爷醮"。清早五点,道士就盥洗净身穿上道袍起醮。他们启鼓,发奏表文,请神,竖旗,念了十几道牒,竖起七星灯、玉皇旗,为门神开光,"启请圣真洞"等各路神仙光临,拉开三朝王醮的序幕。宫庙的三坛头也行动起来,

在庙前用清水与草料等"犒兵马",在村子周围的路口插上身上写着
"合境平安"的"路头尪仔",钉好五方符,并烧香祭拜一下,正式确定醮
场的范围。起醮后,道士们也把举行王醮的"灵宝祈安植福金章"的榜文
告示贴出,训令境内阴阳两界,遵循法纪,扬善除恶,并告知今年参与送
王祭典的村中执事以及各家户主名单以及仪式的程序等。其榜文曰:

恭闻

道乃三才之主,开张万范,诚为百物之主宰,端注一心大道无
遗至诚可格。兹据

中华人民共和国福建省漳州市龙海市角美镇鸿渐村凤山宫
建坛,奉道设醮,禳灾保境祈安植福,言念:大主许建发,二主许跃
赐,三主许有传;主会:许世发、许海勇、许跃赐、许有传、许有信、
许开平、颜逸君、许建明、许水生、王南发、许四扬、许团结、许中
宇;户主:许武汉、黄联国、黄建明、黄建登、蔡良意、许亚民、许赞
发、许益南……许亚目暨众信人等同诚拜:

天听恭陈,意恳愿赐,鉴闻伏以

天地无私,宏施位育之功,神灵有感,广锡和平之福,惟天惠
人,惟人报德,熙熙皥皥,庆莫能名,众等生际盛世,居全梓里,营
生四业,恪守六言,有赖皇天眷顾,上帝鉴临,食德而思,感恩而
念,深恩知皈,有自怀戴,不忘第恐,泰尽否来,上天固有不常之天
命,而去祸迎祥,下民恒有同庆之真诚,爰是,众等一心虔备醮会,
涓取今月十一至十三日,信士就凤山宫备建

灵宝禳灾祈安醮一大会,行科三日夕。吉时预先恭迎王驾,
俯降芳筵,敬演梨音,奉安宝座。越十一日吉时,发奏表文,启请
圣真洞鉴,披宣法事,扬旗挂榜,督将卫坛,开讽诸品妙经,演拜列
科宝忏;中午陈供散绕奇花;迨夜鸣金钟而敲玉磬,分宝炬以卷朱
帘,启谒师圣尊习仪大教范。次日清晨重白,进拜朱表,再酌名
供;是夜燃放水灯,普照晶宫泽国道场科仪。三日续完经忏,各家

行香颁符,炼疏招祥;和瘟净醮,夜设斛筵,赈施男女孤魂等众。送王爷归洞府,送仙舟归海岛;净油押煞,敕造灵符安镇五方,事竟礼谢,犒劳官军,化炼疏财,送驾回程。延格

　　高真祈景贶,以今法事,初启告行,挂榜昭告,伏以

　　祈安请福,特伸设醮之仪,行坛结界,须仗护持之力,

　　上祈本坛将帅吏兵,下资里域真官,妖氛扫荡,广开

　　金阙之门,和气气氤氲,祗迎

　　虚皇之驾,醮事周隆,言功迁赏,须至

　　榜者

　　神功受命,普扫不详,

　　右榜晓喻,各宜遵守。

天运乙酉年十月十一日给

　　主行科事王罗祥承诰奉行

　　祖师三天大法天师正一真君张证盟

　　榜

早饭后,道士们分为两大组,一组在庙中从事祈安消灾醮会,一位道长在庙中诵经、献敬,头家中的三主今天轮到在庙中代表全村人跟着道长做主会献敬、午敬等科仪。所念的经文有灵宝五斗真经、灵宝三官宝忏、三官经、玉枢经、灵宝祈安清醮朝天宝忏等。

另一组则是到各家去做"入户祈安"科仪,由于鸿渐村人多,所以这组人,又分为两组,每组由执"虎头鼠尾旗"者开路,唢呐锣鼓道士等紧随其后,在大主或二主的带领下,到各家各户做入户祈安科仪。他们每到一家,由带队的大主或二主先进去,将手中如意里的香交给户主,让他插在自家的香炉中,把自家香炉中点的香换给大主或二主,然后道士们进厅堂,在里面朝拜神灵,诵念祈安疏文,祈求合家平安,逢凶化吉,仪式结束后,户主给道士一个红包作为报酬,烧些寿金酬神,并放一串鞭炮。到下一家,同样的入户祈安科仪再做一遍,只不过户

主的名字换了一个。到中午时分,去做入户祈安的队伍需赶回代天府,以便集中所有五位道士一起做午敬的科仪,三位头家和主会执事们则代表全村人向王爷进贡朝拜,献香、献花、献金、敬果、敬茶、献饭、献酒、献牲等。

晚上,代天府中则举行"分灯卷帘"的科仪。代天府大殿中间悬挂一幅象征天门的金阙,并放下竹帘,将大殿隔为内外两部分,三主以及村中执事在阙外轮流朝拜,三跪三兴。不久,灯灭,道士团举着火烛到殿外,在广场右边的金炉里烧完寿金纸钱后又回到殿中,不一会,灯又重新亮起。据道士说这科仪叫"开明破暗",象征着送走黑暗与灾祸,重返光明。此后,全体人员就开始做"登天庭"的仪式,大家祭拜一会,金阙的竹帘卷起一部分,这样祭拜了三次后,就将金阙的竹帘全部卷起,这表示天宫大门已经完全敞开,三主等才轮流到内坛的供桌前敬奉茶水,接着道士团开始持笏朝拜,向玉皇汇报祭典的进展情况,最后整理衣冠,三呼万岁。接着,整个金阙竹帘又被慢慢放下,这表示玉皇退朝,众人朝拜完毕,重返人间。

而在村里老人活动中心附近的戏台上,从今天开始要连续演三天戏,以酬神娱人。这次王醮期间,鸿渐村请的是漳州市客联会芗剧团,他们在傍晚六点半左右装扮成天官、八仙、状元夫妇来到凤山宫,在庙堂内祭拜一下,表演传统的"三出头":《天官赐福》《八仙贺寿》《状元送孩儿》,祝愿鸿渐村村民能有福禄寿,添丁、添财,仪式完成后才返回戏台去演戏。

### (七)进拜朱表

进拜朱表,也称登台拜表,这是三朝王醮第二天的主要科仪,也是道士对这天科仪的称呼,鸿渐村村民则俗称该仪式为"天公祭"或"拜天公"。农历十月十二一大早,天还没有亮,代天府门前广场已经搭好一个临时的天公坛,原内坛坛口的金阙临时移到台上,挂在那里象征南天门,其前的供桌上安置一个纸扎的宫殿,内有玉皇上帝的神位,以代表天庭,供桌上还有斗灯与道士的法器、香炉等。台下则有一些供桌,最前面供着一头嘴里含着一个柑子的生猪,后面的供桌上则供着公家与头家的供品,每份有包括猪头在内的三牲、发糕、年糕、红龟粿、红圆、甜饭与装有各色水果的果盘、钱盒、茶、酒、天金与寿金制成的元宝、黄色的高钱等。各家各户都扛一小桌按顺序排在广场上以及庙两边的路上,桌上面堆满了各式供品如三牲、红圆、红龟粿、酒、茶与天金、寿金、高钱、鞭炮等,香炉中点着香,桌上点着红烛,使这个广场被挤得水泄不通,香烟缭绕。

清晨六点吉时一到,道士团开始做"灵宝祈安清醮进表"科仪。道士先在坛下的供桌前念灵宝祈安清醮进表科仪的经文,邀请天上神灵前来参加祭典盛会,然后,每人分别举黑伞登上坛,跨过一燃烧着净香的香炉,换上一双干净拖鞋,在坛上表演。据说举伞遮蔽,上坛过香炉、换鞋,是象征避开人间的邪气,要有洁净之身才可以上天庭,除此之外,道士团的道袍上也贴有黄表纸的符令,以洁净其自身。

所有道士登上了象征天界的高台,稍为祭拜一下后,就开始表演所谓的"送天书"仪式,三主走到台边,将纸扎的装有疏文的信函盒、送信人和马交给台上的道士,他俩托着进贡上来的信函盒,走着禹步,在台上绕圈,并不断地摇摆信函盒,以象征着信函正在往天庭输送途中。不一会信函盒已经送到祭桌前,道士们跪在供桌前开始从信函盒中取出几封表文,向玉皇上帝进表,及念"灵宝祈安清醮进表科仪"经文,然后,有的踩着禹步走到神坛的四个角落跪拜,念表文、疏文,向各位神灵进表,其疏文曰:

　　廷授
太上钦赐正一盟威神霄经箓玉府清微执法掌道仙乡主行科事王罗祥诚惶诚恐稽首顿首百拜
上言右,臣疏奏为据
中华人民共和国福建省漳州市龙海市角美镇鸿渐村凤山宫建坛,奉道设醮,禳灾保境祈安植福,言念:大主许建发,二主许跃赐,三主许有传;主会:许世发、许海勇、许跃赐、许有传、许有信、许开平、颜逸君、许建明、许水生、王南发、许四扬、许团结、许中字暨众信人等同诚拜:

天听恭陈,意恩愿赐,鉴闻伏以

天地无私,宏施位育之功,神灵有感,广锡和平之福,惟天惠人,惟人报德,熙熙皥皥,庆莫能名,众等生际盛世,居全梓里,营生四业,恪守六言,有赖皇天眷顾,上帝鉴临,食德而思,大德感恩而念,深恩知皈,有自怀戴,不忘第恐,泰尽否来,上天固有不常之天命,而去祸迎祥,下民恒有同庆之真诚,爰是,众等一心虔备醮会,涓取今月十一至十三日,信士就凤山宫备建

灵宝禳灾祈安醮一大会,行科三日夕。吉时预先恭迎王驾俯降芳筵,敬演梨音,奉安宝座。越十一日,发奏表文,启请圣真洞鉴,披宣法事,扬旗挂榜,督将卫坛,开讽诸品妙经,演拜列科宝忏;中午陈供散绕奇花;迨夜鸣金钟而敲玉磬,分宝炬以卷朱帘,启谒师圣尊习仪大教范。次日清晨重白,进拜朱表,再酌名供;是夜燃放水灯,普照晶宫泽国道场科仪。三日续完经忏,各家行香颁符,炼疏招祥;和瘟净醮,夜设斛筵,赈施男女孤魂等众。送王爷归洞府,送仙舟归海岛;净油押煞,敕造灵符安镇五方,事竟礼谢,犒劳官军,化炼疏财,送驾回程。延格

高真恭祈景贶,伏愿

天真锡祉

列圣垂庥,天灾地否不入福地之中,岁厄月殃无侵仁厚之里,涤尘积之愆,尤锡日新之福祉,士遂联芳之名,农获大有之庆,利器先事既运斤而成风,价倍三都亦左宜右有,士女共荷洪庥,老少永乐八节,虔具文疏

恭惟

道经三宝

天地水万灵,同资道化,各降祯祥。不胜瞻仰激切屏营之至,
谨疏以

闻者。右谨具疏俯拜上奏

昊天金阙玉皇上帝玉陛下,臣恭望

天慈俯垂

省览,不胜瞻仰激切屏营之至,谨疏以

闻

天运乙酉年十一月十三日疏上奏

待读完疏文等后,再将信函盒、表文、纸人(表官)、纸马(表马)等和天金、寿金等,在天公坛右前方的角落火化。此时坛下信众也开始将自家带来的天金、寿金做的金元宝、高钱等拿到旁边空地火化。道士团也结束仪式,一一举伞下坛,返回宫庙中。整个仪式过程大约持续进行了一个小时。

图 5　进拜朱表

早饭后,道士仍分成两组,到有竖灯篙的村民家中去做俗称"拜灯篙"的入户祈安仪式,这是因为,这天和隔天,只有竖有灯篙的家庭,道士才去做仪式,所以,村民也俗称这两天的入户祈安的仪式为"拜灯篙"。在庙中则留有一道士念经,也有一头家在那里配合道士做庙内的仪式。

　　晚上则在代天府前的小河边举行"燃放水灯"的仪式。大约在七点,代天府门前小河边已经摆好一张小供桌,上面有饭菜等供品,旁边有一个用塑料脸盆托着的纸糊的神龛,神龛里面燃有烛光,写着"神灯普照"四个字。时辰一到,众道士从府中列队而出,到供桌前祷告祭拜,三主则作为主祭,主持的道士念完祭文后,执事人员开始在岸边烧纸钱,往水中放十二只水灯,将所有供品尽数洒入水中后,最后将纸糊的神龛放到水面,任其漂流,意为燃放水灯普照晶宫泽国道场等,照亮黑暗的水面,祈求神灵保佑人船平安,攘除灾难,去祸迎祥。

### (八)送王仪式

#### 1.迁船巡境

　　农历十月十三日上午,最热闹也是最后的一天开始了。道士说这天的仪式为普度、烧船,而村民说这天主要是送王。上午七点左右,在道士与三坛头的合作净场下,王船从祠堂的厅堂中移到祠堂前的埕上。村民将王船固定在一个用杉木做成的架子上,并安上生肖旗、五营旗、醮旗,把桅杆、船帆等放在船的甲板上(见图6、图7)。

　　八点左右,凤山宫的三坛头再次用盐米为王船洁净,道士则吹着法号为其助威,然后,宫庙的主会执事放起一阵激烈的鞭炮声,聚集在鸿渐村祠堂门口的锣鼓队、西乐队也奏起乐来,顿时锣鼓喧天,西乐队的进行曲响彻云霄。在此喧闹声中,村中16名男性村民将王船抬起,船上有一"舵公"敲一面小锣指挥,一支浩浩荡荡的队伍开始在村中巡游。整个巡游队伍由一面长方形的头旗领路,上书"凤山宫代天巡狩谒祖进香",头旗领路也具有扫清路上的邪气与污秽的功用,其身边有

图 6　迁船巡境

图 7　王船巡境

一锣一鼓一钹护卫,后面是西乐队、腰鼓队、威风鼓队等阵头。最后一阵就是"王船阵"了,阵前是一面有八卦图案的黑令旗,后面有一道士沿途吹着龙角法号制煞,引导众人抬王船,王船后面有大批信众持香跟随,甚至有的小孩骑着三轮自行车跟随队伍绕境。王船就这样由各阵头及信众、香客前呼后拥"护驾"前行,从祠堂右边的小路巡到村中的广场,从那里折往凤山宫,然后从宫边转向东,沿着村边南部的主干道到村口的关帝庙路口再转向村中的横路主干道,通过村中的广场,从太保公庙后的主干道走到铁路边的村委会门前,在那里巡境的队伍停了下来。西乐队、威风鼓队、腰鼓队在那里表演一下,王船则升起风帆,因为从这里出去的巡境线路宽阔又没有横街的电线拦道,所以可以将风帆升起,使王船阵更为壮观。风帆升起后,巡境的队伍继续出发,他们从村委会走到海沧至角美的大道上,在大道上巡了一段路后,又从另一条村路折回,并沿着铁路走到村委会附近的铁路道口,过了铁路后,又往西走到鸿渐村西边的路口,从那里又沿着贯穿鸿渐社东西的村中横路,走到太保公庙边的村中广场,从那里又向南,走到凤山宫,将王船停在凤山宫背后的空地上,停在空地北部靠山坡的地方,晚上将在这里烧船送王。①

这种村民扛着王船巡视鸿渐村辖区的仪式举动,即所谓的"迁船巡境"或"王船巡境",其主要作用就是为鸿渐村每个社的村民做最后"押煞"的工作,因此,王船所到之处,各家各户燃放鞭炮,摆香案持香膜拜迎送,祈求改运纳福,并将晦气、厄运、邪煞、污秽等让王船"载"走。在过去,王船主要是绕着村落外围的边界走,所以,也具有勘界的作用,现在虽不走边界,但也需要把村中的每个社走到,以接受村中各社村民的膜拜与迎送,所以,走的路线虽不同,但实际上仍具有勘界,以区别本村与外村的作用。

---

① 据说以前都在九龙江边的田里烧,今年嫌路较远,以及田间的小路难走,加上宫庙后已开辟出一块空地,正好可以做仪式。

迁船巡境过程结束后,道士仍分两组到竖有灯篙的家庭去做俗称"拜灯篙"的入户祈安的仪式。其他家庭,有的也会自己摆一个香案"拜官将"(见图8)。

图8 入户祈安

### 2.祭船

王船落地后没多久,庙中的三坛头、主会等开始布置俗称"船头醮"或"祭船头公"的祭船仪式的场所,他们在王船前面插上黄黑两面大旗,黄色的大旗上写着"无上正真三宝天君、太上无极大道、玄中紫洞宗师、三十六部尊经,混合百神,告盟三界,祈安清福、道庆迎祥"等神灵的名号与祈福语言,实际上是一个巨大的符令。黑旗据说则象征该地是送王也即烧王船的地点。此外,也在船的前面安置了供桌等,并给王船装上十八个写有各省份如福建、广东、广西等名称的灯笼,这十八个灯笼表示王爷是十八省的巡按,同时也表示王爷将去这些省份巡游。另外,执事们还在船头前放两桶水,以表示海洋。

各家各户也在这段期间,陆续来到王船前摆上供品祭拜。十点半左右,去入户祈安的道士和头家们回来,他们集中在代天府拜祭王爷后,鱼贯出来到王船前举行俗称"船头醮"或"祭船头公"的祭船仪式。道士在榜文上则称此仪式为"和瘟净醮"。

这时王船前的供桌上,摆放的是三位头家和宫庙公家的祭品,各家的则摆放在自己扛来的供桌上。道士在供桌前诵念《灵宝禳灾船醮科仪》的经文,请包括五方行瘟使者在内的各路神灵来到醮场,为即将扬帆启航的王船"净船""开光""开水路",道士团举着代表五方行瘟使者或五方星君的黄、白、黑、红、蓝色的五色旗绕着船,①为王船净身,也在船头的狮面上做"点红开眼"等开光的科仪,并将王船船头的两个船锚放在王船前的两桶水中,表示王船已停泊在港湾中,王船可以准备起航了。而做这一切时,三位头家身披红绸绶带,手持插着香的如意形的香炉,随着道士的指挥,献敬、跪拜,代表全村人祭拜王船(见图9)。

鸿渐村的这种"和瘟净醮"仪式,我是第一次见到,尽管我参与送王仪式也有六七次了,但都没有看到那些村落里做这一程序的科仪。如在杏林新垵,道士只请一人,只给王船开光而已。在厦门港,虽请了五位道士去做一些科仪,但他们为王船开光的是本地的乩童。在同安吕厝,虽也是请五位道士做仪式,但也只是给王船开光,而没有这种举着五方旗为王船"和瘟净醮"的科仪。所以,看了这些后,笔者有些好奇,就向这次主持王醮的王罗祥道长询问,他说这是模仿台湾王醮的仪式程序做的,念的科仪经文也是来自台湾。②之所以这样,是因为他们家祖传的科仪本绝大部分已在"文革"中遗失或被烧掉,因此,在恢复做道士的过程中,才从台湾的朋友那里弄来他们编撰的科仪本,也

---

① 该旗上正面为五方行瘟使者的敕令,背面则写着五方星君的名号,如代表中央的黄色令旗上正面写着"中央方行瘟使者承符奉转通达九天星火奉行敕",背面则写着"中央土德星君"的名号。

② 其所用的科仪本的封面写着"屏东县林边乡崎峰村光前路十七号集神坛林德胜敬撰",是台湾人编撰的。

图 9　祭船头公

模仿他们的程序做。王道长还认为,台湾人的王醮仪式做得比较标准,而现今大陆其他道士所做的王醮都比较随便与随意,比较没有规矩。所以,他们才模仿着台湾的仪式程序做。由此看来,鸿渐所做的仪式,是受到台湾的影响,而没有完全根据自己的传统。

3.登座普度

烧王船之前需要做的最后一个大型祭礼就是道士所说的"登座普度",民间则俗称"普度醮"或"做普度",其主要就是祭鬼,为孤魂野鬼饯行。由于凤山宫前的广场比较小,普度场面铺展不开,所以普度的道场改在村中心的广场上举行。在村中心的戏台对面设有一个普度公坛,内供奉着还未开光的普度公。戏台上,执事们为道士的科仪设立了一个神坛,一溜供桌像主席台一样地横在戏台的前部,供桌上摆着道士的法器,如木鱼、钹、帝钟等,和要施舍的供品如馒头、水果、糖果、饼干、香烟、大米等,中间的一张桌子上压着一张黄表纸写的"本坛疏",其上写着:

灵宝大法司本坛疏

中华人民共和国福建省龙海市角美镇鸿渐社凤山宫建坛,奉

道设醮,禳灾保境祈安植福,言念大主许建发、二主许跃赐、

三主许有传;主会许世发、许海勇、许跃赐、许有传、许有信、许开

平、颜逸君、许建明、许水生、王南发、许四扬、许团结、许中字暨合

众信人等,涓取今月十一至十三日,信士修建灵宝禳灾祈安醮三

朝一大会,上奉

高真,下祈景贶,以今醮事周完,醮主虔诚,是夜制备斛食,账

济汝等幽

魂,本代

天尊而宣化,讽仙人之妙经,援度

幽魂,咸资快乐,汝等各宜承此良因赴筵,同沾无量功德,望

神光托化超度须至榜者。

专布幽魂等众知悉

天运乙酉年十月十三日给

　　主持度孤法事王罗祥恭请

广度沉沦天尊证盟

榜

戏台下还堆着一些给孤魂野鬼用的斗笠、草鞋、毛巾、肥皂、牙刷、
牙膏、扑克、纸牌、象棋等,和两个纸扎的浴室,其分男女,据说是给来
享用普度盛宴的男女幽魂分别净身使用的。戏台下的广场上,家家户
户早已自己扛来小供桌,上面摆满了祭品,其中除了香烛、三牲、果盘、
馃盒之外,还有专用于祭鬼魂的白米和饭菜,以及银纸、库银、经衣(上
印着各种日用品,如裤子、衣服、锅、手表、电冰箱、热水瓶、电视、音响
等,代表给鬼魂带到阴间使用的器物)、龙图(上印有官服的图案,给鬼
魂用的)等(见图 10)。

　　下午三点左右,普度的吉时一到,道士团在乐师们的伴奏下,来到

图 10　普度

普度场,先为普度公开光,让普度公坐镇,而使各路鬼魂不敢乱来。然后,登台而坐,面向台下的信众诵念《灵宝禳灾祈安普度科仪》的经文和疏文普度。根据道士科仪的进度,头家代表信众在普度公前拜请各路鬼魂来到醮场,去浴室沐浴后出来享用祭品。在台上的指令下,信众们纷纷将自家带来的经衣、龙图等,拿到普度场专辟的一个角落,将其堆成一座小山,烧给孤魂野鬼们带回阴间使用。待道士们诵念一会儿经忏后,就开始进行“普度品酒孤净筵”的仪节,道士将供桌上的祭品一一画符洁净,打上手印后,洒向台下,台下的信众也纷纷到台前争抢。据说将这些道士洁净后洒下来的祭品包起来放到自家的米柜里可以驱魔避邪,保佑自家五谷丰登、平安吉祥。待此施舍仪节结束后,普度仪式已近尾声。五点左右,道士们念完经文,发出可以烧金的指令,台下的信众就将自家带来的银纸送到焚化处,而主会执事们则把普度公、纸扎的浴室、斗笠、草鞋等普度物品送到焚化处,点火烧化,村民们也把带来的鞭炮扔进火中。在震天响的鞭炮声中,道士团下台返回宫庙中,信众也开始收拾物品散去,准备迎接整个送王祭典最高潮的到来。

4.烧王船

烧王船即民间俗称的"送王"或"送王船","送王"就是"恭送王爷启行"的意思,在道士的榜文上为"送王爷归洞府,送仙舟归海岛"。所谓"送王船"是因为王爷启行多乘船而去,所以民间也称"送王"为"送王船"。在清朝中叶以前,闽南地区在送王时多采用以木制王船"送水之滨"的放水流的方式,俗称此为"游地河"。但是后因为木制王船漂到他地后有"祸延他地"之弊,或有出海不便,堵塞航路之弊等原因,所以在清中叶之后,闽南各地逐渐改用火化纸糊王船的方式来送王了,此俗称为"游天河",也即现在人们常说的"烧王船"。

根据道士事先的择定,农历十月十三晚上八点半为"烧王船"的吉时。六点多吃完晚饭,宫庙里的执事们就开始为送王做准备了,他们将堆在庙里、村民送来为王船添载的柴、米、油、水、锅及船上的贵重物品装到船上,金纸则堆在船的周围。在太保公庙墙上贴着的榜文也揭下来,送到船上,镇守在村中十一个路头的"路头尪仔"也撤回来,先放在庙里。

七点半左右,凤山宫就开始热闹起来,送王的村民陆续来到宫庙附近,把广场、道路都挤得水泄不通,在宫庙边上候场的西乐队、威风鼓这时也开始吹吹打打演奏起来,乐曲声、鼓声震耳欲聋;有些村民在小店里买来焰火,在王船周围施放,各式各样的焰火冲天而起绽放出漂亮的图形,也映亮了夜空。在八点左右,道士团在王爷前占卜获得神灵准许后,执事们将安奉于代天府的王爷、印童、侍女、妈祖、厂厅公、差役等几十尊纸糊神像送出庙门,在净香炉的前导下,送到庙后的烧王船地点,并依其角色的不同,一一装进王船内各厅舱,各安其位。而门神、路头尪仔等则送到凤山宫前的广场上,送走这些神灵后,凤山宫关起两个边门,表示王爷已离开代天府。

八点半左右烧王船的吉时一到,道士在王船前做了简单科仪之后,执事即开始点火"送驾",有的在宫庙前点燃了门神等,有的则在王船的头尾两处点起火来,火舌一点一点地在王船上升起,不一会儿,就迅速地吞噬了整个船身,边上送王的人群看着火焰的升腾,不断地喊着:"发啊! 发啊!"与此同时,各式焰火齐放,绚丽的火花在空中绽放,照亮了整片夜空。鞭炮声、锣鼓声、唢呐声更是响彻云霄、震耳欲聋。众人执香作揖恭送王爷出海,祈求好运留下,坏运带走。烧了好一会儿,在信众们的注视中,船的骨架坍塌,尾桅头桅也相继倒下,最后中桅也终于被大火烧断而倒下。根据民间的习惯,中桅倒下就象征着烧王船醮事的结束,中桅倒下的方向预示那个方向的村庄会兴旺发达;同时,那个方向也成为醮后首先拆灯篙的方向。因此,当送王的人们见中桅倒下,即知道此次烧王船的仪式结束,王爷等已乘着王船游上天河,又去别的地方执行代天巡狩之职。至此,各艺阵和信众也相继离去。

图 11    王船"游天河"(烧王船)

5.净油押煞

烧完王船后,代天府前的灯篙也熄了灯,表明各路神灵已经离开。宫庙的执事和道士们还得马上进行俗称"喷油"的净油押煞的活动,洁净各家各户。由于需在夜里完成,而村中家户也比较多,所以道士和庙中的执事人员分成五队到各家去做净油押煞的科仪,以便在规定的时间内完成。每一队都有好几个人,其中有一人敲锣,一道士吹法号念咒,一人持一把长柄大勺子,勺子里盛着火油,并点燃着,另一人则提着一瓶酒精或烈酒,每到村中一家,就在其家门口往油火上喷酒精或烈酒,碰到雾状的酒精,勺子里面的火会顿时"噗哧"一声腾高起来,发起尺把高的火焰来。这象征着为该户人家洁净,火焰的腾升也有发家的意思。鸿渐人相信,通过这样的"喷油"押煞洁净之后,就能家宅平安,兴旺发达。

6.谢天公

十月十四日,送王祭典完成的后一天,宫庙和竖有灯篙的家户都将灯篙卸下来。由于鸿渐不是用带尾的青竹做灯篙竿,所以,做灯篙的竹竿还保留下来,以后继续使用,只是把灯篙头部加设的龙眼枝拆下来,祭拜一下灯篙神,然后和金纸一起烧掉,此俗称"谢灯篙"。然后,凤山宫还需要在宫庙中举行俗称"谢天公"或"压醮尾"的仪式,将请在宫庙侧边的本庙神灵复位,供上祭品,祭祀天公与庙中的神灵,拜谢天公与神灵,同时以这些祭品等答谢祭典活动中的有关人员。至此,三年一科的鸿渐村王船祭典彻底落下了帷幕。

本文原载王建新、刘昭瑞编:《地域社会与信仰习俗——立足田野的人类学研究》,广州:中山大学出版社,2007年。

# 福建南部与台湾南部的请王送王仪式

所谓的请王、送王仪式是闽台闽南人某些地方特有的一种宗教实践，其仪式过程通常如下：某个水边的村镇，在固定的某个时间点里，从水边（河边或海边）请一尊或几尊"客王"（其称之"代天巡狩""代天巡狩王爷""大总巡""代巡""千岁""王爷"等）到该地巡狩、镇守，或祭祀几天后或几年后，用木架纸糊的或纯粹木制的王爷船将其送走；送王时，过去有将木制的王船放于水中，让其漂走的"游地河"与将木骨纸制的王船迁至水边并放火烧之的"游天河"两种形式，现统为"烧王船"的游天河形式，而且不论是木骨纸糊的王船还是木制的王船均如此。

请王、送王仪式是闽南人特有的一种宗教实践，但其仅存在于福建南部特别是泉州湾沿岸和厦门湾沿岸地区与台湾南部地区。[①] 我们先看一看台湾的情况。

## 一、台湾的请王、送王仪式过程

黄文博所著的《南瀛王船志》曾对台湾各地的请王、送王仪式做了

---

① 有人认为福州五帝庙的"出海"也是同样的仪式，因此代天巡狩王爷与五帝一样也是属于瘟神系统。这是一种错误的看法，对其的讨论与争辩，笔者有另文，此不赘言。

一些归纳,他说:"三四百年来,台湾地区的王船信仰①,大致已定型,依田野调查的资料分析,至少可以分成六大系统,每一系统皆有其领域、风格和独特的风貌,由南到北为:(一)东港溪流域系统;(二)二仁溪领域系统;(三)曾文溪流域系统;(四)八掌溪流域系统;(五)朴子溪流域系统;(六)澎湖地区系统。"②东港溪在台湾最南部的屏东县境内,二仁溪是台南市和台南县、高雄县的界河,曾文溪是台南市与台南县的界河,八掌溪是台南县与嘉义县的界河,朴子溪在嘉义县境内,澎湖与云林县、嘉义县在同一纬度上。虽然黄文博的归纳并不一定完全准确,例如在云林县中部海边的台西乡也有请王送王仪式的存在,但不管怎么说,这些地方均在台湾的南部地区,换言之,在台中以南的沿海村镇多可以见到请王、送王仪式,而在台中以北的台湾北部地区沿海就很难见到这种仪式的存在,台湾东部地区可以说从来不见。

黄文博还归纳了台湾请王送王仪式的一般过程,只不过他用"王船祭"或"王船信仰"来界定,如他说:"台湾王船信仰虽有东港溪流域、二仁溪流域、曾文溪流域、八掌溪流域、朴子溪流域和澎湖地区流域等六大系统,但外观上,都由'造船仪式'开始,经'请王入醮'、'迎王绕境'到'祭船仪式',再到'送王仪式'而结束,循此脉络可掌握各地王船信仰的梗概。"③

"造船"一般分为三个阶段:"艁祭活动"、"打造王船"和"王船出澳"。"艁祭活动"计有四个步骤:"取艁"、"造艁"、"请艁"和"安艁"。所谓的"艁",也有人用"槮"字,它们都是土俗字,前者用"舟"字为偏旁,表示其为舟的一部分,而"参"字为表音的。后者以"木"为偏旁表示龙骨由木料构成,"参"亦是表音的。台湾人用韦氏拼音来记闽南方

---

① 对请王、送王仪式,黄文博用"王船信仰""王船祭"来界定。笔者以为不妥,因为其容易引起误读与误导,故以"请王、送王仪式"来界定,可能可以更准确地认识这一汉人特别是海峡两岸闽南人的民间宗教实践。

② 黄文博:《南瀛王船志》,新营:台南县文化局,2000 年,第 24 页。

③ 黄文博:《南瀛王船志》,新营:台南县文化局,2000 年,第 37 页。

言的音,其为chhiam。而大陆用拼音来记录闽南方言的音,其表现为qiang,实际上这个闽南方言音的本字应该为"签",即指包括王船在内的"福船"系各类船只的龙骨,这是因为龙骨为长条状,类似"签"这个字的本来意思——细长条的木制品。故下面虽引用黄文博的陈述,但笔者使用"签"或"龙骨"来替代"艍"或"惨"字。

"签祭"的第一步骤为"取签"(取龙骨),即选取龙骨之材,其尺寸和来源,需依照神示来选。传统龙骨之材应以"活树"的树干为之,像榕树、樟树、龙眼树、檨仔树(注:芒果树)……甚至刺竹亦可,"取签"时毕备香案,并以锣鼓、香阵相迎,这以台南县西港庆安宫最具排场;晚近环保意识抬头,乃多直接到木材工厂里选择材料。

第二步骤为"造签"(造龙骨),即将树干取回王船厂,委请造船师傅制成龙骨,其形状多为"⌣"状。

第三步骤为"请签",即将制好的龙骨送到送王地点(烧王船地)举行"请签"仪式,请道士为龙骨开光点眼,择时(由神选定)赋予神灵,如烧香请神,用朱笔(朱砂笔)在龙骨前后左右念咒点捺,象征龙骨已获得神性。此外,这时也需为王爷的先头部队如纸糊的官将大爷、兵卒、水手等开光,以便进驻王船厂执行任务。在台湾不同地区,所请的官将大爷有些不同,如曾文溪、二仁溪、八掌溪一带,必请"总赶公"和"厂官爷",前者是领航之神,后者是督造王船之神,不过在这些地方,人们只是为他们安一神位,而不用纸塑神像。在东港溪流域则请俗称"大公"的神,此神专门负责"看罗盘",功能类似"总赶公",其造型为清代的官爷。澎湖地区则请"大厅爷"和"厂官爷",前者是王爷的总管,其功能是督办送王祭典的行政官,是澎湖地区必请的神祇,后者的功能也是督造王船,在澎湖可有可无。

第四步骤为"安签",取签后,以锣鼓、香阵等将龙骨迎入王船厂安签,就是将龙骨"安座"于船台上。同时,做"合船底"仪式,又造船师傅在龙骨前后钻洞,埋入诸会首或醮祭执事所献的硬币,以示"安签生财",密封后,结束一连串的"签祭"活动。接着就是"打造王船"的程序。

打造王船,即全权委请造船师傅依照神示的尺寸建造王船,分木工与彩绘两部分,彩绘部分多由造船师傅另聘画师完成。现在制作一艘渔船大小的木制王船,大致需要一个月的时间即可完成,造价在五十万台币上下,而竹架纸糊的王船也需要十多万台币。

王船造好后,就进入请王送王祭典的准备期,这时庙方会择日举行"安梁头"、"安崁巾"和"安龙目"等仪式,接着再择日举行"王船出澳"仪式,即将王船推出王船厂,进水"抛椗",而在此之前还有"竖桅""盖帆"等的仪式。

"安梁头"即"安龙头",其为在船首(梁头)部位吊挂十二条五色线,每条线下系三枚铜钱,表示"平安发财",其下双龙图案中央安放一个兽面铜镜,形成"双龙抢珠"图像,用于照妖辟邪。然后在铜镜上再覆盖红布,此即"安崁巾",其有抑制凶煞之意。最后,在王船前方两侧各钉一个"龙目",并用净炉熏之,此为"安龙目"。

安龙目后,象征王船已如一条有灵气的神龙,于是庙方再择日为王船举行"进水出澳"的仪式,在出澳前还需为王船"竖桅"与"盖帆",即竖起前中尾三支船桅及将各桅的风帆升起,表示王船"扬帆待发",再将王船由王船厂推出,此称王船出厂,再移到停泊地"抛椗"(抛锚),将王船的"碇齿"浸于王船前盛水的缸钵或盆桶中,象征王船暂时停泊在这里,等待王爷等等登船。近年来,由于王船越造越大,在王船厂中已无法"竖桅""盖帆",所以,竖桅与盖帆都改在王船出厂"抛椗"后才进行。此后,开始让信善"添载",有的地方特别是曾文溪流域及其南北地区,还将"七星平安桥"与王船捆绑在一起,让信善来过关,这也成了庙方的一种新的生财之道。

王船出澳后,请王、送王仪式就逐一开始了。

先是"请王入醮",请王即迎请王爷(千岁爷、代天巡狩、大人、总巡等)莅临之意。所迎请的王爷一般叫"客王",即"代天巡狩至此为客的王爷",民间尊称"代天巡狩"。请王一般都在海边或溪河水边进行,以符合"王爷来自海上"的民间传说,而且这一地点与"请签"和"送王"的地点基本相同。请王的时间,有的在白天,有的在午夜。东港溪、二仁溪流域和澎湖地区多在白天,尤其是上午最多;其余则多在午夜,特别是曾文溪流域及其南北一带,原因可能和各地对王爷的态度有关。选择白天请王的地区,多将"千岁爷"公开化,而午夜进行的地区则将王爷神秘化,利用黑夜进行以彰显其神秘色彩。

在水边请到王爷后,得将王爷请入庙宇为其设立的"代天府"安座,让善信们祀奉,由此也开始从事"王醮",这一般都请道士团来从事,常见的为三朝、五朝、七朝王醮,有的地方如澎湖也可能做一个月。王醮期间,除了道士团做一系列道教的仪式外,民间所从事的是一连串的"宴王"(亦称"贡王"),有建醮者,宴王通常融于醮祭中进行,无建醮者,则依该地的祭程举行,一般而言,送王前的最后一场"宴王"都是最为讲究与排场的。

请王安座入醮后,除了朴子溪流域系统外,其余各地都会举行1~4天的王爷绕境游行或出巡活动,此即"迎王绕境"。不过各地的称谓可能有些不同,如东港溪流域一带称作"迎王",曾文溪流域一带叫"刈香",澎湖地区谓之"出巡",而且有"游海景"的"海巡"和"游山境"的"陆巡"之别。此外,由于澎湖地区请王与送王之间的时间间隔很长,所以澎湖地区的这种"出巡"不在请王后举行,而是在送王前几天内或前一两个月内举行。

这类出巡主要是"王爷出巡",其形式是王爷的神辇里供奉着"王令"出巡,因为王船需几十人抬才可陆上行舟,所以早期王船无法出巡,现在,王船多置于车上运动,故有的地方王爷出巡时,王船也跟着出动。跟随王爷出巡的还有各地的各种阵头,如八家将、宋江阵、蜈蚣阁、牛犁阵等,所以出巡的队伍往往浩浩荡荡。场面最为壮盛的,有曾文溪流域的苏厝、西港、佳里,二仁溪领域的茄定、关庙、归仁和东港溪流域的东港、南州、小琉球等地。

绕境之后,除澎湖地区接着进入长达一个月的醮祭外,台湾本岛上的各地都开始做"祭船"和"送王"的准备了。

祭船即"拍船醮",道士团主持,为即将扬帆起航的王船"净船"。整个净船的仪式可能包括"和瘟""添载点仓""唱班点将""开水路"等,而在有些地方还有其他仪式,如在东港,祭船前还有"迁船"活动。该活动就是迁动王船游境,为辖区做最后的"押煞"工作,所以每当王船经过,各家各户都会同时举行"改运"的仪式,将晦气厄运等让王船载走。此俗原本为东港一带流行的风俗,但近些年来,各地也多效仿他们,因而变得较为普遍化。

"和瘟"的道士科仪多半在午夜举行,透过"和瘟"仪式,借由道士的法力,以温和的手段请瘟神、疫鬼、邪煞等走路。在曾文溪流域一带则强调"解缆"仪式,道长以象征的手法为王船解开缆绳,表示等待起航。此仪式后,就开始"添载点仓",道长依《王船舱口簿》逐一点念行船所用的民生器具百物,使之无一不具,让王船行于海上能衣食无忧、娱乐无缺。接着,"唱班点将",逐一叫念王船官将兵卒是否已经全员上船。再接着就是"开水路",先在船头、船尾泼洒清水,象征潮水已到,然后在船前用锄头划一道长痕,表示已为王船开了水路,象征王船可以直航大海了。接下来就是"送王"仪式了。

"送王"即"恭送王爷启行"之意,俗称"送王船"。在清代中叶以前,多采用"送之水滨"的放水流的形式,此俗称"游地河"。虽然到二十世纪初仍有此俗,但常因"祸延他地"或出海不便等理由而慢慢改为火化的形式,即所谓的"游天河",也俗称"烧王船",今天"烧王船"已成了最流行的形式了。

"送王"仪式各地所见大同小异,都是将王船送到海边或河滨的空地上火化。送行的方式以推、拉王船行进为多,只有朴子溪流域一带还维持着以肩扛的方式运送王船。火化的时间,东港溪流域都在午夜之后进行,其余地区则在白天进行,不过曾文溪及其南北一带多在上午举行,朴子溪流域多在傍晚举行,而澎湖地区则不定。此外,在火化王船后,有的地方还有"抢鲤鱼"的习俗。①

　　上述的一般程序,黄文博说是台湾的一般情况,但准确点说,应是台湾本岛上的一般情况,而在澎湖地区,情况有些差别,这主要表现在:澎湖地区的村落请王仪式与送王仪式之间的时间间隔都比较长,如黄文博归纳的澎湖请王、送王程序为:(1)"请王"多依童乩神示而定时日,所请王爷皆称"客王";请王时同时迎请"大厅爷"(管理王府一切军政事务,这是澎湖所独有)和厂官爷(督造王船事务)来祀奉。(2)"请王"数年后才"送王",一任三年,任满可呈送疏文禀请玉帝准予留任,有些地方更成为"留王"。(3)有关王船,通常等王爷决定离境时才造。(4)王船造好后,全庄轮流"送菜"(添载)。(5)王爷离境前,先行"迎王绕境",王船行于阵前。(6)迎王结束后建醮,有公醮和私醮,时间长达一个月。(7)王醮结束后举行祀酒筵王之礼,"报马"必须表演"查夜"。(8)送王前,"小法仔"要行"结账"仪式。(9)送王时,神职人员要向王爷"辞职",以免被带走。(10)火化后,偃旗息鼓,默默离开,以免王爷又回来。②

　　由此看来,我们实际上可以将台湾定期举行的请王、送王的仪式过程分为两类:一类为先从事送王的准备工作,然后请王(包括绕境)、送王(包括祭船等)仪式在较短的时间内持续运作,此为台湾本岛上的情况;另一类为请王与送王分别从事,先请王,请王后需用纸扎王爷等神像供奉,过几年送王,送王之前才做造王船等的送王的准备工作,③这是澎湖地区的一般情况。此外,有的地方实际上还存在不定期的送王仪式,是因地方不靖而所为,④现已少见。因此,我们大体可以将台

---

　　① 黄文博:《南瀛王船志》,新营:台南县文化局,2000年,第37～49页。

　　② 黄文博:《南瀛王船志》,新营:台南县文化局,2000年,第35～36页。

　　③ 现因经济实力增强,多数地方都在请王后就开始造王船。参见余光弘、黄有兴编纂:《续修澎湖县志》卷十二,《宗教志》,马公:澎湖县政府,2005年。

　　④ 余光弘、黄有兴编纂:《续修澎湖县志》卷十二,《宗教志》,马公:澎湖县政府,2005年,第17页。

湾的请王、送王分为不定期与定期两大类,定期还可以分为短时间内从事请王、送王程序与请王、送王间隔较长时间这两类。

# 二、福建南部的请王、送王仪式过程

在福建,请王送王仪式俗称"请王送王"、"送王船"或"做好事"、"做祖事"等,其仅存在于闽南地区,特别是厦门湾与泉州湾沿岸地区,分定期与不定期两大类。不定期的如泉州富美宫的送王仪式,多因地方不靖、不宁才举行,而且其程序多为富美宫的主神萧王爷(萧望之)奉命派遣手下的各姓王爷用王船押送瘟神或邪煞、污秽等出境的形式,故其多没有请王程序,而只有送王程序。

定期的请王送王仪式分为两类:一类为请王来驻跸、镇守几年后,再行送王爷离任的送王仪式,即请王与送王仪式相隔几年的形式。另一类则是请王与送王的仪式在短时间内完成的形式。在后一类中,还包括了一些不造王船,甚或连王爷也不糊制的简单的请王送王形式。下面我们粗略地看些实例:

## (一)请王与送王仪式相隔几年的形式

在厦门市同安区的吕厝村,就存在着这类请王送王仪式。吕厝村通常定期在子、辰、申年请王、送王。一般的情况是王爷年的正月初四迎接新任的王爷,而在十月里送上一任的旧王,如以一任王爷的情况看,这种举动为请王后,需在四年后才送王。其过程大体如下:

1.请王或接王

据华藏庵边上的《华藏庵史略碑志》记:"代天巡狩,以子、辰、申命任岁次。是年孟春初四迎接新任王爷。此日,吕厝、卿扑、三社吕(四口圳、古湖、后坡),旗鼓辇队,更有迢郡邻邑邻梓之众多善男信女,千里不辞,诚心而至,共赴海沿,迎接新任王爷。"接到王爷后,则顺着吕厝和何厝村北的大路返回,先到何厝祠堂拜庙,然后走到同溪车路上,再从那里转进吕厝村,先到吕姓祠堂拜庙,然后回到华藏庵,并在当天或隔天由乡老与童乩们用卜贝或扶乩等方式来了解新任王爷的尊姓,如壬申年请的是吴王爷。

2.请新任王爷到各村坐镇

这科王爷入华藏庵后的几个月中,附近的一些村落会派人扛着神辇来此,把新王爷的名号写于一张红纸(即神位)上,放于神辇中抬回村里拜拜并让新王在该村驻守四年。这种活动的范围大体是以现同安区的西柯镇、祥桥镇为主,例如西柯镇的潘涂村农历二月十二接去新王,下山头村三月十五接新王去该村拜拜,祥桥镇的四口圳村是正月十六接新王,等等。

3.农历三月举行俗称"迎香"的巡境或绕境或出巡活动

据《华藏庵史略碑志》:"季春望日,各村筹精巨形异式多种艺术行伍,据四口圳埔会合,序列视察大游伍,游览村道。翌日复聚卿扑,依此续游,俗曰迎香。"

4.决定送王的日期与时辰

四年后的丙子年六月决定送走壬申科吴王爷的日子与时辰。事先庙方会请择日师选几个日子与时辰,然后在王爷前卜贝决定,确定后张榜公布。如1992年六月决定送四年前接来的戊辰科许、吕、古王爷的日子与时辰为农历十月廿九凌晨四时。这样,四方善男信女就有所准备,届时会赶来参与送王仪式。

5.送王回庵与竖高灯

从农历八月开始到十月,凡在四年前正月到三月间请当年新任王爷到本村坐镇的各村落,都会陆续把请去的王爷神位送回华藏庵,然后一起在吕厝华藏庵送王时送走。

农历十月初二,吕厝和东头埔村都要竖起灯篙,使"旧王调本部他镇兵将返庵,期待离任出发"。此外,从十月初二开始,吕厝华藏庵理事会就从厦门市请匠人来此地,在何厝的何姓祠堂里糊王爷、差役、神驹、王船等,而这些都需在十月二十六以前完成。而在糊、造王船的过程中也有祭簽等仪式。

6.迎王、敬王、送王

1992年十月廿九送戊辰科许、吕、古王爷的那天早上,吕厝华藏庵先派人去隔壁村子何厝的何姓祠堂中,将制作好的王爷、王爷的手下、王船等迎到吕厝华藏庵布置好,开光后,接受村民的敬奉,同时也有道士做王醮。下午,王爷的神辇在吕厝村与东头埔村中"吃香接",接受村民的"敬王"供奉。廿九日半夜,王船启行,先迁船至王船地(即烧王船的场所)。凌晨四点左右,由乩童等来到华藏庵上身告之可以走了后,大伙扛着王爷等到王船地,将王爷送上王船,然后点火,送王爷"游天河"离任。[①]

### (二)请王与送王仪式在短时间内完成的形式

在一个较短的时间段中连续完成请王与送王仪式的形式在闽南地区比较多见,漳州市角美镇鸿渐村的请王、送王仪式就是其中一例。

鸿渐村请王与送王仪式定期在鼠、兔、马、鸡年的十月举行。

2005年为鸡年(乙酉年),即村民所谓的"到科年"。在农历八月初十,鸿渐村的凤山宫组织村民到钟山村的王爷庙水美宫"刈香",并在那里卜贝,问今年来的王爷的姓氏。通过卜贝,得知今年"到任"的王爷为"朱王爷"。"刈香"以后,凤山宫理事会又派人去请角美镇龙田村的道士推算"王船龙骨开斧"(即签祭)、竖灯篙、请王、开荤、送王的吉日与吉时。根据推算,选出农历九月初二王船龙骨开斧,九月三十日竖灯篙,十月初一请王爷或迎王爷,十月初四开荤,十月十一到十三日举行"王醮"与送王。此后就根据择定的吉日与吉时从事仪式过程。

---

① 石奕龙:《同安吕厝村的王爷信仰》,载庄英章、潘英海主编:《台湾与福建社会文化研究论文集》,台北:"中央研究院"民族学研究所,1994年,第192~198页。

1.签祭

农历九月初二,理事会请来道士、木匠和纸扎师傅,由他们在许氏大宗祠里举行王船龙骨开斧仪式。然后以宗祠为王船厂,在里面糊王船、王爷等,并供奉"厂厅公"(厂官公)与妈祖,他们是造王船的监督官与护送王船出海的保护神。从事完签祭后,由木匠师傅造船的骨架,再由纸扎师傅完成王船、王爷及其随从,如侍女、印童、吼班、差役以及请王送王时需要用的一些纸扎器物。

当师傅们忙着为仪式准备纸糊的王爷、王船等时,宫庙理事会也在请王仪式前抓紧选出这次科仪的头家和"主会"等,他们将充当王醮中的主祭等。

2.竖灯篙、布置醮场

根据理事会的通知,鸿渐村的各家各户在九月三十日(公历11月1日)都换上新的门联,竖起灯篙(阳竿)。理事会的成员则负责布置村里的各宫庙,村中的三座庙宇前都竖起了灯篙,换上了新门联,如太保公庙的门联曰:"向阳门第纳千祥,如意人家生百福",横批为"代道宣扬"。凤山宫中门的对联为"代天巡狩宣德化,为是解厄布仁风",横批为"代天巡狩";左边门的对联为"天泰地泰三阳泰,神安民安合境安",横批为"五福盈门";右边门的对联为"建醮三朝庆吉祥,天恩吉庆表诚心",横批是"吉祥贵富"。凤山宫作为客王的"代天府",其庙前竖了两支灯篙,一阳一阴,以便邀请招呼神灵、鬼魂等来赴宴。大宗祠因暂作"王船厂",其门前也竖有两支灯篙,对联也新换成:"合家平安添百福,满门和顺纳千金",横批则是"五福呈祥"。

灯篙竖起,象征该村落正式进入仪式时间,由这一天开始,他们需要斋戒三天,吃素净身,并以素的供品祭祀王爷,以示虔诚敬意。灯篙竖起也意味着建构了一个仪式空间,表示信众在这一空间向天神、地祇、鬼魂等发出邀请,欢迎他们来这一仪式空间中享宴,共襄盛举。

3.请王与净灯篙

农历十月初一早晨五点(卯时)左右,来自角美镇龙田村自静靖应会坛的道士就和理事会的人一起,抬着凤山宫的神灵到村中许氏大宗祠门口迎请王爷。他们在那里吹法号、摇帝钟等,用盐米、净水洁净后,为纸糊的王爷以及随从等开光,表示请到王爷,然后敲锣打鼓将纸糊的王爷神像迎到凤山宫中安座。

在闽南地区,民间认为这类王爷为代天巡狩王爷,如凤山宫的理事许阿强就对笔者说:王爷是代天巡狩王爷,替玉帝巡狩民间。另一位村民则说:王爷是巡按,过几天村里把王船做好,上面会挂十几盏灯笼,那是王爷巡按的省份。他每隔两年来这里巡狩一下,住几天就走,不常驻扎在村里,而且每次来的王爷姓什么也只有"到科年"时通过"问神"才知道。所以,有请王送王祭典仪式的村落几乎都没有代天巡狩王爷自己的庙宇,因此,当这类王爷来到一个村落时,通常都需要借用当地主要的村庙或祠堂作为临时驻跸的"代天府",以便村民举行仪式。也因此,闽南的俗民常说"无柴雕的王爷,只有纸糊的王爷",他们都是"客王"。鸿渐村凤山宫的主神为保生大帝,配祀神中虽有一尊王爷,但他并非 2005 年乙酉科所请的朱王爷。

当把纸糊的王爷神像请到凤山宫时,宫庙理事会的人把本科轮值来的朱王爷,即纸扎的王爷神像摆在正殿的位置,其旁各有一执扇侍女与一中军印童,一班扛着回避、肃静长脚牌的吼班则安置在两旁低处。而在前殿(即门厅)正中摆放的八仙桌上,安置本庙中的王爷木雕神像,其左侧的八仙桌上则安置纸扎的监督造船与护航的厂厅公(厂官公)与妈祖及妈祖的部将千里眼、顺风耳和一班吼班随从。同时,凤山宫中也挂出"王府"龙灯和"三朝王醮"的宫灯,以表示这一仪式时间里,凤山宫就是代天府。

代天府布置好,摆上素供品(因是斋戒期间),道士和庙中的"三坛头"联手为之净场,同时也为庙前的灯篙做了"祀旗挂灯"的净灯篙科仪并安上符箓,在把庙宇神灵所属的五营神兵派出后,[①]他们就到村中

---

竖有灯篙的家庭去做"净灯篙"的仪式。由于竖灯篙的人家不少,所以道士们兵分三路到竖有灯篙的人家"净灯篙"。

4.斋戒期间的祭祀与开荤、添载

九月三十日,竖起灯篙后,村民开始斋戒,素食净身,以表示对神的敬意。在这三天中,凤山宫中的供品都是素的,如果盘、饯盒与甜茶,村民去凤山宫代天府"敬王"时,供奉的也是素食,如斋菜、水果等。

斋戒三天后,于十月初四开荤,即开始用三牲祭祀天公、王爷。除了代天府外,各家在这天的早晨也需在家里摆一个"天桌"用三牲祭祀天公,以表示开荤。这以后到初十为止,村民就可以带着三牲、五牲甚至生的整猪、整羊来庙里祭拜、"贡王",并根据理事会的通知,给王船添载,一家至少添载金纸600张、米两担、柴两担(即四小包米、四小捆柴,以代表米两担、柴两担,也代表送给王爷等的柴米油盐,而且多多益善)。

5.装饰王船等

美轮美奂的王船是送王祭典中的主角,在请王前,木骨与竹骨扎成的船体已做好,请王后,糊纸师傅就需要在十月十三日前将其制作与装饰好。师傅糊纸、裱布把船形弄好后,再用彩纸等装饰。船首"犁头壁"上画有对称的、上涌的浪花纹,上面有一阴阳相拥的太极。犁头壁上方,装饰一立体浮雕的狮面吞口,以模仿古代官船的模样。船尾装饰着双龙抢珠的图案,并写有"顺风相送"的吉祥语。后舱尾上设有奉祀妈祖和厂厅公的官厅,官厅的后部插着五方龙旗或五营旗。船的中部则有代天府。船身的"船稳"之下为白色,上装饰一些水波纹、云纹;"船稳"之上的船帮,装饰着八仙和一些代表富贵吉祥的图案,以及画有"龙目"与泥鳅,前者象征王船即真龙,后者则代表船体滑溜,能快速行进。船帮上还插有水手、神将等纸扎神像和许多小旗,船帮两边各有十二生肖旗;船头两旁各插有写着"代天巡狩""合境平安"的红色醮旗;船尾则插着写有"三军元帅""天上圣母""帅"的黄色令旗。此外,船尾部还插有纸糊的"万民伞",表示这船是一艘"官船"。甲板上有三根桅,此外如船舵、锚锭等也一应俱全。

除了装饰王船外,糊纸师傅还需扎一些其他神像与物品,如普度用的"大士爷""浴室",门神殷郊、殷洪,镇守路头的"路头尪仔",挂在船上的省份灯笼,让村民还愿用的戏文盒子等。

6.建立神坛与闹厅

十月十日下午,龙田村的道士们来到鸿渐村,他们先在庙里搭建王醮期间的神坛,民间俗称此为"排三宝、点天灯"。他们在凤山宫的后殿设三清坛,在纸扎的王爷神像周围挂上三清、四御、天师、雷公等的布质神像,每张神像下有一神案,上供着给神灵的疏文。王爷神像前安置有长条神案,上蒙着写有"代天巡狩"名号的"八仙彩",上供着四个"斗灯"。其前面的供桌上,也排列一排疏文,并放有罄、木鱼等道士做仪式的法器。桌子前有一小空间,为道士做仪式的空间。而在内坛的坛口则设一个"金阙",以其来隔断内外。

三官坛则设在前厅,其正中供奉宫庙中原有的木雕王爷,而且把前几日安放在王爷近旁的差役、吼班等也移到这位王爷的身边。其左边仍供奉着纸扎的妈祖与厂厅公。此处为无禁忌的空间,村民可在此供奉祭品与上香。

神坛安置好后,需要"闹厅",所以在晚饭后八点左右,道士们集中起来在三清坛中敲锣打鼓半个钟头,理事会的工作人员则在庙门外放鞭炮,热闹一番,象征王醮的道场已设立,三朝王醮的仪式准备就绪。

7.消灾祈安醮会

十月十一日,王醮正式开始。这天所做的科仪,道士说是"祈安清醮",村民则说是"王爷醮",各有各的表述。清早五点,道士就盥洗净身穿上道袍后起醮,他们启鼓、发奏表文、请神、竖旗,念了十几道牒,竖起七星灯、玉皇旗,为门神开光,"启请圣真洞"等各路神仙光临,拉开三朝王醮的序幕。宫庙的三坛头也行动起来,在庙前用清水与草料等"犒兵马"(也称"犒军")。起醮后,道士们贴出"灵宝祈安植福金章"的榜文告示,训令境内阴阳两界,遵循法纪,扬善除恶,并告知今年参与王船祭典的村中执事以及各家户主名单以及仪式的程序等。

早饭后,道士们分为两大组,一组在庙中从事祈安消灾醮会,一位道长在庙中诵经、献敬,头家中的三主这天轮到在庙中代表全村人跟着道长做主会献敬、午敬等科仪。所念的经文有灵宝五斗真经、灵宝三官宝忏、三官经、玉枢经、灵宝祈安清醮朝天宝忏等。另一组则是到各家去做"入户祈安"科仪。晚上,三清坛内举行"分灯卷帘"的科仪。村中的戏台上则演着酬神戏。在正式演出前,演员需扮成天官、八仙、状元夫妇的模样来到凤山宫,在庙堂内祭拜一下,表演传统的"三出头":天官赐福、八仙贺寿、状元送孩儿,祝愿鸿渐村村民能有福禄寿,添丁、添财,仪式完成后才返回戏台去演"大戏"。

8.进拜朱表

三朝王醮第二天的主要科仪,道士说叫进拜朱表,也称登台拜表,而村民则俗称为"天公祭"或"拜天公"。十月十二日一大早,天还没有亮,代天府门前广场已经搭好一个临时的神坛,原内坛坛口的金阙临时移到台上,挂在那里象征南天门,其前的供桌上安置一个纸扎的宫殿,内有玉皇上帝的神位,以代表天庭,供桌上还有斗灯与道士的法器、香炉等。台下则有一些供桌,最前面供着一头嘴里含着一粒柑的生猪,后面的供桌上则供着公家与头家的供品,每份有包括猪头在内的三牲、发糕、年糕、红龟粿、红圆、甜饭、装有各色水果的果盘、钱盒、茶、酒、天金和寿金制成的"元宝"、黄色的高钱等。各家各户自己扛一小桌按顺序排在广场上以及庙两边的路上,桌上面堆满了各式供品如三牲、红圆、红龟粿、酒、茶与天金、寿金、高钱、鞭炮等,香炉中点着香,桌上点着红烛,使这个庙埕广场被挤得水泄不通,香烟缭绕。

清晨六点吉时一到,道士团开始做"灵宝祈安清醮进表"科仪。道士先在坛下的供桌前念灵宝祈安清醮进表科仪的经文,邀请天上神灵前来参加祭典盛会,然后登上象征天界的神坛,在坛上祭拜、"送天书"、进表、诵"灵宝祈安清醮进表科仪"经文等。

早饭后,道士分成两组,到有竖灯篙的村民家中去做俗称"拜灯篙"的入户祈安仪式。庙中则留有一道士念经、做午敬等。

晚上在代天府前的小河边举行"燃放水灯"仪式。七点左右,高功道士在水边念祭文,执事人员在岸边烧纸钱后,往水中施放了 12 只水灯,并将带来的供品尽数洒入水中,意为燃放水灯普照晶宫泽国道场等,照亮黑暗的水面,祈求神灵等保佑人船平安,禳除灾难,去祸迎祥。

9.迁船巡境

十月十三日,道士说这天的仪式为普度、烧船,而村民说这天主要是送王。上午七点左右,在道士与三坛头的合作净场下,王船从祠堂的厅堂中移到祠堂前的埕上,此为"王船出厂"。村民将王船固定在一个用杉木做成的架子上,并安上生肖旗、五营旗、醮旗,把桅杆、船帆等放在船的甲板上。

八点左右,凤山宫的三坛头再次用盐米为王船洁净,道士则吹着法号为其助威,然后,放起一阵激越的鞭炮,聚集在祠堂门口的锣鼓队、西乐队也奏起乐来,顿时锣鼓喧天,西乐队的进行曲响彻云霄。在此喧闹声中,村中 16 名男性村民将王船抬起,船上有一"舵公"敲一面小锣指挥,一支浩浩荡荡的队伍开始出发,此即"王船出澳"去村中绕境巡游。这种"迁船巡境"或"王船巡境"的主要作用就是为鸿渐村每个社的村民做最后"押煞"的工作。因此,王船所到之处,各家各户燃放鞭炮,摆香案持香膜拜迎送,祈求改运纳福,并将晦气、厄运、邪煞、污秽等让王船"载"走。绕境完,王船停在王船地,即凤山宫后的一块空地上。

10.祭船

王船落地后没多久,庙中的三坛头、主会等开始布置俗称"船头醮"或"祭船头公"的祭船仪式的场所。他们在王船前面插上黄黑两面大旗,黄色的大旗上写着"无上正真三宝天君、太上无极大道、玄中紫洞宗师、三十六部尊经,混合百神,告盟三界,祈安清福、道庆迎祥"等神灵的名号与祈福语言,实际上是一个巨大的符令。黑旗据说则象征该地是送王也即烧王船的地点,这些都是王醮中的器物。此外,也在船的前面安置了供桌等,并给王船装上十八个写有各省份如福建、广东等名称的灯笼,这些灯笼表示王爷是十八省的巡按,同时也表示王爷将去这些省份巡游。

各家各户也在这段期间,陆续来到王船前摆上供品祭拜。十点半左右,去入户祈安的道士和头家们回来,他们集中在代天府拜祭王爷后,鱼贯来到王船前举行俗称"船头醮"或"祭船头公"的祭船仪式。道士在榜文上则称此仪式为"和瘟净醮"。

这时王船前摆满各家的供桌,上面满是供品。道士则在供桌前诵念《灵宝禳灾船醮科仪》经文,然后为王船"净船""开光""开水路",将王船的两个锚锭放在王船前的两桶水中,表示王船已停泊在港湾中,可以准备起航了。

11.登座普度

烧王船之前需要做的最后一个大型祭礼就是道士所说的"登座普度",民间则俗称"做普度",其主要就是祭鬼,为孤魂野鬼饯行。由于凤山宫前的广场比较小,普度场面铺展不开,所以普度的道场改在村中心的广场上举行。在村中心的戏台对面设有一个普度公坛,内供奉着还未开光的普度公。戏台上,执事们为道士的科仪设立了一个神坛,一溜供桌像主席台一样地横在戏台的前部,供桌上摆着道士的法器,如木鱼、钹、帝钟等,和要施舍的供品如馒头、水果、糖果、饼干、香烟、大米等,中间的一张桌子上压着一张黄表纸写的"本坛疏"。戏台下还堆着一些给孤魂野鬼用的斗笠、草鞋、毛巾、肥皂、牙刷、牙膏、扑克、纸牌、象棋等,和两个纸扎的浴室,其分男女,据说这是给来享用普度盛宴的男女幽魂分别净身使用的。戏台下的广场上,家家户户早已自己扛来小供桌,上面摆满了祭品,其中除了香烛、三牲、果盘、钱盒之外,还有专用于祭拜鬼魂的白米和饭菜,以及银纸、库银、经衣(上印着各种日用品,如裤子、衣服、锅、手表、电冰箱、热水瓶、电视、音响等,代表给鬼魂带到阴间使用的器物)、龙图(上印有官服的图案,给鬼魂用的)等。

下午三点左右,普度的吉时一到,道士团在乐师们的伴奏下,来到普度场,先为普度公开光,让普度公坐镇,而使各路鬼魂不敢乱来。然后,登台而坐,面向台下的信众诵念《灵宝禳灾祈安普度科仪》的经文和疏文。根据道士科仪的进度,头家代表信众在普度公前拜请各路鬼魂来到醮场,去浴室沐浴后出来享用祭品。在台上的指令下,信众们纷纷将自家带来的经衣、龙图等,拿到普度场专辟的一个角落,将其堆成一座小山,烧给孤魂野鬼们带回阴间使用。待道士们诵念一会儿经忏后,就开始进行"普度品洒孤净筵"的仪节,道士将供桌上的祭品一一画符洁净,打上手印后,洒向台下,台下的信众也纷纷拥到台前争抢。据说将这些道士洁净后洒下来的祭品包起来放到自家的米柜里可以驱魔避邪,保佑自家五谷丰登、平安吉祥。待此施舍仪节结束后,普度仪式已近尾声。五点左右,道士们念完经文,发出可以烧金的指令,台下的信众就将自家带来的银纸送到焚化处,而主会执事们则把普度公、纸扎的浴室、斗笠、草鞋等公家备置的普度物品送到焚化处点火烧化,村民们也把带来的鞭炮扔进火中。在震天响的鞭炮声中,道士团下台返回宫庙中,信众也开始收拾物品散去,准备迎接整个王船祭典最高潮的到来。

12.烧王船

烧王船即民间俗称的"送王"或"送王船"。"送王"就是"恭送王爷启行"的意思,在道士的榜文上写为"送王爷归洞府,送仙舟归海岛"。俗谓"送王船"是因为王爷启行多乘船而去,所以民间也称"送王"为"送王船"。在清朝中叶以前,闽南地区在送王时多采用以木制王船"送水之滨"的放之水中流走的方式,俗称此为"游地河"。但是后因为木制王船漂到他地后有"祸延他地"之弊,或有出海不便、堵塞航路之弊等,所以在清中叶之后,闽南各地逐渐改用火化纸糊或木制王船的方式来送王,此俗称为"游天河",也即现在人们常说的"烧王船"。

根据道士事先的择定,农历十月十三晚上八点半为"烧王船"的吉时。六点多吃完晚饭,宫庙里的执事们就开始为送王做准备了,他们将堆在庙里、村民送来为王船添载的柴、米、油、水、锅及船上的贵重物品装到船上,金纸则堆在船的周围。在他处贴着的王醮榜文也揭下来,送到船上,镇守在村中十一个路头的"路头尫仔"也撤回来,先放在庙里。

七点半左右,凤山宫就开始热闹起来,送王的村民陆续来到宫庙附近,把广场、道路都挤得水泄不通,在宫庙边上候场的西乐队、威风鼓等这时也开始吹吹打打演奏起来,乐曲声、鼓声震耳欲聋;有些村民在王船周围施放烟火,各式各样的焰火冲天而起,绽放出漂亮的图形,也映亮了夜空。

八点左右,道士团在王爷前占卜获得神灵准许后,执事们将安奉于代天府的王爷、印童、侍女、妈祖、厂厅公、差役等几十尊纸糊神像送出庙门,在净香炉的前导下,送到庙后的烧王船地点,并依其角色的不同,一一装进王船内各厅舱,各安其位。而门神、路头尫仔等则送到凤山宫前的广场上,送走这些神灵后,凤山宫关起两个边门,表示王爷已离开代天府。

八点半左右烧王船的吉时一到,道士在王船前做了简单科仪之后,执事即开始点火"送驾",有的在宫庙前点燃了纸扎的门神等,有的则在王船的头尾点起火来,火舌一点一点地在王船上升起,不一会儿,就迅速地吞噬了整个船身,边上送王的人群看着火焰的升腾,不断地喊着:"发啊! 发啊!"与此同时,各式焰火齐放,绚丽的火花在空中绽放,照亮了整片夜空。鞭炮声、锣鼓声、唢呐声更是响彻云霄。众人执香作揖恭送王爷出海,祈求好运留下,坏运带走。烧了好一会儿,在信众们的注视中,船的骨架坍塌,尾桅头桅也相继倒下,最后中桅也终于被大火烧断而倒下。根据民间的习惯,中桅倒下就象征着烧王船仪式的结束,中桅倒下指向的村庄将会兴旺发达;同时,那个方向也成为醮后首先拆灯篙的方向。因此,当送王的人们见中桅倒下,即知道此次烧王船仪式结束,王爷等已乘着王船游上天河,又去别的地方执行代天巡狩之职。至此,各艺阵和信众也相继离去。

13.净油押煞

烧完王船后,代天府前的灯篙也熄了灯,表明各路神灵已离开。宫庙的执事和道士们还得马上进行俗称"喷油"的净油押煞活动,洁净各家各户。由于需在夜里完成,而村中家户也比较多,所以道士和庙中的执事人员分成五队到各家去做净油押煞的科仪,以便在规定的时间内完成。每一队都有好几个人,其中一人敲锣,一道士吹法号念咒,一人持一把长柄大勺子,勺子里盛着火油,并点燃着,另一人则提着一瓶酒精或烈酒,每到村中一家,就在其家门口往油火上喷酒精或烈酒。碰到雾状的酒精,勺子里面的火会顿时"噗哧"一声腾高起来,发起尺把高的火焰。这象征着为该家洁净,腾升的火焰也有发家的意思。鸿渐人相信,通过这样的"喷油"押煞洁净之后,就能家宅平安,兴旺发达。

14.谢天公

十月十四日,送王祭典完成的隔天,宫庙和竖有灯篙的家户都将灯篙卸下来。由于鸿渐人将做灯篙的竹竿留下来以后继续使用,所以只把灯篙头部加设的龙眼枝拆下来,祭拜一下灯篙神,然后和金纸一起烧掉,此俗称"谢灯篙"。然后,凤山宫还需要在宫庙中举行俗称"谢天公"或"压醮尾"的仪式,将请在宫庙侧边的本庙神灵复位,供上祭品,拜谢他们,同时以这些祭品等答谢祭典活动中的有关人员。至此,三年一科的鸿渐村请王送王祭典彻底落下了帷幕。①

### (三)简单的请王送王仪式

穆厝村是厦门岛上的一个城中村,其原在钟宅湾边上,由于城市的扩展以及围海造地,现穆厝离海湾有一点距离。穆厝村每年都举行请王送王仪式,民间俗称"送王"或"做好事"。由于每年都做,所以其仪式的规模是一年大一年小。做大规模仪式时,穆厝人会请人糊王爷

---

① 石奕龙:《厦门湾里的请王送王仪式》,载王建新、刘昭瑞编:《地域社会与信仰习俗——立足田野的人类学研究》,广州:中山大学出版社,2007 年,第284～298 页。

与王船;做小规模的仪式时,穆厝人就没有纸扎的王爷与王船,然而其仪式仍有请王、送王过程,只是仪式中的象征物有所不同。

穆厝村有座二河宫,其主祀神灵为崇德尊王,配祀有妈祖、哪吒等。其请王送王都在农历十月份,2005年为十月十八日(公元2005年11月19日)举行。十七日主要是布置代天府,将该庙的前落布置为代天府,因当年是小规模仪式,故没有请人来用纸扎王爷、王船,只是在后厅的厅口设一天公坛,供奉玉皇大帝与三官大帝等神位,并用其将前厅与后厅隔开,在天公坛前摆放一张长桌,后放三张椅子,以此表示有三位王爷(康、金、李三姓王爷,由乩童卜贝确认的)将来该地接受村民的供奉。同时,也请来戏班,准备酬谢神恩。

十八日早晨,将本庙中的神灵请出,安置在庙左前的神辇中,既表示迎接代天巡狩王爷之意,也便于晚些时候的绕境活动。然后,由二河宫的女乩童在庙门前靠海湾的一边"呼请"王爷入代天府已布置好的座位就座,此即简单的"请王"。

接着为简单的敬王或祀王,即在桌上摆上三份供品,此为贡献给这年请来的三位客王的。村民也陆续来供奉与祭拜,由于场所的关系,供桌摆在庙右的埕上,便于村民来祭拜、敬王、添载等。

十点左右,三坛头则在庙左的埕上作法"犒军",即祭祀王爷带来的兵将。之后,女乩童在庙内主神前祭拜后上身,在庙内外作法,最后告之王令,可以出巡了。故村民整好队伍,抬着各种神辇去村里绕境、押煞,此为"王爷巡境"。

傍晚,再在乩童的指挥下,将村民添载的米包、柴捆、金纸等一并火化,送王爷回去,是为送王,同时,也由王爷押解,将穆厝这一社会空间中的"污秽"等一并送走,而结束一年一度的请王送王仪式。

# 三、闽台请王、送王仪式的比较

从上述两地民间主体的宗教实践情况看,厦门湾和泉州湾沿岸的请王送王仪式与台湾南部的请王送王仪式存在着一些同与异之处。

第一,从仪式的名称上看,两地的闽南人多俗称其"送王""送王船""送船""王船祭""王船祭奠"等,道士与文献上则称其为"王醮",在福建南部还有"做好事""做祖事"的称呼,但从来不称其为"出海",因此,"出海"仪式是福州地区的地方仪式,与请王送王仪式本质与意义均不相同,并非同一类仪式。

第二,两地的请王送王仪式都是由村落主办的,并非某种神灵的庙宇专有的,即非王爷庙专有的。如在福建南部,厦门同安吕厝的华藏庵虽俗称"王爷宫",但其称呼是因有请王送王仪式而来,并非其主神为王爷,实际上其主神为水仙尊王(大禹、屈原、伍子胥、李白、王勃)、吕洞宾、姜太公吕尚、日月二大使(殷洪、殷郊)等,并非王爷,该村称鼠、龙、猴年为"王爷年",届时都在年初迎本届的新王,年底送走上一届的旧王。厦门岛上穆厝的二河宫主神为崇德尊王与妈祖等,也都不是王爷庙,但他们每年都从事俗称"做好事"的请王送王仪式,只不过一年大热闹一年小热闹。漳州市角美镇鸿渐村凤山宫的主神为保生大帝吴夲,他也不是王爷,该村称鼠、兔、马、鸡年为"到科年",届时都有请王送王仪式。台湾的情况也如此,刘枝万研究过的台湾台南县西港乡庆安宫有请王送王仪式,但该庙主祀的是妈祖而非王爷。[1] 当然,有的供奉王爷的庙宇,也有请王送王仪式,但其仪式所请的和送的王爷都是俗称"代天巡狩"的客王,而不是该庙里所供奉的王爷。除了

---

① 刘枝万:《台湾台南县西港乡瘟醮祭典》,"中央研究院"《民族学研究所集刊》第47期,1979年。

极少数的一些外,多数地方请来的王爷,要想知道其姓什么,得通过"问神"的形式才能得知。如台湾屏东县东隆宫主祀神为温王爷温鸿,但其请来与送走的是五府王爷朱、池、李、吴、范中的一位或几位。[①] 在福建有的村落的请王送王仪式是由宗祠举办的,也就是说,仪式在宗祠中或前面举办,如厦门海沧的新垵村,其村庙主祀谢安,但举办请王送王仪式时,是在宗祠内举办,即将宗祠的前厅作为代天府,王船则停泊在宗祠外,而不在村庙里举办。厦门岛上的钟宅村也是如此,虽然该村有观音庙、妈祖庙、王公庙、相公庙,但他们的请王送王仪式也是在宗祠前举办。所以,两地的请王送王仪式均为村落与宗族的事务,而非某个庙宇专有的仪式。

第三,两地同样有不定期与定期举办的请王送王仪式。定期举办的,台湾多为三年一科,如台南县西港乡庆安宫、苏厝长兴宫和屏东县东港镇东隆宫都是三年一科,都以丑、辰、未、戌年为"科年"。而在福建南部,有一年举办一次的,如厦门的穆厝、蔡塘;有在闰年中举办的,如厦门港;也有三年一科,如漳州市角美镇鸿渐村、乌屿村、寮东村都将鼠、兔、马、鸡年作为"到科年";有的则四年一科,如厦门同安区的吕厝村、厦门岛上的钟宅村都以鼠、龙、猴年为"王爷年";有的六年才举办一科,如厦门岛上的何厝与杏林的高浦村就是如此;甚至还有十二年一科的,如龙海市的石码镇,故有些细微的差别。

此外,福建定期举行的请王送王仪式多在农历九到十一月里举行,送王的时间通常都不会超过冬至。而在台湾南部,有的地方在农历三月、四月里举行,有的则在十月中举行,所以也显示了一些不同。

第四,两地过去送王时同时并存两种形式,即:(1)把木制的王船放于海湾中、江河中,让其自由地漂流出去的"游地河"。(2)在海边或江河边将木制或木骨纸制的王船火化的"游天河"。因此,过去会有因

---

① 康豹:《屏东县东港镇的迎王祭典》,"中央研究院"《民族学研究所集刊》第 70 期,1990 年。

捡到漂来的王船而引起某地也形成这种请王送王仪式的情况发生,实际上,澎湖、台湾南部有的地方的请王送王仪式就是捡到福建南部送出的王船后形成的。现在,两地都用"游天河"的形式来送王,所以人们现也用"烧王船"的俗称来称呼请王送王仪式。

第五,两地的请王送王仪式过程中,尽管俗称可能有些不同,但都存在着"王爷绕境"或"王爷出巡"的仪式,有的地方还有"王船绕境"的仪式,而且随着扛抬王船的迁船方式改变为车载王船行进,"王船出巡绕境"的活动越来越盛行和普遍化。而且当王爷出巡或王船绕境时,往往是万人空巷,人们喜欢围观,并愿意去触摸王船或王爷神辇,或将王船上洒下来的东西如金纸带回家保平安,而不是在王爷出巡或王船绕境时躲避它们,这表示王爷给人们带来的不是灾祸、污秽,而是福音和福气。还有,有的地方在烧王船之前夕,会将王船上的东西弄些下来,带回去保平安。有的地方则求王船上添载的米包回去保平安,或者抢鲤鱼旗回去保平安,这些都说明王爷与王船与瘟神无关。

第六,从举办请王送王仪式群体的主位意识看,村民的意识多将王爷视为来本地的巡狩、巡按,如笔者在角美镇鸿渐村调查时,当地的村民就认为来该地的王爷是十八省的巡按,所以他们在王船上挂出十八个省份的灯笼,以表示来该地的王爷是十八省巡按。又如厦门吕厝人认为王爷是来此上任、坐镇的神祇,四年一任。

另外,举行请王送王仪式时,人们多会用对联表达他们对王爷的看法,因此这些对联可以视为地方族群的主位意识,如台湾台南县西港乡庆安宫在1964年送王时,代天府中就新换了许多对联,其有的曰:

值某于而出巡,子民念切;届某冬以莅任,冬日爱深。

年属某年,体天心而奉职;月为某月,行王政以保民。

赫厥声,敷施政教,直令里舞村歌;巡所守,安定人民,真可颂功昭德。

稽古出巡,必须五载;奉天布政,只限三年。

它们表述的是王爷来此地巡狩、施政教,这表明台湾西港人也认为王爷是巡按或巡狩一类的大员,并没有将其视为"瘟神"。

有的对联则曰:

> 相貌巍巍,尽扫妖魔归海岛;神灵赫赫,深数德泽遍乡闾。
> 帝德好生,阖境歌安阜;天心仁爱,属邑尽升平。
> 体天行道,惟凭王法;施泽厚民,不昧帝恩。
> 政本王政,褒诛善恶;心体天心,爱养人民。
> 屏逐妖魔,至矣尽矣;表扬善类,神之明之。
> 体天心而奉职也;行王政以保民焉。
> 国泰民安,群沾德泽;风调雨顺,共乐雍熙。[1]

也就是说,西港人认为王爷能给他们带来德泽、仁爱、国泰民安、风调雨顺等,并可以将该地的妖魔屏逐或除尽,因此他们欢迎王爷来,而不是排斥他。

福建南部情况也一样,如漳州市角美镇鸿渐村凤山庙在 2005 年送王时的对联曰:

> 代天巡狩宣德化,为是解厄布仁风,横批:代天巡狩(大门)。
> 天泰地泰三阳开泰,神安民安合境安,横批:五福盈门(左门)。
> 建醮三朝庆吉祥,天恩吉庆表诚心,横批:吉祥贵富(右门)。
> 合家平安添百福,满门和顺纳千金,横批:五福呈祥(宗祠大门)。

其表述的与西港庆安宫对联所表达的几乎一样,即为王爷歌功颂德,王爷到该地是为了"宣德化""解厄""布仁风",因而当地人可以"合

---

① 刘枝万:《台湾台南县西港乡瘟醮祭典》,"中央研究院"《民族学研究所集刊》第 47 期,1979 年。

家平安""满门和顺""添百福""纳千金",显然,在鸿渐人的眼里,王爷带来的是吉祥,与瘟神不是一回事。

第七,当我们注视两地请王送王仪式中的出巡或绕境队伍时,就可以看到一些有意思的地方差异。台湾各地的王爷出巡或王船绕境时,来助阵的阵头中,通常有蜈蚣阁、宋江阵、龙阵、狮阵、马队、牛犁阵、"八家将"等。而在福建南部各地的请王送王仪式过程中,王爷出巡或王船绕境时,通常都看不到"八家将"、牛犁阵这类阵头,有的则是蜈蚣阁、宋江阵、龙阵、狮阵、"大开道"、"车鼓阵"、"拍胸舞"、"公背婆"、"高跷"等。这种差异表明,福建南部地区与台湾南部地区的居民虽然都是闽南人,但因有一水之隔(台湾海峡),地域的差别也在这种民间艺阵的展演中显现出来。从福建整体民俗的角度看,"八家将"是福州文化的元素,在福州的一些庙宇特别是五帝庙才附属有"八家将"的阵头,而纯粹的闽南地区文化中并没有这一元素。我们知道,台湾人中虽然祖籍闽南的占大多数,但其中也包括了祖籍为福建其他地方的人,如福州人、兴化人等,而且在台湾,虽然也存在着不同祖籍人们的边界,但相比之下,不同祖籍的人们相互混杂、接触的现象都比福建地区强烈,因为台湾的族群分布是大杂居、小聚居,而在福建,则闽南人、兴化人、福州人的边界较明显。因此,在台湾不同祖籍的人们的相互接触、混杂强于福建,混杂、接触多,相互采借各自原有的文化元素的现象也就多,文化涵化或文化合成的现象也就可能多,所以,在台湾这种汉人各种亚文化比较混杂的背景下,台湾闽南人的文化中出现福州文化的元素就不是什么值得奇怪的事,换言之,这一现象是一种文化接触、涵化或文化合成的结果。

第八,如果我们检视过去关于请王送王仪式的官方文献记载,我们可以看到,福建这边的文献都没有把"王爷"表述为"瘟王",但都比较一致地说从事这类仪式是浪费钱财的举动。如:

有所谓王醮者,穷其奢华,震铟炫耀,游山游海,举国若狂,扮演凡百鬼怪,驰辇攒力,剽疾争先,易生事也。禁口插背、过刀桥、上刀梯、掷刺球,易伤人也。赁女妓饰稚童,肖古图画,曰台阁,坏风俗也。造木舟,用真器浮海,任其所之;或火化暴天物。疲累月之精神,供一朝之睇盼,费有用之物力,听无稽之损耗。圣人神道设教而流弊乃至于此,犹曰:"得古傩遗意。"岂不谬乎?①

这里提到了厦门地区"王爷出巡"之事为"游山游海,举国若狂",也说出巡时有许多阵头跟随或助阵,如"驰辇",即扛着神辇狂奔的情况,"台阁",即现在的艺阁、蜈蚣阁、大阁等,而且当时用"女妓饰稚童",装扮成戏剧人物,坐或站于台阁上游行;还有出巡队伍中的乩童们的展演,他们"禁口插背、过刀桥、上刀梯、掷刺球"等。同时也提到当时有的地方"造木舟,用真器浮海,任其所之",即现在所说的"游地河";有的地方则"火化",即现在所谓的"游天河"或"烧王船"。当然,官方认为这类送王或王醮的仪式是"暴天物","费有用之物力,听无稽之损耗",是荒谬、浪费的行为。这种批评在其他官方文献中也能见到,如清乾隆《龙溪县志》卷二三《艺文》载蓝绶世的《渎神私议》说:

然则祈安有说乎?曰:祈安上元节即本社神明祈之,如祈谷、祈麦、祈年岁丰熟、人物阜安,至秋报之。人禩(禊)而礼质,意诚而神享,故可继也。然则今之祈安非耶?曰:非也,上元节已行之矣,今所祈何事乎?彼将曰:五王来。难之曰:来何事?彼将曰:察善恶,难之曰:察善恶,奚祈安?彼将曰:冀免罪耳。难之曰:罪可以祈而免,是王徇人情而违帝破法也。王谁欺,欺天乎?若然,则烧米更非乎?曰:罪之罪、惑之惑者也。即如彼言,王来察善恶,刑赏毕,而王行矣,守此欲何为乎?守此以待食,虽稍知礼义廉耻者不为,而谓王为之乎?且王神也,黍稷非馨,明德为馨,必

---

① 道光《厦门志》卷十五,《风俗》,厦门:鹭江出版社,1996年,第517页。

待人柴米而后食,则王所缺者,不独肥甘轻煖(暖)也,前乎此者王何食? 后乎此者王何食? 王之为馁也,多矣。 此其无有而不足信,岂待辨说而后明哉? 然则造船亦非乎? 古者送神以纸为舟,后易之以布,今易之以木,不愈加恭敬乎? 曰:不惟不敬,而且有罪。 古之时送神也,存其意,舟车夫马,以纸为之,东西南北,惟其所之。……今木船之设……所费至百余金,不止夺中人数十家之产,以投之水中无用之地,其为祸尤酷也。 至船中所办之物——妓女、赌具,媟亵侮慢,罪不胜诛,而首事听之。 此幸无神犹可,如其有神,其获罪当不旋踵而至矣,可不慎哉。

又如民国的《石码镇志》卷三记云:

俗十二载迎王爷,始至祖宫,次大宫,次新行,次大码头,次西湖,终及新洲。 凡王爷驻跸处,或高结彩楼,或侈张锦幔(俗谓之不见天),陈百宝,或妆台阁,扮故事,列旌乐,迎神阅境,费不赀。 而修醮演剧,祀王犒将,则阖镇皆然。 虽穷乡无能免者。 历数岁,王始返驾。 又必造巨舰,贡粮糈,进百货,大会神人而后送之,总计所耗不下五六十万金。 奢靡如此,良可慨也。

再如民国十八年《同安县志》卷二十二《礼俗·迷信丁类》云:

请王莫稽所自,往往三五年举行,大书代天巡狩。 先期盛设仪仗帐幕,近海者造龙船,名曰王船。 樯、桅、篙、橹俱备,旗帜悬挂如总督阅操,依签定去期。 行有日,居民以牲醴致祭,演剧,并备器皿柴米各物,满贮船中,届期将船挂帆,乘风送出海洋,任渔船搬取。 其船飘流到何乡,该乡则迎而祀之。 签择期,乃送去,每一次费不下万金,亦陋俗之可嗤也。①

　　总之,福建的官方文献中,记录了请王送王的仪式,但都不称"王爷"为"瘟神",而主要是批评此仪式靡费,到民国时期,有的还将此类宗教实践视为"迷信"。然而,台湾的官方文献也记录了当时台湾的请王送王仪式的情况,但除了同样批评这类仪式靡费外,多把"王爷"表述为"瘟王"。如清康熙五十六年(1717 年)周钟瑄主修、陈梦林编纂的《诸罗县志》卷八之《风俗志·汉俗·杂俗》说:

　　　　敛金造船,器用、币帛、服食悉备;召巫设坛,名曰"王醮"。三岁一举,以送瘟王。醮毕,盛席演戏,执事俨(严)恪,跽(跪)进酒食;即毕,乃送船入水,顺流扬帆以去。或泊其岸,则其乡多厉,必更禳之。相传昔有荷兰人夜遇船于海洋,疑为贼艘,举炮攻击,往来闪烁;至天明,望见满船皆纸糊神像,众大骇;不数日,疫死过半。近年有舆船而焚诸水次者,代木以竹,五采(彩)纸褙而饰之。每一醮动数百金,少亦中人数倍之产;虽穷乡僻壤,莫敢惜(吝)者。②

　　又如康熙五十九年(1720 年)王礼主修、陈文达编纂的《台湾县志》卷一《舆地志·风俗杂俗》曰:

　　　　台尚王醮,三年一举,取送瘟之义也。附郭、乡村皆然。境内之人,鸠金造舟,设瘟王三座,纸为之。延道士设醮,或二日夜、三日夜不等,总以末日盛设筵席演戏,名曰请王,进酒上菜,择一人

_____

① 民国《同安县志》卷二十二,《礼俗·迷信丁类》。
② 康熙《诸罗县志》卷八,《风俗志·汉俗·杂俗》,《清代台湾方志汇刊》第三册,台北:"文建会",2005 年,第 232 页。

晓事者,跪而致之。酒毕,将**瘟王**置船上,凡百食物、器用、财宝,无一不具。十余年以前,船皆制造,风篷、桅、舵毕备。醮毕,送至大海,然后驾小船回来。近年易木以竹,用纸制成,物用皆同。醮毕,抬至水涯焚焉。凡设一醮,动费数百金,即至省者亦近百焉;真为无益之费也。沿习既久,禁止实难;节费省用,是在贤有司加之意焉耳。相传昔年有王船一只放至海中,与荷兰舟相遇,炮火矢石,攻击一夜;比及天明,见满船人众悉系纸装成。荷兰大怖,死者甚多。是亦不经之谈也。①

再如康熙六十一年(1722年)巡台御史黄叔璥的《台海使槎录》卷二《赤嵌笔谈·祠庙》云:

> 三年王船备物建醮,志言之矣。及问所祀何王?相传唐时三十六进士为张天师用法冤死,上帝敕令五人巡游天下,三年一更,**即五瘟神**;饮馔器具,悉为五分。外悬池府大王灯一盏,云伪郑陈永华临危前数日,有人持柬借宅,永华盛筵以待,称为池大人,池呼陈为角宿大人,揖让酬对如大宾;永华亡,土人以为神,故并祀焉。②

复如乾隆二十九年(1764年)王瑛曾的《重修凤山县志》卷三《风土志·风俗》云:

> 台俗尚王醮,三年一举;**取送瘟**之义也。附郭乡村皆然。境内之人,鸠金造木舟,设**瘟王**三座,纸为之。延道士设醮,或二日

---

① 康熙《台湾县志》,台北:台湾银行经济研究室,1967年,第60页。
② (清)黄叔璥:《台海使槎录》卷二,《赤嵌笔谈·祠庙》,台北:台湾省文献委员会,1996年,第45页。

夜、三日夜不等；总之以末日盛设筵席演剧，名曰请王。执事俨恪，跪进酒食。既毕，将王置船上，凡百食物器用财宝，无一不具，送船入水，顺流扬帆以去。或泊其岸，则其乡多厉，必更禳之。每一醮动费数百金，省亦近百焉。虽穷乡僻壤，莫敢惜（吝）者。

民间斋醮祈福，大约不离古傩。近是，最慎重者曰王醮。先造一船曰王船，设王三位（或曰一温姓，一朱姓、一池姓），安置外方，迎至坛次。斋醮之时，仪仗执事、器物筵品，极诚尽敬。船中百凡齐备，器物穷工极巧，糜（靡）金钱四五百两，少亦二三百两。醮毕，设享席演戏，送至水滨，任其飘去（纸船则送至水滨焚之）。夫傩以逐疫，圣人不妨从众。至云船泊其地，则其乡必为厉，须建醮禳之；噫！神聪明正直而壹者也，岂有至则为厉而更禳之理？且人亦何乐为不见益己，而务贻祸于人之事耶？此理之不可信者也。①

再复如清光绪十八年（1892 年）林豪修《澎湖厅志》卷九《风俗风尚》载：

各澳皆有大王庙，神各有姓，民间崇奉维谨。甚至造王船，设王醮，其说亦自内地传来。内地所造王船，有所谓福料者，坚致整肃，旗帜皆绸缎，鲜明夺目；有龙林料者，有半木半纸者。造毕，或择日付之一炬，谓之"游天河"；或派数人，驾船游海上，谓之"游地河"，皆维神所命焉。神各有乩童，或以乩笔指示，比比然也。澎地值丰乐之岁，亦造王船，顾不若内地之坚整也，具体而已。间多以纸为之，然费已不赀矣。或内地王船偶游至港，船中虚无一人，自能转舵入口，下帆下椗，不差分寸，故民间相惊以为神，曰"王船至矣"，则举国若狂，畏敬特甚。聚众鸠钱，奉其神于该乡王庙，建

---

① 乾隆《重修凤山县志》卷三，《风土志·风俗》，台北：大通书局，1984 年，第 59 页。

醮演戏，设席祀王，如请客然；以本庙之神为主，头家皆肃衣冠，跪进酒食。祀毕，仍送之游海，或即焚化，亦维神所命云。窃谓造船送王，亦古者逐疫之意，使游魂滞魄有所依归，而不为厉也。南人尚鬼，积习相沿，故此风特甚，亦圣贤所不尽禁。然费用未免过奢，则在当局者之善于撙节已。①

还有日据初的《安平县杂记》记载清末、日据初台湾王爷祭祀仪式时说：

> 台俗尚王醮，三年一举，取送瘟之义也。附郭乡村皆然。境内之人，鸠金造水舟，设瘟王三座，纸为之，延道士设醮，或二日夜、三日夜不等。总以末日盛设筵席、演戏，名曰"请王"。执事偘恪跪进酒食，既毕，将瘟王置船上，凡百食物、器用、财宝，无不具。送船入水，顺流扬帆以去；或泊其岸，则其乡多厉，必更禳之。每一醮，动费数百金，省亦近百焉。虽穷乡僻壤，莫敢（违）怓（咈）者。②
>
> 近海庄民有王爷醮，十二年一次，用木制王船禳醮三日，送船出海，任风漂流。间有王船停滞他庄海岸，则该庄亦要禳醮；不然，该庄民人定罹灾祸。此有明验也。③
>
> 六月，白龙庵送船。每年由五瘟王爷择日开堂，为万民进香。三天后，王船出海（纸制王船）。先一日，杀生。收杀五毒诸血于木桶内，名曰"千斤担"。当择一好气运之人担出城外，与王船同时烧化。民人赠送品物米包，名曰"添载"。是日出海，锣鼓喧天，甚闹。一年一次，取其逐疫之义也。迎神用杀狮阵、诗意故事（即诗意阁或艺阁）、蜈蚣坪等件。④

---

① 光绪《澎湖厅志》卷九，《风俗风尚》。

② 《安平县杂记·风俗附考》，台北：台湾省文献委员会，1993年，第12页。

③ 《安平县杂记·风俗现况》，台北：台湾省文献委员会，1993年，第14页。

④ 《安平县杂记·风俗现况》，台北：台湾省文献委员会，1993年，第15页。

民间祭祀之礼……又有建醮请王，缮祀极其丰盛。或一庄一会，或数十庄一会。有一年举行一次者，有三、五年举行一次者，有十二年举行一次者，择吉日而行之，为费不少。①

其大者，城厢及村庄各里庙建三、五天醮事，或作王醮（台地所谓王爷者，俗传前朝有三百六十多名进士，同日而死，上帝怜之，命血食四方，故民间有"代天巡狩"之称。其实不然。如萧王爷者，碑记谓汉之萧何，大约古人正直为神，其名不可考，概称之曰"王爷"。沿漳、泉旧俗也），必延请道士演科仪、诵经咒、上表章于天曹以祈福。②

上述一些黑体字，是笔者所加，目的是让人可以一目了然地看出差别。当我们把这些台湾的官方记载与福建的比较一下，可以看到，福建的记载比较切合行动主体的社会实际，而台湾在康熙年间出现的早期官方记载中，就已经犯了一些混淆不同事务的错误，即在他们的记述中，已把"送王"记为"送瘟"，也就是说，已把送瘟与送王原本不同性质的仪式混为一谈，由此产生的逻辑是，"送瘟"送走的是瘟神，送王送走的是王爷，既然"送瘟"与"送王"是一回事，因此王爷就是瘟神，因而王爷也就是当然的"瘟王"了。上述的逻辑，应该就是王爷"被记述"为"瘟王"的实践逻辑。然而，这种实践逻辑是错误的，因为其没有仔细分辨"送瘟"与"送王"仪式的意义，从而把两种性质与意义都不相同的仪式混淆了，从而得出错误的结论或记述。实际上，这些矛盾在记载中也是显而易见的，如黄叔璥的《台海使槎录》就把由被张天师冤死的三十六位进士转化的"王爷"，与"五帝"这类瘟神"并置"在一起，即将"五帝"（张、钟、刘、史、赵）这五位如假包换的，至少从宋代以来就明确是瘟神的神灵嵌入了代天巡狩王爷系统中，成为三十六姓王爷中的

---

① 《安平县杂记·官民四季祭祀典礼》，台北：台湾省文献委员会，1993年，第19页。
② 《安平县杂记·僧侣并道士》，台北：台湾省文献委员会，1993年，第21页。

一部分,从而混淆了两类不同性质与意义的信仰或仪式。这种混淆直接影响到后人的记载,因为,地方志编写的传统是晚期的地方志往往都要先抄前期的记述,然后再记录一些自己当时的所见所闻。如我们从乾隆年间王瑛曾《重修凤山县志》的记载中就可以看到,在记述台湾的王醮时,前一段文字是直接抄自康熙年间的《台湾县志》的,因此,其除了个把字外,几乎完全一样,故这段文字中延续了"送瘟""瘟王"的表述,但在完全由他们自己撰写的段落里,陈述同类的王醮仪式时却没有用"瘟王"或"送瘟",显然这是一种自相矛盾的现象。在《安平县杂记》中,这些矛盾与混淆更加明显。在上引的记载中,第一段明显是抄康熙《台湾县志》的,第二段谈的是十二年一科的请王送王仪式。第三段讲的则是五帝庙的"送瘟"仪式,但其将康熙年间黄叔璥所表述的"五瘟神"变成"五瘟王爷"了,正式将"五帝"与王爷链接起来,为五帝冠上了王爷的名衔而成为"五瘟王爷"。后两段又是叙述请王送王的仪式。这种矛盾、混淆的存在,对视文字史料为圭璋的历史学有深刻的导向作用,是造成现阶段历史学界将王爷表述成瘟神的缘由之一。实际上,由于文字所具有的"霸权"力量,这些混乱的记载也会对民众的行为实践甚或文化的生产与再生产形成误导性的影响,使民众根据这些古人的说法来建构他们当下的实践。所以,对这些官方文献中与历史实际不符的地方,应该加以肃清,以还历史的本来面目,而对此需进一步详细辨识与讨论,在这里限于篇幅,笔者就不再赘言了。

　　本文原载陈健鹰主编:《西岸文史集刊》第一辑,福州:福建教育出版社,2012 年。

# 台湾王爷信仰的福建源头

　　王爷俗称王爷公、千岁、千岁爷、府千岁、老爷、王公、大王、元帅、大人、游王、客王、代天巡狩、大巡、大总巡、总大巡等。王爷信仰在台湾与福建的闽南地区都很繁盛,供奉各姓王爷的庙宇众多。在厦门岛上的厦门港社区,现存三座宫庙,除了妈祖龙王宫主神为妈祖与龙王外,另两个宫庙均为王爷宫庙,其一为金王爷宫,其二为供奉池府千岁(池王爷)的龙珠殿。台湾地区的王爷庙也很多,如澎湖地区有宫庙156座,其中主神为各种姓氏的王爷的王爷庙就有43座,①约占四分之一强。高雄县一地也有王爷庙91座,占据该县392间庙宇的近四分之一。林美容说:"高雄县27个乡镇中,除了桃源乡、三民乡、茂林乡三个山地乡及美浓镇这个客家镇外,所调查的23个乡镇中,只有燕巢乡、杉林乡、六龟乡没有王爷庙,不过这三个乡却有不少庙宇副祀王爷,尤以六龟乡为然……高雄县的王爷庙大多集中在沿海的乡镇,尤以弥陀乡、冈山镇、林园乡、大寮乡最多。此与高雄县靠山地区(如田寮乡、桥头乡、内门乡、六龟乡、大树乡,杉林乡、甲仙乡)妈祖庙较多,副祀妈祖的情况亦较盛,形成有趣的对比。"②由这些案例,我们似可见台湾与闽南地区王爷信仰的一斑。

---

　　① 余光弘、黄有兴编纂:《续修澎湖县志》卷十二,《宗教志》,马公:澎湖县政府,2005年,第15页。

　　② 林美容:《高雄县王爷庙分析:兼论王爷信仰的姓氏说》,"中央研究院"《民族学研究所集刊》第88期,1999年。

在台湾,这些王爷庙是通过什么途径建立起来的? 根据林美容对现今高雄县所有王爷庙的分析与分类,大体有:由族姓私佛转化而来的,先民携来的,从本岛其他王爷庙分香,外地人在当地遗下王爷香火而形成的,原庙在海边崩塌入海而分祀各地,溪边或海边拾获,覆船时抱王爷上岸而形成,因除妖、除疫、治病而奉祀,其他等九类。[①] 但如果我们把这些途径稍微再加以归类的话,我们就可以看到,除了从本岛其他王爷庙分香,因除妖、除疫、治病而奉祀,原庙在海边崩塌入海而分祀和其他这四类王爷庙的建立与台湾本岛上的信奉王爷的庙宇有关外,其余五类王爷庙的设立情况均与大陆福建的王爷信仰有关。如果从时间的角度看,由后者的途径形成的王爷庙的年代均早于由前者的途径形成的王爷庙。而如果从其内涵或具体的途径来看,林美容分类的由族姓私佛转化而来的、先民携来的、外地人在当地遗下王爷香火而形成的、覆船时抱王爷上岸而形成的这几类均可归为迁台移民携来一类,而溪边、海边拾获则可归为由水上漂来神木、王爷神像等一类。由于台湾一衣带水的对岸是福建,因此,我们可以基本认定,台湾岛上的王爷信仰的源头是在福建。

福建的闽南地区是王爷信仰的起源地以及密集分布区,其王爷庙多分布在晋江与泉州湾沿岸、九龙江和厦门湾沿岸地区,内陆部分相对少些。因此台湾最初或早期的王爷信仰绝大多数都是从闽南地区沿海地带传播过去的。[②] 其传播的途径主要有三:其一,台湾各地的早期王爷庙,有部分是在闽南的移民迁台时带着的保佑自己的王爷香火或王爷神像的基础上建立起来的。其二,有些地方,特别是台湾南部沿海地区的早期王爷庙,是接到从闽南地区送出的王爷船后,为供奉船上乘载的王爷而建立的。其三,台湾人在台湾的海边、水边捡拾到

---

① 林美容:《高雄县王爷庙分析:兼论王爷信仰的姓氏说》,"中央研究院"《民族学研究所集刊》第 88 期,1999 年。

② 因为当下台湾地区也有不少王爷庙是从台湾本岛早期建立的著名王爷庙分灵而建立的,如台南的南鲲鯓代天府据说就有分灵庙几百座。

大陆漂来的王爷神木或王爷神像后形成的。下面仅就我们手头现有的资料试举证一些,以窥视闽台两地早期王爷信仰的流播情况。

## 一、移民带王爷到台湾后而建立起的王爷庙

闽南人移民到台湾时多会带着本村庙宇供奉神灵的香火或神像,这其中有不少是各姓的王爷。当移民成功登上台湾,自然会认为这是包括王爷在内的神灵的庇佑,而在台湾筚路蓝缕,如获得生存与成功,大家也会认为此人带来的神灵灵验,对其有庇佑,所以会因此建议他提供出来,由大家来供奉这一灵验的神灵,从而形成台湾本地(村落)的公庙。在这样一种汉人宗教实践活动的实践逻辑下,有不少由先民带去的王爷,逐渐由私祀"私佛仔"①转变为公祀的"公佛仔"②,从而形成当地的王爷庙。换言之,正是这种"灵验"的因素,促成了某些村落的王爷信仰从民间所谓的"私佛仔"崇拜向"公佛仔"崇拜的转变,而形成该地公有的王爷庙和以村落或角落为单位的王爷信仰。

嘉义县朴子镇镇安宫的主祀神林府九千岁,最初就是这样一尊由福建泉州府的移民迁台时携带去的"私佛仔"王爷。镇安宫管理委员会1990年编的《中国民历》说:"本宫以奉祀林府九千岁、五年千岁为主神。"其中林府九千岁是早期的移民带来的。"相传在清道光年代(1821—1850年)约一百三十多年前,由信士蔡某从中国大陆泉州分灵至此,未几奉千岁降示,发动居民雕塑金身,并与林府九千岁建立公馆(庙宇),安奉神位,灵光显赫,四境安宁,参拜者络绎于途,百余星霜以来,馨香不替。光绪年间,曾修筑公馆(庙宇)一次,至民国二十年(1931年)加增规模,扩建庙宇,光复后,民国壬寅年再次翻修庙顶、庙

---

① 闽南方言对自家厅堂中供奉的神灵的一种称呼。
② 闽南方言对村落或角落乡民共同供奉的村落神灵或角落神灵的一种称呼。

壁及补造庙庭水泥,庆成之际,众信徒即组团联往马鸣山兄弟庙会面。本宫自安奉五年千岁、林府九千岁以来,瑞气呈祥,地灵人杰,物草民康,朴子地方日趋繁荣,此实咸归,千岁神恩浩荡也。"①也就是说,该地在清咸丰五年(1855年)接到五年千岁的王船后,才开始建庙,同庙供奉移民带来的林府九千岁与王船带来的五年千岁为该庙的主神,并一直延续到现今。

云林县口湖乡下崙福安宫供奉的主神丁府九千岁,也是由泉州晋江的移民带去的。下崙福安宫管委会编撰的《下崙福安宫沿革志》云:"福建沿海,在清朝雍正、乾隆、嘉庆年间有三次往台湾谋生的移民潮,(晋江)丙州及山柄的人移居到云林县下崙及邻近村落,移民们为求海上平安,都随身携带当地被公认为最灵圣的神佛(此所谓的神佛,实指神灵、神明或神仙,与佛教的佛无关)的香火,丙州人都带着'丁府八千岁'的香火到下崙地区落脚。""据现居(福建晋江)丙州的乡亲述说,当年丙州王姓第十四世王维柳、维叩、维排三兄弟,因其父王嘉拱问卜子孙前程,得神示'望东而进',于是决定到台湾谋生,临行将丁府八王爷的香火带去,以求一路平安。"这些"自(晋江)丙州迁居下崙的人,他们的祖先在丙州敬奉丁府八千岁神灵,来到下崙仍是一本初衷至诚供奉,以至子孙一脉相承,并融合山柄、山前、山塘、安海等地王姓移民,及杨、蔡、吴以及其他姓氏移民,共同开垦下崙庄,敬奉丁府八千岁为全庄守护神"。该沿革志还说,最初是因乾隆元年海上漂来一艘王船停在海边,上有五尊王爷,附近五个村落去求,下崙庄求到金千岁到下崙坐镇,故先建了一座草庙福安宫供奉金府王爷。"后来,丙州人氏迁居下崙,带来丁府八千岁香火",由于丁王爷"神灵显赫,被全村人推崇,决定迎奉于福安宫",福安宫里原来主祀的"金府千岁也推崇丁府八千岁神功",而且民间认为,"在神仙的位阶序上,丁府八千岁比金府千岁的位阶要高,于是福安宫自此主祀丁府八千岁,配祀金府及龙府

---

① 嘉义县朴子镇镇安宫管理委员会编:《中国民历》,1990年,第1页。

千岁"。换言之,下崙福安宫最初是为供奉王船带来的金王爷建立的,但后来的晋江丙州的移民带来了丁王爷,一方面是丁王爷在当地神灵显赫,有求必应,受到全庄人的敬仰;另一方面,民间也认为,丁王爷的神仙品秩为"八千岁",高于金王爷的千岁,所以后来下崙村民就把丁王爷推为福安宫的主神,而金王爷和龙王爷则为陪神。此后,"历经无数风霜岁月,茅草搭盖的草庙数度翻修",到了"清朝末年1870年代,村民集资盖建砖瓦庙宇一座,建地约五十坪,同时也提供村民作为塾学之所,形成全村的宗教文化中心"。① 据此,下崙王爷庙——福安宫的设立与晋江丙州移民迁台时带去的丁府王爷有关。

此外,云林县口湖乡还有一些村落早期的王爷庙也是由于供奉大陆携带来的王爷而设立的,如"湖口村合天宫主祀徐府千岁,村民祖先于清嘉庆年间移居本地开垦随身携带,在嘉庆十八年(1813年)住民只六户共建草庙,光绪六年(1880年)重建,另庄东一座小庙奉祀四大将,系明末郑成功部将"。又如广沟村的和天宫主祀秦王爷,也是一座王爷庙,其是在"乾隆年间,柯姓由大陆带秦王爷香火奉祀"迁台而后建立的。再如春埔村的福兴宫主祀神为池府千岁,在乾隆三十一年(1766年)时,由吴高生从泉州府迁此时"随身带池府千岁奉祀",初为吴氏自己祀奉的"私佛仔",后可能因灵异显著,而于"道光六年(1826年)建庙"奉祀,成为该村的"公佛仔"。复如水林村的通天府主祀神为温王爷(温府千岁),其也是大陆移民迁台时带来的,"康熙元年(1662年),由王挺之第六代祖先王厅渡台时,随身携带奉祀",后来也可能是因王爷显圣灵异之缘由,而"建庙膜拜",从而温王爷成了该村的"公佛仔"。台子村的天台宫也是如此,该宫建于乾隆三十四年(1769年),主祀池府千岁。"乾隆初期,林氏祖先林室渡台,随身带池府千岁"香火,因灵验显著,故庄民大伙出资"建庙奉祀"。"道光二十五年(1845年),因海啸村落被淹没,庙也被冲毁",但后来该庙又得以重建,并曾一度

---

① 下崙福安宫管理委员会:《下崙福安宫沿革志》,1993年,第9~11页。

改名为"复兴宫"。①

　　云林县麦寮乡施厝村的聚宝宫也是一座王爷庙,其主祀的对象是卢府千岁(卢王爷),他是由晋江施姓移民迁居台湾时带去的。"相传(清代)乾隆年间,泉州南门外,晋江县辖内的南沙坑寮距城四十外里,为施琅乡土故里,其地濒海,沙多于土,有一宫庙,其神奉令巡狩时不表名号。后来该地施姓人家来台定居时,恭请其神尊来台镇宅。"②后来才在当地建立了这座聚宝宫来供奉卢王爷等,并在清代咸丰年间因旱魃肆虐而形成请王、送王的仪式。相传咸丰五年时,施厝村这个地方自孟春到仲春足足有四个月不下雨,旱情非常严重,农民无不叫苦连天,渴望天公作美降雨。人们向该处的王爷庙聚宝宫的神明——王爷求助,得到神明显灵指点,如举行五年千岁出巡仪式,就会获得甘霖。当人们根据神明的指示举行了王爷出巡的仪式后,果然不到五天,黑云密布,老天日夜降下甘露,使该村旱情得以解除。后来,聚宝宫的卢千岁还指点,该地方举行的五年王爷出巡各村的仪式应成为一种制度,"应于寅、午、戌年,即相虎、相马、相狗(为)科年,五年一次立夏时准备雕制金身,到有水通流的排水河流迎接入境镇巡,至立冬平安祭(农历十月十日)时,建造纸糊王爷船,送至迎接地点火化送回"。当地人根据卢王爷的指示办,终于形成了迎王、送王的习俗。此事一直延续到1966年时,当地人唯恐在河流处迎接到邪神,遂改到马鸣山镇安宫,接洽恭迎金身銮驾,从此以后,每当五年一祭时,当年的"四月到马鸣村镇安宫恭迎五年千岁金身銮驾回村供善男信女奉拜,至十月祭典结束后随送回镇安宫,各户都备敬答的豆麦粟、油盐糖、金银资财、马轿、纸灯等装包成袋,叩谢五年一度的保护庇佑之意,送驾时全

---

①　曾人口:《金湖春秋》,彰化:中国诗文之友社,1978年,第29~31页。

②　郑志明:《台湾神明的由来》,台北:中华大道文化事业股份有限公司,2001年,第316页。

村信徒都租车列队鼓乐阵头（将王爷）送回马鸣山，信徒都诚恳地自动参加"。[1] 至此，该地的迎王、送王仪式又发生了重大变化，即这以后不再使用王船，而是用马、轿来送王爷。

在台南县，有些早期的王爷庙里的王爷也是由大陆移民带来的。安定乡苏厝长兴宫里的王爷就是如此。关于安定乡苏厝村长兴宫是如何建造起来的，流行的说法是该村在康熙年间捡拾到大陆漂来的王船，上载有十二位王爷的令牌，"村民皆感神威广大，咸谓航靠本地，乃为吉兆，必带来繁荣，庇佑五谷丰登，创业有成，并致户户平安，家家祯拜，众人莫不欢天喜地，恭迎入庄，于溪畔建筑茅庵三间，安座奉祀，朝夕焚香膜拜"。[2] 但根据撰写这份简介的撰稿人苏大国说，其实这个"王船传说"是仿造的，是为了让苏厝庄内的王姓无异议。根据苏大国的解释，比较正确的说法是，依苏厝《苏氏族谱》记载，十二王爷的王令，是苏姓先祖迁台时自大陆携奉而来的，原来属于苏姓一族的私祀，也就是苏厝苏姓一族的"私佛仔"，后来因其灵验才大家出资建庙奉祀，长兴宫这才成为苏厝的公庙，十二位王爷也成了苏厝的"公佛仔"，由苏厝的苏姓与王姓共祀。后来，庙中编写庙宇简介时，撰稿人接受了退休校长王朝云（已殁）的建议，将祀神与王船写成大家都较无争议的"捡拾说"，以免该村人口较多的王姓反弹。[3]

在高雄县，现存392座庙宇中有91座是王爷庙，这91座王爷庙中有7座王爷庙的王爷是由移民携带来台的，后因显灵而建成公庙，以方便村民们的拜拜。这7座王爷庙为：(1)大寮乡州仔寮武侯宫，主祀武王，是先民自泉州携来；(2)林园乡中坑门金兴庙，主祀金府千岁，系先民自大陆携来；(3)凤山市埤顶镇南宫，主祀刘府千岁，神像来自大陆；

---

① 郑志明：《台湾神明的由来》，台北：中华大道文化事业股份有限公司，2001年，第316～317页。

② 《安定乡苏厝长兴宫简介》，1988年。

③ 参见黄文博：《南瀛王船志》，新营：台南县文化局，2000年，第54～56页。

(4)凤山市牛稠埔北辰宫,主祀巫府千岁,系先民携香火袋自福建来台;(5)鸟松乡大竹坑池王宫,主神池王金身系自大陆带来;(6)冈山镇下潭代天府,主祀万府千岁,系先民由大陆转奉澎湖,再迎奉香火于现址;(7)大树乡麻竹园崑岺宫,主祀池王,系先民由大陆带来,原先在竹园奉祀,约在 1958 年发生水灾,田园流失,一位开垦麻竹园的人(人称田主公)背池王过来。① 实际上,林美容分类的族姓私佛、外地人遗下的香火、覆船时抱王爷上岸等几类也可以归为移民迁台时带来的这类。根据林美容的统计,通过这几类途径形成的庙宇大约有 22 座,所以在高雄县,由移民带来的香火或神像而形成的王爷庙有 29 座。②

综上情况看来,台湾地区早期的王爷庙中有一些是在闽南移民带去的王爷香火或神像的基础上形成的,而这些闽南移民中有不少是泉州、晋江人。

## 二、接到大陆送出的王爷船而建立的台湾王爷庙

除了上述的这类王爷庙外,台湾西部沿海南北各地早期的王爷庙,有许多是在接到大陆闽南地区特别是泉州湾、晋江沿海地区、厦门湾送出的王爷船后,为供奉王船上乘载的各姓王爷才建立起来的,如:

台湾省台中县大安港的和安宫主祀金、吉、姚三位王爷,其宫庙是在嘉庆十年(1805 年)四月二十四日在大安港海边发现了泉州(后舞尾)富美宫放出来的王船后,为供奉船上的三位王爷才建造起来的。当时,大

---

① 林美容:《高雄县王爷庙分析:兼论王爷信仰的姓氏说》,"中央研究院"《民族学研究所集刊》第 88 期,1999 年。

② 林美容:《高雄县王爷庙分析:兼论王爷信仰的姓氏说》,"中央研究院"《民族学研究所集刊》第 88 期,1999 年。

安人在该村的罗施港海滩上迎接到了一艘王爷船,其长二丈二尺(约 7 米),型制与民船无异,船内除供奉有金、吉、姚三位王爷外,还有米、油、盐、饭等许多添载物和三只活公羊。大安港的乡民接到王船后,并没有认为王船到此地是给他们带来瘟疫、污秽或灾难,而将王船再送走,而是认为王爷到当地是来庇护、造福当地人的,所以,他们先将三位王爷等供奉于大安港的堡长谢家秋的家里,羊则放牧于村里,称其为"王爷羊",乡民要拜拜就到堡长家去祭拜,有事也到堡长家去向王爷求助,如患了病时就向王爷求香珠、炉丹等服用,而据当地人说,这样做能立即见效而病愈。一年多以后,因感激王爷济世救民的功德,大家才聚资建造了专门的庙堂,以一较宽敞的场所来奉祀三位王爷,并将此王爷庙取名为和安宫。① 从此大安港就有了这座王爷宫庙。

云林县褒忠乡马鸣山的镇安宫也是接到大陆晋江地区漂来的王船而建立的。马鸣山镇安宫管委会在 1970 年编的《马鸣山镇安宫沿革志》云:"马鸣山镇安宫的建立,溯自前康熙元年由马鸣山居民奉祀之古神'老朱王爷'有一天銮示曰:'本庄西北方草港有天神驾临,应即前往迎接銮驾回来供奉。'村民虽在信疑之下,乃遂派人前往草港观望,果见浮海随波而来王船一艘,停靠港湾,船上横披红绫一幅,墨书:'代天巡狩五年千岁'字样,船中有三尊神像,香炉一只,立烛灵香三支,及灵签、药签各一册,还有红绫一卷,上书五年千岁,十二值年尊姓暨圣诞。斯时马龙山(现马鸣山)村民遂即邀同附近之昌南、新厝、芋头、吕厝、同安、林茉寮等七庄居民共同前往草港迎归马龙山择地建立草坛奉祀,时神曾銮示曰:'吾兄弟发祥于泉州南沙坑寮,分灵于此,主宰各年行使神事,神兄弟奉玉旨代天巡狩,查察四方,赏善罚恶,除暴安良,

① 泉郡富美宫董事会、泉州市民间信仰研究会合编:《泉郡富美宫志》,1997 年,第64 页。

保民护国,随机显化。'"①换言之,云林县褒忠乡马鸣山的镇安宫是在迎接到泉州府南沙坑送出的王船上的王爷后才建立起来的。而泉州南沙坑即为泉州府晋江县围头村南沙岗社,其虽是属于泉州府晋江县,但从地理形态上看,该处为厦门湾的海口,即厦门湾北端湾口。该地有座"六姓王府",据称常有送王船之举,故马鸣山镇安宫的五年王爷就是由该庙送出的。

云林县口湖乡下仑村的王爷庙福安宫也是在接到大陆漂来的王船建立的。云林县口湖乡位于云林县南部海边,其南部隔着北港溪与嘉义县的东石乡相连。下仑村位于口湖乡北端,福安路22号的福安宫为该村的主要宫庙之一。根据曾人口的《金湖春秋》所载"仑中村福安宫:乾隆元年(1736年),由大陆漂来神舟,在附近建庙"②的情况看,下仑村过去也称仑中村,村中的福安宫创建于乾隆元年,是在大陆漂来的王船的基础上建立的。

根据下仑村的耆宿口头传说,下仑福安宫最初供奉的主神是金府千岁。当年下仑、箔子寮、顶口湖、青蚶庄、外埔五个村落的渔民在海上捕鱼时,见海上漂来一艘王爷神船,内有五尊王爷神像,渔民们当场卜贝决定,各村迎取一尊王爷回去供奉。通过卜贝,箔子寮庄求得温府千岁,顶口湖庄求得邱王爷,青蚶庄求得康王爷,下仑庄求得金府千岁。于是下仑庄的村民共同出资在福安宫现址搭盖草庙一座,作为王爷庙,供奉金府王爷,全村人共同膜拜。③

嘉义县东石港的王爷庙先天宫也是如此。嘉义县东石乡与云林县的口湖乡隔着北港溪相连,东石港位于海边。1925年蒲月朔日,忽

① [日]三尾裕子:《从地方性庙宇到全台性庙宇——马鸣山镇安宫的发展及其祭祀圈》,载高致华编:《探寻民间诸神与信仰文化》,合肥:黄山书社,2006年,第410~411页;郑志明:《台湾神明的由来》,台北:中华大道文化事业股份有限公司,2001年,第312~314页。

② 曾人口:《金湖春秋》,彰化:中国诗文之友社,1978年,第29页。

③ 下仑福安宫管理委员会:《下仑福安宫沿革志》,1993年,第10~11页。

有"捷泰利"号王爷船随波逐流,弃头桅,掉尾舵,收泊于东石港西北临海外的伞顶洲边,每到夜间,该处灯光远射,军号起伏,遐迩闻睹,以为灵异。于是东石乡沿海各村庄的村民争先恐后向着王爷船焚香顶礼,皆曰:"得祀者,永受神恩,垂荫无疆。"大伙都想祀奉王爷船上的王爷,故汝争我竞,互不相让。最后大家协商,凭投筶卜贝让王爷决定由哪个村落迎请恭祀。卜了贝,神灵指示该王船是由泉州富美宫起程的,漂航多日才抵达此地,王爷船的主神为朱、邢、李三位王爷,并指名要威镇东石港的先天宫,以便出巡四方,代天行事。故此后先天宫就成了以供奉朱邢李三位王爷为主神的王爷庙。王爷船上还携带有石块、绿豆、白米、油、盐、柑、橘、柴把、红绫等神物。凡有染病者,求王船上之物,一食即愈,灵验异常。[①] 所以台湾的东石人还将此大陆泉郡漂来的王爷船完好地陈列在该庙中。

　　嘉义县朴子镇镇安宫也是一座王爷庙,其建立与该庙供奉的所谓"五年千岁"(王爷)有关,据该庙管委会的说法,"五年千岁系发祥于大陆福建省泉州,共为魏、萧、雷、谭、张、侯、徐、吴、耿、薛、封、赵、何、卢、罗等十五尊神,配以地支,每五年轮值举行大祀典,闻于前清咸丰五年乙卯孟冬晦神,以小木舟横渡重洋而抵田寮港,显灵,邻近居民共同趋迎建坛奉祀时,神灵曾銮示曰,吾兄弟发祥于福建泉州,分灵来此,主宰各年行使神事,奉玉旨代天巡狩,查察四方,赏善罚恶,除暴安良、保民护国,随机显化,以是地方逢有疾病祷求皆立痊愈,六畜遇有瘴疠,求以炉丹施治,随即应验,显著灵效,香火相续,播之遐迩,顶礼接踵前来,膜拜者络绎不绝,由此香火大振,逐渐弥漫全省也"[②]。换言之,该庙的建立是在清咸丰五年,即 1855 年,当时,有一艘载着 15 尊王爷神像的王爷船漂到朴子镇田寮港,显灵,所以当地人就"共同趋迎建坛奉

---

　　① 　泉郡富美宫董事会、泉州市民间信仰研究会合编:《泉郡富美宫志》,1997 年,第 67～68 页。

　　② 　嘉义县朴子镇镇安宫管理委员会编:《中国民历》,1990 年,第 1 页。

祀",这才形成此王爷庙镇安宫。并由于王爷有求必应,"显著灵效",所以"香火大振,逐渐弥漫全省"。

台南县南鲲鯓安奉李、池、吴、朱、范五府王爷的代天府据说也是接到大陆漂来的王船后设立的。据说,三百多年前,南鲲鯓是一个三面环海,一面靠陆地的沙洲,平时只有一些渔民在那里搭个草棚子,休息一下。一日,麻豆的渔夫杨世乡夜宿在草寮内,忽闻仙乐悠扬,极目眺望,只见霞光烛天,一艘华丽的大船冉冉驶向岸边,内有彩色灿丽的五尊神像。原来这是大陆沿海居民迎神驱鬼时,所放出的王船,船上的神像即是李、池、吴、朱、范五位王爷。于是,在鲲鯓山附近盖一草寮,以供奉神像。每次出海捕鱼,必顶礼膜拜,总是满载而归,或祈病愈,亦无不应验。因此,远近相告,香火鼎盛。

其后,因草寮败坏,但渔夫又无力兴建庙宇,于是决定恭送五位王爷出港,请其另觅他地。当时正是退潮,又刮北风,王船顺流而下,向南漂去,但忽然王船又转向北面,居然逆流而回,仍停靠在原地。大家莫不惊叹神威显赫,于是又将王船挽起,这才建庙祭拜,并称五位王爷为"南鲲鯓王",而称王船进港的蚵寮为"王爷港",这是南鲲鯓方面的说法。麻豆人则有另一种说法,认为王爷是来自麻豆。据云,当初王船是漂至麻豆水堀头港牛稠村,该地为"龙喉穴",景气鼎盛,后来风水被人破坏,导致洪水泛滥成灾,王船也漂到海埔边,但当地居民无力供奉,又将王船施放出去,这才漂流至南鲲鯓。至今,麻豆也建有一座代天府,而且,也只有麻豆一地能迎请南鲲鯓的五位王爷。①

根据1952年黄朝琴先生编的《南鲲鯓代天府沿革志》,南鲲鯓代天府的五位王爷所乘的王船是泉州富美宫送出的。其曰:"据前辈所传,五府千岁,云游到处,除暴安良,其功笃著,感动天庭,玉帝龙心大喜,敕封五王为代天巡狩,永住凡间,燮理阴阳,自此五王南巡北狩,云游

---

① 《南鲲鯓代天府》,载《台湾人民俗(第四册):民间信仰·神明寺庙》,新北:桥宏书局,2000年,第8～11页。

到处,治病驱妖,所到每地方,闻及五王巡狩该处,则热烈建醮,欢迎奉送。最后,在泉州府晋江县富美乡富美宫巡察之时,萧府千岁领导众信热烈建醮,又造王船,醮后恭送王船出海。焉知此王船,蒙五王之灵佑,乘风破浪,漂至南鲲鯓,为巡狩查察之基地,救善除暴,备受善男信女崇敬。"还有史贻辉著的《五府千岁略传》曰:南鲲鯓的"五王乃唐初的名臣大将,广受民间建庙奉祀,宋室南渡后,传入福建省晋江县,于城郊富美庄建筑五王庙奉祀。明思宗煤山自缢后,五王知汉室将亡,一日神灵显圣,指示信徒建造王船一艘,放置六尊绸制神像及巨大香木六块,神像暨香木记明神的名称,择吉放海漂流,横渡台湾海峡"[①]。换句话说,台南县南鲲鯓代天府的人认为,代天府主祀的五位王爷是来自泉州府晋江县富美乡或富美宫。所以,这座台南著名的王爷庙也是在泉州晋江送出的王爷船的基础上建立起来的。

大陆闽南地区送王时有的使用木制的王船游地河,即将王船放流江里或海上,这种游地河送出的王爷船出了泉州湾和厦门湾后绝大多数都会漂到台湾南部地区,这是海流与风向的原因导致的,但有的时候也会漂到台湾北部地区,特别是在刮南风的季节里,就有可能出现这类事件,如光绪二十九年(1903年)夏天,在台湾北部的苗栗县后龙镇外埔村蚵仔堀靠岸的一艘王爷船,就是来自福建泉州府晋江县南门外富美地区,其在农历六月十三从祥芝澳扬帆出驾游地河,而在六月十九日抵达台湾靠岸。该王爷船的船名为"金庆顺",船头左右两舷写着:"福建泉州府晋江县聚洋铺富美境新任大总巡池、金、邢、雷、狄、韩、章七府彩船。"其为中国式三桅帆船,"梁头一丈五尺,龙骨二丈一尺四寸",杉木建造,"载重二百担"(每担100市斤)。船上除了王爷等神灵的神像、神位外,还有许多添载物,所有这些"连同王船造价折合

---

① 郑志明:《台湾神明的由来》,台北:中华大道文化事业股份有限公司,2001年,第341页。

当时币值二百三十九元九角"。[①] 因此,后龙人将王爷安奉于"合兴宫"中,"合兴宫"也逐渐成了安奉这些王爷的宫庙。

## 三、捡拾大陆漂来的神木或王爷神像而建的王爷庙

据当地人的主位表述看,在台湾西部沿海地区,还有些著名的王爷庙是由于在海边捡到大陆漂来的神木后才建立起来的,嘉义县鹿港镇安奉苏府千岁爷的奉天宫就是这样建立起来的。根据《苏府大二三王爷开基祖庙鹿港奉天宫简介》,清代鹿港有一渔夫姓郑名和尚,其以捕鱼为生,其后裔子孙现住鹿港镇东石里。康熙二十三年(1684 年)夏天,有一日郑和尚照常下海捕鱼,下网后,捕获了一块异样木料,郑和尚不介意将其抛弃海中,然而,其再下网工作时又捕获此物,而且经数次都是如此,无奈,他只好收网返航,而此异物在海中发出豪光随波浮沉随着渔夫返航的小船而流靠海岸,渔夫深以为异,即将此物收带回家,放置墙边,至落日时分,光芒四射,灵气璀璨,邻近相告争观称奇,突然之间,有神灵投于目不识丁之郑和尚身上指点谓,"其原为天帝驾前主理判事,曾下凡现身福建北头,今奉玉旨与二位贤弟择地鹿仔港开基保国佑民",问其姓,即指示诗一首以晓众人,诗曰:"蔡公去祭忠臣庙,曾子回家日落西,此去金科脱了斗,马到长安留四蹄。"据此诗分析即谨悉其尊姓为"蘇"(苏),而从此此地称为北头。众人依神意由大陆泉州聘雕刻师将此异物雕塑神像,雕刻师在冥冥之中看到神灵显圣现身,大王爷文官装束,姿势威严万分,二王爷身材高大魁梧,身着武甲武将打扮,三王爷半武甲文武装束,脚穿绣花红色靴鞋,身材与大王爷相等,雕刻师照其所见雕成三尊神像,称为苏府大、二、三王爷。从

---

[①] 《台湾惯习记事》第三卷第九、十期,转引自《泉郡富美宫志》,1997 年,第 69~72 页。

此，神灵显赫，渔民祈祷者，无不平安满载而归，往来船舶平安顺利，一带信众发起建庙奉祀之议。是时，王爷再降乩指示："不可建庙，可由北头地区之各角落轮流供奉，而各神诞——大王爷为四月十二日；二王爷为十月十日；三王爷为十一月十七日，每年不必分别举行，应合并四月十二日举行。每年四月初八日玉帝特派钦差降临祝贺，是夜，众善信要恭迎钦差降临，神诞过后四月十五日再恭送钦差。"因此至今每年四月初八夜及十五夜王爷便命众善信跪接、送钦差之祭典。从此以后每年四月十二日苏府王爷千秋之日在神前掷筊（卜贝）定炉主首事。值年炉主要择地新建房屋为王爷行台（俗称王爷坛），其房屋构造不论土、砖、石、竹、木，凡是清净新屋即可，由此年年轮流值年炉主延续不断。日据时期亦是如此。后来台湾进入工业社会，建行台之地已逐渐没有，所以当地人在 1962 年再度倡议为苏王爷建立永久庙宇。他们"跪拜神灵再三虔诚叩求，始获神意允诺，随即择现地址同年开工"，于1968 年竣工。"新建庙宇'奉天宫'为长祀神灵之地，从兹神灵显赫，神光普照十方，永垂无疆。"①而且其分灵庙有许多，甚至连大陆晋江衙口村的苏府大王爷庙，都是在乾隆年间衙口人去台湾鹿仔港做生意时，从台湾北头分灵过去的。

无独有偶，屏东县东港镇著名的以供奉温王爷为主祀神灵的东隆宫也是在捡到漂来的神木后建立起来的，但其建庙的故事有其自我的独特性。相传在清代康熙四十五年（1706 年）的一个深夜里，福建福州某家木材行来了一位白髯老翁订货，言明只要在木材上标上"东港温记"的字样，然后投入闽江中，这批木材自可漂送到目的地——台湾屏东东港。该木材商收下货款后，翌日木材竟然价格飞涨，木材商见此情况，心中暗叫吃亏，就想违约不发出木材，但他也因此一病不起，药石罔效。一个月后，木材商有日梦见这一白髯老人斥责其无信，怒其

---

① 鹿港奉天宫管理委员会：《苏府大二三王爷开基祖庙鹿港奉天宫简介》，1994 年，第 3～5、15 页。

违约。木材商惊醒后,半信半疑地,不过,当他按约如数将木材投入闽江不久后,其病确也不治而愈。这木材商感到十分蹊跷与惊奇,在好奇心的驱使下,亲自东渡来到台湾东港。巧的是,当他抵达东港时,这批木材也已漂流到了东港,并见到那白髯老翁在海边整编木材。木材商向镇民打听这老翁是谁?当地人竟然无一人认识。就在木材抵东港的那几天夜里,东港某户渔民的屋顶上突现豪光,但当人们走近观看时,又什么也看不到。一天夜里,该户渔民梦见这位白发老人对他说,他是到东港上任的温府王爷,渔民家中屋顶的那块香樟木可以用来雕刻他的神像。渔民醒来,发觉屋顶上确有一块其从海边捡来的香樟木块,他觉得不可思议,遂将此事转告邻人。这一温王爷在东港显灵的事迹马上成了一大轰动新闻并迅速传开,镇民纷纷称奇。于是,镇民就利用海上漂来的"东港温记"木料盖起一座王爷庙,并根据白发老人的形象将那块香樟木雕刻成温王爷的神像,供奉于王爷庙中,从此,东港就有了这座闻名遐迩的王爷庙。① 到了光绪二十年(1894年)东港发生大海啸,该庙坍塌于海中,但镇民却冒险抢出了这尊温王爷的神像,后来东港人选择了"浮水莲花"穴地重建王爷庙延续至今,并成为台湾南部非常著名的一座王爷庙。

高雄县也有两座王爷庙,是在这种情况下形成的,如林园乡五块厝仔东隆宫明清寺就是如此,该宫主祀池府王爷。当年一位陈姓居民在溪边拾获一物件,后此物件"发灵",自称其为池府王爷,并因此奇事不断,故当地才建起王爷庙来奉祀池王爷。又如林园乡港仔嘴的崑龙宫主祀崑王爷、李王爷、池王爷与薛府千岁(薛王爷),他们是现任管理人廖万吉的曾祖父在海边捡拾到的,初在该地的海边造一石墙瓦顶小庙奉祀之,后来才盖起大型的宫庙来祀奉他们。②

---

① 参见郑志明:《台湾神明的由来》,台北:中华大道文化事业股份有限公司,2000年,第344页。

② 林美容:《高雄县王爷庙分析:兼论王爷信仰的姓氏说》,"中央研究院"《民族学研究所集刊》第88期,1999年。

　　总之,台湾的王爷信仰是从大陆传播过去的,其发源地主要是福建的闽南地区,由移民迁台传播过去的王爷信仰遍布台湾各地,因为闽南移民遍布台湾各地,他们所带去的王爷信仰自然也就遍布台湾各地。而由王爷船或漂流的神木或神像带去的王爷信仰则主要流布于台湾的西部沿海一带,尤以台湾南部为最多,这是海流与风向的关系所致。此外这两类王爷信仰的发源地,主要是闽南地区的晋江、泉州湾沿岸地带和九龙江、厦门湾沿岸地带,因为只有在这些地方才有请王、送王的仪式,才有用木制的王爷船送王爷离任的习俗。就本文所列资料看,这一传播类型多源于泉州、晋江地区。

　　本文原载周仪扬主编:《谱牒研究与海洋晋江》,北京:华夏出版社,2011年。

# 闽台两地的丁府王爷

　　闽台两地隔着台湾海峡,一衣带水,两地都各有几座奉祀丁府王爷为主神的庙宇。

　　在台湾,奉祀丁府王爷比较有名的一座庙宇为云林县口湖乡下崙庄的福安宫。云林县口湖乡位于云林县南部海边,其南部隔着北港溪与嘉义县的东石乡相连。下崙村位于口湖乡北端,福安路 22 号的福安宫为该村的主要宫庙之一。根据曾人口《金湖春秋》所载"崙中村福安宫:乾隆元年(1736 年),由大陆漂来神舟,在附近建庙"①的情况看,下崙村过去也称崙中村,村中的福安宫创建于乾隆元年,是在大陆漂来的王船的基础上建立的。

　　根据下崙庄的耆宿口头传说,福安宫最初奉祀的主神是金府王爷。当年下崙、箔子寮、顶口湖、青蚶庄、外埔庄五个村落的渔民在海上捕鱼时,见海上漂来一艘王爷神船,内有五尊王爷神像,渔民们接到王船后,当场卜贝决定,各村迎取一尊王爷回去供奉。通过卜贝,箔子寮庄求得温府千岁回去祀奉,顶口湖庄求得邱王爷回去供奉,青蚶庄求得康王爷回去,外埔庄求到朱王爷去祀奉,下崙庄则求得了金府王爷。于是下崙庄的村民共同出资搭盖草庙一座,以其供奉金府王爷,作为下崙庄的公庙,全村人共同膜拜金王爷。②

---

①　曾人口:《金湖春秋》,彰化:中国诗文之友社,1978 年,第 29 页。

②　下崙福安宫管理委员会:《下崙福安宫沿革志》,1993 年,第 10～11 页。

清朝雍正、乾隆、嘉庆年间福建人有三次往台湾谋生的移民潮，(晋江)丙州及山柄的人移居到云林县下崙及邻近村落，移民们为求渡海平安，都随身携带本地被公认为最灵圣的神佛(此所谓的神佛，实指神灵、神明或神仙，与佛教的佛无关)的香火，丙州人都带着"丁府八千岁"的香火到下崙地区落脚。"据现居(福建晋江)丙州的乡亲述说，当年丙州王姓第十四世王维柳、维叩、维排三兄弟，因其父王嘉拱问卜子孙前程，得神示'望东而进'，于是决定到台湾谋生，临行将丁府八王爷的香火带去，以求一路平安。"这些"自(晋江)丙州迁居下崙的人，他们的祖先在丙州敬奉丁府八千岁神灵，来到下崙仍是一本初衷至诚供奉，以至子孙一脉相承"，下崙庄来自山柄、山前、山塘、安海等地王姓移民，及杨、蔡、吴和他姓氏移民，认为丁府八千岁的确"神灵显赫，被全村人推崇，决定迎奉于福安宫"，而福安宫里原来主祀的"金府千岁也推崇丁府八千岁神功"，而且下崙人也认为，"在神仙的位阶序上，丁府八千岁比金府千岁的位阶要高，于是福安宫自此主祀丁府八千岁，配祀金府及龙府千岁"。换言之，下崙福安宫最初是为了供奉王爷船带来的金王爷建立的，但后来的晋江丙州的移民带来了丁王爷，一方面是丁王爷在当地神灵显赫，有求必应，灵验显著，受到全庄人的敬仰；另一方面，当地民间也认为，丁王爷的神仙品秩为"八千岁"，高于金王爷的"千岁"，所以下崙庄的村民就把丁王爷推为福安宫的主神，"敬奉丁府八千岁为全庄守护神"，而金王爷和龙王爷则为陪神。就这样，原先奉祀金王爷为主神的福安宫变成了主祀丁府王爷的王爷庙。此后，"历经无数风霜岁月，茅草搭盖的草庙数度翻修"，到了"清朝末年1870年代，村民集资盖建砖瓦庙宇一座，建地约50坪，同时也提供村民作为塾学之所，形成全村的宗教文化中心"。后来在1962年，岁次壬寅，村民们再次倡议新建庙宇，由当时的村长王彬、王国勤、王准成共同敦请王略为重建委员会主任委员，着手重建，于是福安宫改建为三门三落大庙宇，占地150坪，村民们又同心协力，出动民工运土填筑庙前大池塘作为广场,占地 2400 坪。①

福安宫丁府王爷的大陆祖庙为福建晋江市金井镇丙州村的丁王爷宫,其宫址原在该村王姓宗族二房四柱角落,原名为"普庵宫"。解放后,在"破四旧"等政治运动中,庙宇被拆毁。改革开放后,该村的旅外华侨为复兴传统文化,斥资为丁府王爷等神明建造新庙与戏台,宫庙址选在二房角落的当境公宫庙左边,新建的庙宇取名为"玉安宫"。丙州地处海边,是晋江三大盐场之一的所在。丙州人供奉丁府王爷,据说是与该地举行的一场驱逐瘟疫的请王、送王仪式有关。

相传在清代康熙年间,②丙州及附近地区发生了瘟疫,染病者上吐下泻,死亡近百人。乡民被瘟疫搞得手足无措、投告无门,只好去问神灵,丙州村的神灵指示,需礼迎由"泉府三十六进士"形成的王爷来驱逐瘟神厉鬼才能解困。所以,丙州人就遵照神意制造了王爷船和三十六王爷的神像,请来道士举行王醮等仪式,由道士将在当地肆虐的"无形"的"瘟神疫鬼厉鬼"等收押起来,拘禁于王船上,由这三十六位王爷押着这些"肮脏"送出境外,赶出乡里。但当丙州人将这三十六位王爷安位于王爷船上时,有一尊神像被海风一而再、再而三地吹落下来。乡民见状都以为有蹊跷,就请神扶乩询问个中原由,通过扶乩,乩手在沙滩上写出了"丁府八千岁要留乡保境安民"的字样,由此乡民终于弄清楚了丁府王爷"不走"的意思,就将其神像留了下来,其他三十五位王爷就乘着为他们制作的王爷船,押着那些从丙州境内收押的"瘟神疫鬼厉鬼"等出海,将这些"肮脏"送走。丁王爷则安放在丙州当地原有的普庵宫中奉祀,并请丁王爷巡护乡里。为了保证丁王爷出巡顺利,丙州人大搞公共卫生,将街道、广场、阴沟等清扫干净,并把清理出来的"有形"脏东西焚烧。丁王爷乘着神辇出巡时,家家户户点燃"满

---

① 下埒福安宫管理委员会:《下埒福安宫沿革志》,1993 年,第 9~11 页。

② 一说在乾隆年间。由于其他与此相关的丁王爷传说故事所涉及的年代关系,笔者以为康熙年间可能比较接近历史事实。

炉香",放鞭炮、放香枪,顶礼迎送了丁王爷圣驾的光临与巡视。丁王爷巡境后,也许是做了大规模的公共卫生,用火烧掉了各种"垃圾"(lasan或 lasa),放鞭炮、放香枪、点"满炉香"的烟火弥漫等"消毒"的缘故,仪式过后不久,瘟疫居然逐渐消退了。然而,丙州人却认为,这种结果或效果是仰仗了丁府王爷所具有的驱瘟功能与神威,丁府王爷在此灾难中对丙州人有着莫大的恩惠,故丁王爷的威名日渐高涨,其声名遍布四隅,许多外村人也都纷纷闻名前来烧香点烛,以祈求丁王爷的庇佑和帮助。[①] 晋江南部地区的有些村落也请丁王爷去该村坐镇,成为该村的"当境神明"或"境主"。衙口村浔中社(中堡社)的丁王爷庙也许就是在这样的情况下建立起来的。

相传有一年衙口浔中(中堡)有位家庭主妇正坐在其家门口缝补衣服,当时有支"谒火"队伍经过其家附近时,一张写有"丁王爷"字样的"金纸"(纸钱)飞进她身旁放针线的筐筐中,她几番扔出,其又几番飞了进去。这妇人感到奇怪,就去问神,这才知道是丁王爷要与她家结缘,进驻她家,所以,她就请来了丁王爷的神像,安放在自家的厅堂里奉祀,并以纸钱飞进她家的那日(农历二月十五)作为丁王爷的神诞日。丁王爷就这样进入浔中社(中堡社),先成了这位妇人家的"私祀神"。由于丁王爷颇有灵验,村人知悉后也常去她家祭拜丁王爷或向丁王爷求助,日子久了,村里人都认为丁王爷"有圣"灵验,能庇佑本地人,应成为大家崇拜祭祀与求助的对象,所以大家就集资在她家的右边建起了"丁王府",将丁王爷供奉于内,而成为全村人的"公祀神",并成为浔中社(中堡社)的境主,让丁王爷在衙口一带庇佑当地人。由于丁王爷神诞期为农历二月,常有风雨侵蚀,故当地也形成一首"丁阿爷,面乌乌,不是风,就是雨"的以文化现象反映当地农历二月的物候或风信的民谚,这也从一个侧面表明,丁王爷信仰在当地有着某种独特的著名性。

---

① 下岙福安宫管理委员会:《下岙福安宫沿革志》,1993 年,第 8、44 页。

实际上,丁王爷信仰在晋江南部是以其能驱疫和解决一些疑难问题如禁赌而闻名的。相传清代光绪十五年(1889年),由于晋江南部地区与厦门经常有商业往来,厦门地区暴发的鼠疫也随人员的往来传播到晋江南部地区,围头、塘东、丙州、伍堡、衙口、深沪等地尤为严重,鼠疫肆虐,染病者众多。这时丙州普庵宫的丁府八千岁显灵,指示丙州人应将死者的衣物、食具全部"送草青",即全部焚毁。丁王爷还要出巡三日以驱逐"瘟神",丙州的村民们遵照神明的指示,焚烧有形的"腌臜"(azan),洁净了村社空间,家家户户焚香、放鞭炮迎送丁王爷巡视与驱疫,由于放了大量的鞭炮、火铳,村社内连日到处弥漫着硝烟,结果奇迹也相应地显现,丙州村有50多人染病,却只死亡了5人,许多人的生命得以挽回。衙口乡浔中村(即衙口中堡社)的丁府王爷也"显灵",也在该村巡游、镇境,驱除"瘟神疫鬼",结果,该村的疫情也很快得到控制,鼠疫逐渐消退,众多的患病者中也只死了12人。而那些没有供奉丁府王爷的村落,或没有请丁王爷去巡查与逐疫的村落则鼠疫横行,损失惨重,死亡者累累。所以,从此以后,丁府八千岁能驱瘟、驱魔、逐疫、逐鬼的威名在晋江南部地区更加闻名,丁府王爷的香火也日盛起来。

后来,衙口的居民迁往台湾时,也从这里将丁王爷的信仰又传播到台湾。如台湾《粘氏源流·渡台开基族谱》载:"乾隆五十五年(1790年)第二十二世德字辈粘寒与其弟粘恩、粘□背带祖父母、父母木主两座,从家乡衙口渡台,今传八代……乾隆五十三年(1788年)德字辈年尚,四十一岁,带五子一妻渡台经商,为求平安顺遂,并带去衙口中堡境主丁王爷神位奉祀,至今传九代。"换言之,清代乾隆时期,衙口的粘姓村民迁居台湾时,就带着其祖先牌位与本村护境镇宅的丁王爷香火渡海前往,他们顺利地渡过台湾海峡到了台湾,最后定居在彰化县福兴乡,创建了顶粘庄与厦(下)粘庄两个村庄,当他们的人口发展到一定规模后,也在那里建起了粘氏宗祠"恒忠堂"和供奉丁府王爷为主神的"宝顺宫"。丁王爷的信仰也因此传播到了台湾彰化县的福兴乡。

　　此外,台湾云林县台西乡也有丁王爷信仰,据粘良图介绍,清乾嘉年间是闽南民众东渡台湾开拓垦殖的高峰期,陈埭丁氏人多地少,除出外经商者,多数只能靠海荡(滩涂)种蛏、割咸草编织为业,为海荡的产权还曾与邻村发生械斗。于是有十六世丁苏、丁派等一批人迁居台湾诸罗县斗六厅开发,繁衍成丁氏聚居村落。该地现属台湾省云林县,因地理位置在台湾最西端而名为台西乡。全乡有15个行政村,3万多人,其中丁姓占60%,近2万人,主要聚居在海口、台西、海南、山寮、光华诸村。丁氏在台西乡,除垦荒务农外,还在海滩种蛏,维持传统生计,保持着陈埭的乡风。其光华村至今供奉"四世祖考仁庵丁公神位",村中宫庙"华阳府"奉祀"丁府八千岁"丁仪神像。丁仪,号汾溪,即陈埭丁氏八世祖,历官四川按察司金事,精于易理,善于折狱,时人称"丁明府,神人也,不可欺也",任官十五年,"家无一垅之植,构室一区,广仅逾仞(七或八尺)"。① 死后被崇为神,晋江一地,多见奉祀。又随迁台晋江人分灵于台湾。山寮村"济阳府"也供奉"丁王爷"。"据当地族谱记载,清光绪年间,光华村人丁自来由县学往福州参加乡试,顺路到陈埭丁氏宗祠谒祖,并带来丁仪神位、神像奉祀至今。"②换言之,台湾云林县台西乡的光华村与山寮村也有供奉丁王爷的庙宇,它们是"华阳府"与"济阳府",它们供奉的丁府王爷为"丁仪",神像是从福建晋江陈埭分灵来的,也就是说该地信奉的丁王爷的祖庙在福建晋江陈埭。

　　然而,陈埭并无专门供奉丁王爷的宫庙,陈埭的居民主要是丁姓,其分布在岸兜、鹏头、江头、四境、西坂、花厅口、溪边等7个行政村14个境中,每个境都有自己的宫庙,各奉自己的主神为境主,如岸兜村雁江境奉祀武安尊王,鹏头村汾江境供奉太子帝(爷),江头村鳌江境奉

---

　　① 庄景辉编校:《陈埭丁氏回族宗谱》,香港:绿叶教育出版社,1996年,第74页。
　　② 粘良图:《晋台宗祠及其姓氏源流》,厦门:厦门大学出版社,2007年,第96~97页。

祀武安尊王、土头境祀奉红地公，四境村上福境供奉保生大帝、下沟境供奉圣侯爷、后锦境奉祀元帅爷、前社境祀奉王公，西坂村西锦境主祀妈祖，花厅口村湖尾境奉祀王公、沟尾境崇拜文相公帝、花厅口境供奉武相公帝、苍盈境祀奉广泽尊王，溪边村龙江境崇拜开闽王王审知，[①]但都没有丁王爷，有的只是在鹏头行政村的汾溪公家庙中供奉有汾溪公丁仪的神像。笔者 20 世纪 80 年代末在陈埭调查时曾进去看过，该祠为"汾溪公家庙"，当时庙内的神案中间供着汾溪公丁仪的神像，左边供着鹏头境主公太子爷和土地，右边则供着佛祖与雷仔神，由此看来，这汾溪公家庙既是汾江小宗的宗祠，也是神庙，内供奉的主神就是供奉于中间的丁仪，不过当地的丁姓，并不称其为丁王爷，而是称其为"老爹公"，看来在当地的丁氏宗族中，是以"祖佛"的形式来称呼他的。

根据《陈埭丁氏回族宗谱》卷十一《世系、谱图》中的记载，"丁仪，庚祖长子，字文范，号汾溪，弘治辛丑科举人，[②]乙丑（1505 年）科进士，历官四川按察司佥事。生于明成化九年癸巳（1473 年）二月十三日，卒于明正德十六年辛巳（1521 年）九月初八日，得年四十有九。配李氏，谥顺正。继李氏，谥纯一。侧杨氏。子二：长曰济川，前李生；次曰松川，杨氏出"[③]。而卷三的《传记、行状》中记："丁仪，号汾溪，弘治乙丑进士，官知县，历吴越荆楚，间多龃龉，晚迁四川按察（司）佥事，卒于官。"[④]其一，从其门生史于光为他写的《汾溪府君行状》的事迹看，丁仪曾在家乡教过书，所以"学者宗之，而称汾溪先生"。其二，他对《易经》

① 叶文程、庄景辉、吴孙权：《陈埭镇岸兜村社会民俗调查》，载陈国强主编：《陈埭回族史研究》，北京：中国社会科学出版社，1991 年，第 238 页。

② 明代弘治皇帝在位的年份中没有辛丑年，只有辛亥、辛酉年，成化帝在位的年份中倒有辛丑年，但由于丁仪生于成化癸巳年（1473 年），当时才 8 岁，不可能中举，所以一定不是这一辛丑年。如果是弘治辛亥年中举，丁仪应是 18 岁，而辛酉年时丁仪为 28 岁，而且离其中进士只有 4 年，所以，族谱中的辛丑年应是辛酉年（1501 年）之误。

③ 庄景辉编校：《陈埭丁氏回族宗谱》，香港：绿叶教育出版社，1996 年，第 443 页。

④ 庄景辉编校：《陈埭丁氏回族宗谱》，香港：绿叶教育出版社，1996 年，第 73 页。

颇有研究,"先生一生之所自期而树立者,尽在于此也,岂徒言哉?"其三,他的诗也写得不错,"与方君棠陵、顾君东桥、郑君少谷、董君璜溪,相与唱和,人咸比建安七子"。其四,其当官时很关心民生,为人民做过一些好事,所以人们盛赞"丁明府,神人也,不可欺也"。而且,他当官还十分廉洁,"宦游一十有五年,官莅两郡两邑,家无一垅之植。构室一区,广仅逾仞"。其五,至孝,对父亲"颜晨夕斋慓,唯恐一息不当翁之意"。"抚弟之孤,不异所生。友诸弟,雍雍肃肃"。所以也被称为"纯孝人也"。① 由此看来,丁仪当的官并不大,而且他对陈埭本地的贡献并不是很大,而是在他当官的地方如海宁、浦江、松江、杭州等地贡献较大,因此,他要被奉为神灵应由其当官的地方的人来奉祀才对,而不应该是家乡的本姓人把他奉为神明。其实,丁仪之所以在陈埭出名,是因为他是陈埭丁氏宗族中第一位考上进士之人,因此他为本宗族的光宗耀祖做出了贡献。所以他的神主牌位除了汾江小宗中供奉外,丁氏的大宗祠中也有供奉。

由此看来,丁仪成为神明"老爹公"或他人所称的"丁王爷",并非是本族人因其在本地的贡献而奉为的,而可能是由其他崇拜丁王爷的人促成的。实际上,我们从鹏头社的境主是太子爷,而非老爹公丁仪,就可看出鹏头的丁氏还未完全将其视为神明,而是祖宗中的一员对本宗族有巨大贡献之一人。据了解,汾溪公家庙是晋江其他信仰丁王爷的人心目中的"祖庙",如丙州人、衙口浔中村人在奉祀丁王爷圣诞前去祖庙"请火""谒祖"的活动,都是到鹏头这里的汾溪公家庙来举行的。根据这样的情况,笔者以为,丙州人、衙口浔中村人认可的丁王爷即丁仪,而且汾溪公家庙成为祖祠与神庙的结合,也是丙州人或衙口浔中村人在建构丁王爷是谁,或找寻丁王爷的祖庙的过程中形成的。换言之,丁仪成为丁王爷是由丙州人或浔中人促成的,而丙州人的可

---

① 庄景辉编校:《陈埭丁氏回族宗谱》,香港:绿叶教育出版社,1996年,第73~74页。

能性最大。

　　为什么这样讲？首先，从闽台两地信奉丁王爷的情况看，是晋江丙州人最早奉祀丁府王爷的。其次，丙州人最初供奉丁王爷时，是由神示而来，其是来自请王、送王仪式，最初也只知道有位姓丁的王爷要留在丙州不走，帮助丙州人驱疫，镇守丙州，造福丙州。再次，根据神示，丙州人也知道这 36 位王爷是由"泉府三十六进士"转化来的。换言之，留下来庇佑丙州人的王爷姓丁，又是泉州府出身的三十六进士之一。而当丙州人要去寻找丁王爷的家乡或祖庙时，这上述两条信息自然将丙州人的目光指向陈埭丁氏。因为在泉州晋江地区，只有陈埭镇这个地方大量聚居着丁姓，人称"万人丁"。在陈埭丁氏中，丁仪又是丁氏宗族中第一位考取进士之人。于是这一姓丁又是进士出身的丁王爷，自然就是汾溪公丁仪了。所以，丙州人就寻找到陈埭丁这里，并在鹏头找到汾溪公家庙，把该家庙视为丁王爷的祖庙，并在此举行宗教意义上的"谒祖""请火"等仪式。陈埭鹏头的丁姓为了适应他者（丙州人）的这一"诉求"，也积极跟进，终于将汾溪公家庙这一本来仅有毅斋公、汾溪公的派下人才可以进入祭拜祖先的场所，改造成宗祠与神庙结合的宗教场所。也就是说，在宗祠中安放了丁仪的神像和其他神像等，让丁姓以外的人也可以入内祭拜。因为根据民间的传统，祖先神主牌位是本姓派下人祭拜的对象，只有本姓的派下人才会去祭拜，因此宗祠只是本姓人祭拜祖先的场所；而神明是属于大众的，神庙通常是不论姓氏的百姓都可以进入去祭拜神明的场所。因此，陈埭鹏头汾溪公家庙改造成宗祠与神庙的结合，应该是在他者的推动下，即借助丙州人寻找丁王爷祖庙的推力才形成的。也就是说，晋江地区的丁王爷信仰先于丁王爷祖庙的信仰，先有丁姓王爷信仰，然后才有丁王爷即丁仪的信仰。

　　在丙州人找寻丁王爷祖庙的推动下，陈埭丁氏这才有了丁府王爷的信仰，并认定丁府王爷即丁仪，并有了将丁仪称为"老爹公"的习惯，这以后，从陈埭前往台湾台西乡的丁氏族人才有将丁王爷信仰传播到台湾台西乡的可能，也因此，台西乡光华村和山寮村所供奉的丁王爷也都是丁仪，而且从"据当地族谱记载，清光绪年间，光华村人丁自来由县学往福州参加乡试，顺路到陈埭丁氏宗祠谒祖，并带来丁仪神位、神像奉祀至今"的情况看，在光绪之前，陈埭就有了对"老爹公"丁仪的崇拜。

然而，云林县口湖乡崙中村下崙福安宫却认为，他们供奉的丁府八千岁虽来自晋江丙州，但丁王爷却非丙州供奉的丁仪，而是丁仪的侄曾孙丁启濬，其形象为左手拿着书卷，右手执笔。福安宫的《丁府八千岁生平事迹》云："丁府八千岁是明朝末年，生于福建省泉州府晋江县陈江，俗名丁启濬，字亨文，号哲初，继号廖江，明万历十六年（戊子，1588年）获乡举，万历二十年（壬辰，1592年）中进士，曾任宝庆、杭州二府推官。处事精明毫不敷衍，累年积案，立即清理办妥，绝不苟且拖泥带水，有半神仙之称。升任户部主事，转吏部文选。迁考功员外。为官清廉，绝不收取红包贿赂。蒙朝廷重任，起文选司郎中，未及上任，服母丧，待服除，补原官，再擢升翰林院提督四译馆太常寺少卿，调南太仆少卿。崇祯初为太仆正卿，晋刑部右侍郎。适逢刑部都察院二正卿俱缺，于是兼理二职。时有礼部尚书温体仁，系魏忠贤之党羽，挟私怨，讦奏钱谦益，朝廷察知其奸，令司法者将温体仁审问后治罪，御史郎署无人敢办，丁启濬毅然不惧恶势力，依法论告，大义凛然严正立场绝不妥协，逼使温体仁无词以对，以温体仁为首的一干奸党，其罪行终于被揭发，可惜当时正直忠良者寥若晨星，不能一举清除奸党，后来又被奸党乘机坐大。掌管织造的太监李实，也是魏忠贤的党羽，李实为图奸党势力壮大，不惜杀害忠良，捏造罪名，上奏朝廷，害死周起元、周顺昌、缪昌期等十三人，丁启濬欲究办李实罪责，建议朝廷将李实处死以儆效尤，适逢温体仁当宰相，以其权势之掩护，更使奸党肆无忌惮。丁启濬见满朝奸党有滋蔓难图之势。虽义愤填膺，可惜无法铲除而告病辞职回乡。归隐未几年即辞世，年六十八岁。追赠刑部尚书，著有《平圃文集》《平圃诗稿》流传后世。因为丁尚书自幼至老，手不释卷,凡历代沿革典故,谙练习熟,故神像造型右手拿笔,左手拿书,头微倾做看书状,此乃台湾独一无二之神像造形。"①在这篇生平事迹中,除了把丁启濬的继号"蓼初"写成"廖江"外,基本的事迹都与《晋江县志》卷之三十八《人物志》"名臣"之二中的"丁启濬"条、《陈埭丁氏回族宗谱》卷三中的《丁启濬》行状与《刑部尚书祖蓼初公行状》中介绍的差不多,并有所节略。

此外,《下岑福安宫沿革志》还建构了丁启濬为何会被人们尊称为丁府八千岁的传说故事,该志的《丁府八千岁封号》说,丁启濬一家三代进士,为官显达,为人谦逊,刚正不阿,高风亮节,饮誉华夏。据民间传说:当年乾隆下江南,在杭州问知府,"此地历朝名臣贤士,试举一二"。知府跪奏:"吾主圣明,良臣贤士众多……明臣太仆寺少卿丁启濬莅杭时,刚正廉明,爱民如子,断案如神,民称'半神仙',可谓良臣。"乾隆命道其详,知府又奏:"丁公后因弹劾太监李实罪行,被魏忠贤奸党陷害,昭雪后,钦赐'权宜行事',出巡江南,到处为民除害造福,卒赐刑部尚书,御赐祭葬荫子。杭州百姓感念其丰功硕德,建造丁公祠奉祀。"乾隆听后沉吟片刻,然后说"宰辅三公为九千岁,彼乃八千岁也"。从此,丁尚书又称"丁八千岁"。② 换言之,下岑人认为丁启濬被称为丁府八千岁是乾隆皇帝封赠的。由此可见,在下岑人看来,丁启濬比丁仪适合当丁王爷主要是因为丁启濬生前所当的官比丁仪大,如丁仪仅官至四川按察司佥事,而丁启濬则生前官至刑部右侍郎,死后获赠刑部尚书,而且后者生前的事迹多一些,并由于为福建德化人做了大好事,而被德化"士民欢欣颂德,建祠生祀"过,③其官衔也与丁府八千岁的名号更加吻合,所以,他们才认定丁府八千岁王爷是丁启濬而非丁仪。

---

①　下岑福安宫管理委员会:《下岑福安宫沿革志》,1993年,第4~5页。

②　下岑福安宫管理委员会:《下岑福安宫沿革志》,1993年,第6页。

③　庄景辉编校:《陈埭丁氏回族宗谱》,香港:绿叶教育出版社,1996年,第83页。

　　总之，从上面的一些情况看，在闽台两地，有些地方有崇拜丁王爷的习俗存在，在大陆的晋江，陈埭镇鹏头村的汾溪公家庙、衙口浔中村的丁王府、金井镇丙州村的玉安宫三处供奉丁王爷，后两座宫庙都认鹏头村汾溪公家庙为祖庙。在台湾，彰化县福兴乡的顶粘村和厦粘村的宝顺宫、云林县台西乡光华村的华阳府和山寮村的济阳府、云林县口湖乡苍中村下苍福安宫也都奉祀丁府王爷，宝顺宫的祖庙是衙口浔中村的丁王府，华阳府、济阳府的祖庙是陈埭鹏头汾溪公家庙，福安宫的祖庙为晋江金井丙州的玉安宫。他们所供奉的丁王爷都是丁府八千岁，但除了福安宫供奉的丁府八千岁为丁启濬外，其他的供奉的都是丁仪。正如我们上面考辨的，从丁王爷信仰的起源与演变情况可以看到，在王爷信仰原生地形成的王爷信仰，最初多由请王、送王仪式而产生，王爷信仰的初期只能知道王爷的姓，以后，人们再根据这一姓去寻找这一姓氏历史上的有名人物填空之，然后，再根据这一人物的历史经历去建构该姓王爷的生平事迹，并持续地创造或建构他的灵验故事，从而逐渐将一位神明的神格完美化。因此，王爷信仰的形成历程应为，先有某王爷的姓，然后才有某姓某名的王爷。

　　本文原载周仪扬主编：《谱牒研究与海洋晋江》，北京：华夏出版社，2011年。

# 海丝之路沿岸国家马来西亚、印尼的 闽南人文化——王船祭

　　海丝之路沿岸国家如马来西亚、印尼等的华人其祖籍多为中国闽南,故至今仍传承着闽南人文化的许多特质,其中最具闽南人特色的文化现象,当属"王船祭"了。

　　王船祭亦称"送王""送王船""请王送王仪式""烧王船""做好事""做祖事"等,其的确是闽南人独有的一种民间信俗形式或宗教实践活动。在闽南人生活的核心地区中国福建南部的闽南地区,王船祭主要发生在泉州湾与厦门湾的沿岸地区,其他闽南地区几乎是不存在的,过去甚至有"王爷入永春,蚀本十三万"这样的俗语来说明山区没有王爷信仰的现象。闽南地区的王船祭分定期与不定期两大类。不定期的如泉州富美宫的送王仪式,多因地方不靖、不宁才举行,而且其程序多为富美宫的主神萧王爷(萧望之)奉命派遣手下的各姓王爷用王船押送瘟神或邪煞、污秽等出境的形式,故其多没有请王程序,而只有送王程序。

　　定期的请王送王仪式又可以分为两类,其一为请王爷来当地驻跸、镇守几年后,再行送王爷离任的送王仪式的形式,即请王与送王仪式相隔几年的形式。其二则是请王与送王的仪式在短时间内完成的形式;而且在后一类中,还包括了一些不造王船,甚或连王爷也不糊制的简单的请王送王形式。下面我们粗略地看些实例:闽南厦门湾中的王船祭多定期举行,有的每年举行一次,有的隔二年,有的隔三年,有

的隔五年、六年,有的甚至隔几十年等,不过送王的时间多在农历十月,一般不会超过冬至。这种定期举行的请王送王仪式可以分为请王与送王相隔几年的王船祭与请王没多久就送王的王船祭两种类型,而后一种类型中还包括了一类简单的、没有用王船的形式。

# 一、请王与送王仪式相隔几年的形式

在厦门市同安区的吕厝社区,就存在着这类请王送王仪式。吕厝社区定期在子、辰、申年请王、送王。一般的情况是在"王爷年"的农历正月初四迎接新任的王爷,而在农历十月里送上一任的旧王。如以一任王爷的情况看,这种举动为请王后,需在四年后才送王。其过程大体如下:

## (一)请王或接王

据吕厝华藏庵边上的《华藏庵史略碑志》记:"代天巡狩以子、辰、申命任岁次。是年孟春初四迎接新任王爷。此日,吕厝、卿扑、三社吕(四口圳、古湖、后垵)旗鼓辇队,更有迢郡邻邑邻梓之众多善男信女,千里不辞,诚心而至,共赴海沿,迎接新任王爷。"过去多在吕厝村何厝社的海边迎接王爷,2016 年则在海边新修的迎王文化园的广场上迎接王爷。王爷接到后,则顺着吕厝和何厝社区北的大路返回,先到何厝祠堂拜庙,然后走到同溪车路上,再从那里转进吕厝社区,先到吕姓祠堂拜庙,然后回到华藏庵,并在当天或隔天由乡老与童乩们用卜贝或扶乩等方式来了解新任王爷的尊姓。如 1940 年请的是魏王爷,1944 年为苏王爷,1948 年迎的是吴王爷,1952 年迎到的是朱王爷,1956 年迎的是李王爷,1960 年请的是蔡王爷,1964 年迎到吴王爷,1968 年迎到郭王爷,1972 年迎的是苏王爷,1976 年迎到朱王爷,1980 年请的是李王爷,1984 年请到吴王爷,1988 年为许、吕、古三位王爷,1992 年请的是吴王爷,1996 年迎到李王爷,2000 年迎的是林王爷,2004 年为郑王爷,2008 年为纪王爷,2012 年迎的是郭王爷,2016 年接到的王爷姓孟。正月初十,新任王爷及华藏庵众神需在吕厝境内巡行驱邪赐福。

图1　2016 年福建厦门同安吕厝迎王盛况

### (二)请新任王爷到各村坐镇

这科王爷入华藏庵后的几个月中,附近的一些村落会派人扛着神辇来此,把新王爷的名号写于一张红纸(即神位)上,放于神辇中抬回村里拜拜并让新王在该村驻守四年。这种活动俗称"请火",其范围大体是以现同安区的西柯镇、祥桥镇为主,例如西柯镇的潘涂村农历二月十二接去新王,下山头村三月十五接新王去该村镇守,祥桥镇的四口圳村是正月十六接新王,等等。

### (三)农历三月举行俗称"迎香"的巡境或绕境或出巡活动

据《华藏庵史略碑志》曰:"季春望日,各村筹精巨形异式多种艺术行伍,据四口圳埔会合,序列视察大游伍,游览村道。翌日复聚卿扑,依此续游,俗曰迎香。"此项活动在近年已取消。

### (四)决定送王的日期与时辰

四年后的王爷年六月决定送走旧王爷的日子与时辰。事先庙方会请择日师选几个日子与时辰,然后在王爷前卜贝决定,确定后张榜公布。如1992年六月决定送四年前接来的戊辰科王爷的日子与时辰为农历十月廿九凌晨四时。这样,四方善男信女就有所准备,届时会赶来参与送王仪式。

### (五)送王回庵与竖高灯

从农历八月开始到十月,凡在四年前正月到三月间请当年新任王爷到本村坐镇的各村落,都会陆续把请去的王爷神位送回华藏庵,然后一起在吕厝华藏庵送王时送走。

农历十月初二,吕厝和东头埔村都要竖起高高的灯篙,使"旧王调本部他镇兵将返庵,期待离任出发"。此外,从十月初二开始,吕厝华藏庵理事会就从厦门市请匠人来此地,在何厝的何姓祠堂里糊王爷、差役、神驹、王船等,而这些都需在十月二十六以前完成。而在糊王船的过程中也有"祭签"等仪式。如2012年择吉于农历九月十二吉时,请道士"安签",并由吕厝社区德高望重的四代长者或造船师傅开斧,开始造王船。

### (六)迎王、敬王、送王

1992年十月廿九送戊辰科王爷的那天早上,吕厝华藏庵先派人去隔壁村子何厝的何姓祠堂中,将制作好的王爷、王爷的手下、王船等迎到吕厝华藏庵布置好,开光后,接受村民的敬奉,同时也有道士做王醮。下午,王爷的神辇在吕厝村与东头埔村中"吃香接",接受村民的"敬王"供奉。廿九日半夜,王船启行先迁船至王船地(即烧王船的场所)。凌晨四点左右,由乩童等来到华藏庵上身告之可以出发后,大伙

图2　1992年吕厝送王的王船

扛着王爷等到王船地,将王爷送上王船,然后点火,送王爷"游天河"离任。[①] 现则有所改变,迎王到送王用三天,如2012年壬辰科于农历十月廿五至廿七凌晨举行。廿五日先举行吕厝社区的答谢祭祀,家家户户杀猪宰羊,华藏庵前摆上500桌左右的供桌,每桌至少有一头宰好的生猪为主要祭品,有的还加上一头羊。先敬拜天公,再敬拜王爷及本境的众神明。廿六日上午八点半前往何厝王船厂与糊王爷之所何厝祠堂请王,一公里长的请王队伍从华藏庵广场出发到何厝请王并巡境,然后,王爷安座于华藏庵前的临时"代天府"中开光,王船停于广场东南,让广大信众祭拜。廿七日子时(廿六日凌晨12点左右),本境乩童在王船的东南西北各方位施法"安船",以祝愿王船出航平安、逢凶

---

① 石奕龙:《同安吕厝村的王爷信仰》,载庄英章、潘英海主编:《台湾与福建社会文化研究论文集》,台北:"中央研究院"民族学研究所,1994年,第192~198页。

图 3    2012 年吕厝送王时的王船

化吉;接着点眼"开光",以使王船航行时眼观八方,一帆风顺。丑时左右,王船迁船至一公里外的水边"王船地",头朝东南。社区老大和工作人员将信众供奉的"添载物"装入船中,此俗称"添载",等候王爷启程。寅时左右,乩童为王爷金身做了法事后,王爷动身启程,本境旗队、开道、乩童、辇轿等开路,王爷及其班役、侍从、大白马、凉伞等随后,后面则是送行的信众,一起去"王船地"(送王地)。王爷等上船后,升起三只桅杆的船帆,表示准备出发。凌晨四点由主事人点火,王船在熊熊烈火中起航、化吉。

## 二、请王与送王仪式在短时间内完成的形式

在一个较短的时间段中连续完成请王与送王仪式的形式在闽南地区比较多见,漳州市角美镇鸿渐村的请王、送王仪式就是其中一例。

鸿渐村请王与送王仪式定期在鼠、兔、马、鸡年的十月举行。

2005年为鸡年(乙酉年),即村民所谓的"到科年"。在农历八月初十,鸿渐村的凤山宫组织村民到钟山村的王爷庙水美宫"刈香",并在那里卜贝,问今年来的王爷的姓氏。通过卜贝,得知今年"到任"的王爷为"朱王爷"。"刈香"以后,凤山宫理事会又派人去请角美镇龙田村的道士推算"王船龙骨开斧"(即签祭)、竖灯篙、请王、开荤、送王的吉日与吉时。根据推算,选出农历九月初二王船龙骨开斧,九月三十竖灯篙,十月初一请王爷或迎王爷,十月初四开荤,十月十一到十三举行"王醮"与送王。此后就根据此择定的吉日与吉时从事仪式过程。

### (一)签祭

农历九月初二,理事会请来道士、木匠和纸扎师傅,由他们在许氏大宗祠里举行王船龙骨开斧仪式。然后以宗祠为王船厂,在里面糊王船、王爷等,并供奉"厂厅公"(厂官公)与妈祖,他们是造王船的监督官与护送王船出海的保护神。从事完签祭后,由木匠师傅造船的骨架,再由纸扎师傅完成王船、王爷及其随从,如侍女、印童、吼班、差役以及请王送王时需要用的一些纸扎器物。

当师傅们忙着为仪式准备纸糊的王爷、王船等时,宫庙理事会也在请王仪式前抓紧选出这次科仪的头家和"主会"等,他们将充当王醮中的主祭等。

### (二)竖灯篙、布置醮场

根据理事会的通知,鸿渐村的各家各户在九月三十日(公历11月1日)都换上新的门联,竖起灯篙(阳竿)。理事会的成员则负责布置村里的各宫庙,村中的三座庙宇前都竖起了灯篙,换上了新门联,如太保公庙的门联曰:"向阳门第纳千祥,如意人家生百福",横批为"代道宣扬"。凤山宫中门的对联为"代天巡狩宣德化,为是解厄布仁风",横批为"代天巡狩";左边门的对联为"天泰地泰三阳泰,神安民安合境安",

横批为"五福盈门";右边门的对联为"建醮三朝庆吉祥,天恩吉庆表诚心",横批是"吉祥贵富"。凤山宫作为客王的"代天府",其庙前竖了两支灯篙,一阳一阴,以便邀请招呼神灵、鬼魂等来赴宴。大宗祠因暂作"王船厂",其门前也竖有两支灯篙,对联也新换成"合家平安添百福,满门和顺纳千金",横批则是"五福呈祥"。

灯篙竖起,象征该村落正式进入仪式时间,由这一天开始,他们需要斋戒三天,吃素净身,并以素的供品祭祀王爷,以示虔诚敬意。灯篙竖起也意味着建构了一个仪式空间,表示信众在这一空间向天神、地祇、鬼魂等发出邀请,欢迎他们来这一仪式空间中亨宴,共襄盛举。

### (三)请王与净灯篙

农历十月初一早晨五点(卯时)左右,来自角美镇龙田村自静靖应会坛的道士就和理事会的人一起,抬着凤山宫的神灵到村中许氏大宗祠门口迎请王爷。他们在那里吹法号、摇帝钟等,用盐米、净水洁净后,为纸糊的王爷以及随从等开光,表示请到王爷,然后敲锣打鼓将纸糊的王爷神像迎到凤山宫中安座。

在闽南地区,民间认为这类王爷为代天巡狩王爷,如凤山宫的理事许阿强就对笔者说,王爷是代天巡狩王爷,替玉帝巡狩民间。另一位村民则说,王爷是巡按,过几天村里把王船做好,上面会挂十几盏灯笼,那是王爷巡按的省份。他每隔两年来这里巡狩一下,住几天就走,不常驻扎在村里,而且每次来的王爷姓什么也只有"到科年"时通过"问神"才知道。所以,有请王送王祭典仪式的村落几乎都没有代天巡狩王爷自己的庙宇,因此,当这类王爷来到一个村落时,通常都需要借用当地主要的村庙或祠堂作为临时驻跸的"代天府",以便村民举行仪式。也因此,闽南的俗民常说"无柴雕的王爷,只有纸糊的王爷",他们都是"客王"。鸿渐村凤山宫的主神为保生大帝,配祀神中虽有一尊王爷,但他并非2005年乙酉科所请的朱王爷。

当把纸糊的王爷神像请到凤山宫时,宫庙理事会的人把本科轮值来的朱王爷,即纸扎的王爷神像摆在正殿的位置,其旁各有一执扇侍女与一中军印童,一班扛着回避、肃静长脚牌的吼班则安置在两旁低处。而在前殿(即门厅)正中摆放的八仙桌上,安置本庙中的王爷木雕神像,其左侧的八仙桌上则安置纸扎的监督造船与护航的厂厅公(厂官公)与妈祖及妈祖的部将千里眼、顺风耳和一班吼班随从。同时,凤山宫中也挂出"王府"龙灯和"三朝王醮"的宫灯,以表示这一仪式时间里,凤山宫就是代天府。

代天府布置好,摆上素供品(因是斋戒期间),道士和庙中的"三坛头"联手为之净场,同时也为庙前的灯篙做了"祀旗挂灯"的净灯篙科仪和安上符箓,在把庙宇神灵所属的五营神兵派出后,他们就到村中竖有灯篙的家庭去做"净灯篙"的仪式。由于竖灯篙的人家不少,所以道士们兵分三路到竖有灯篙的人家"净灯篙"。

### (四)斋戒期间的祭祀与开荤、添载

九月三十日,竖起灯篙后,村民开始斋戒,素食净身,以表示对神的敬意。在这三天中,凤山宫中的供品都是素的,如果盘、饯盒与甜茶,村民去凤山宫代天府"敬王"时,供奉的也是素食,如斋菜、水果等。

斋戒三天后,于十月初四开荤,即开始用三牲祭祀天公、王爷。除了代天府外,各家在这天的早晨也需在家里摆一个"天桌"用三牲祭祀天公,以表示开荤。这以后到初十为止,村民就可以带着三牲、五牲甚至生的整猪、整羊来庙里祭拜、"贡王",并根据理事会的通知,给王船添载,一家至少添载金纸600张、米两担、柴两担(即四小包米、四小捆柴,以代表米两担、柴两担,也代表送给王爷等的柴米油盐,而且多多益善)。

### (五)装饰王船等

美轮美奂的王船是送王祭典中的主角,在请王前,木骨与竹骨扎

成的船体已做好,请王后,糊纸师傅就需要在十月十三日前将其制作与装饰好。师傅糊纸、裱布把船形弄好后,再用彩纸等装饰。船首"犁头壁"上画有对称的、上涌的浪花纹,上面有一阴阳相拥的太极。犁头壁上方,装饰一立体浮雕的狮面吞口,以模仿古代官船的模样。船尾装饰着双龙抢珠的图案,并写有"顺风相送"的吉祥语。后舱尾上设有奉祀妈祖和厂厅公的官厅,官厅的后部插着五方龙旗或五营旗。船的中部则有代天府。船身的"船稳"之下为白色,上装饰一些水波纹、云纹;"船稳"之上的船帮,装饰着八仙和一些代表富贵吉祥的图案,以及画有"龙目"与泥鳅,前者象征土船即真龙,后者则代表船体滑溜,能快速行进。船帮上还插有水手、神将等纸扎神像和许多小旗,船帮两边各有些十二生肖旗;船头两旁各插有写着"代天巡狩""合境平安"的红色醮旗;船尾则插着写有"三军元帅""天上圣母""帅"的黄色令旗。此外,船尾部还插有纸糊的"万民伞",表示这船是一艘"官船"。甲板上有三根桅,此外如船舵、锚锭等也一应俱全。

图4　2005年漳州角美镇鸿渐村的王船

图5　2015年厦门港龙珠殿制作的王船

　　除了装饰王船外,糊纸师傅还需扎一些其他神像与物品,如普度用的"大士爷""浴室",门神殷郊、殷洪,镇守路头的"路头尪仔",挂在船上的省份灯笼,让村民还愿用的戏盒等。

## (六)建立神坛与闹厅

　　十月十日下午,龙田村的道士们来到鸿渐村,他们先在庙里搭建王醮期间的神坛,民间俗称此为"排三宝、点天灯"。他们在凤山宫的后殿设三清坛,在纸扎的王爷神像周围挂上三清、四御、天师、雷公等的布质神像,每张神像下有一神案,上供着给神灵的疏文。王爷神像前安置有长条神案,上蒙着写有"代天巡狩"名号的"八仙彩",上供着四个"斗灯"。其前面的供桌上,也排列一排疏文,并放有罄、木鱼等道士做仪式的法器。桌子前有一小空间,为道士做仪式的空间。而在内坛的坛口则设一个"金阙",以其来隔断内外。

　　三官坛则设在前厅,其正中供奉宫庙中原有的木雕王爷,而且把前几日安放在王爷近旁的差役、吼班等也移到这位王爷的身边。其左边仍供奉着纸扎的妈祖与厂厅公。此处为开放的空间,村民可在此供奉祭品与上香。

神坛安置好后,需要"闹厅",所以在晚饭后大约八点左右,道士们集中起来在三清坛中敲锣打鼓半个钟头,理事会的工作人员则在庙门外放鞭炮,热闹一番,象征王醮的道场已设立,三朝王醮的仪式准备就绪。

### (七)消灾祈安醮会

十月十一日,王醮正式开始。这天所做的科仪,道士说是"祈安清醮",村民则说是"王爷醮",各有各的表述。清早五点,道士就盥洗净身穿上道袍后起醮,他们启鼓、发奏表文、请神、竖旗,念了十几道牒,竖起七星灯、玉皇旗,为门神开光,"启请圣真洞"等各路神仙光临,拉开三朝王醮的序幕。宫庙的三坛头也行动起来,在庙前用清水与草料等"犒兵马"(也称"犒军")。起醮后,道士们贴出"灵宝祈安植福金章"的榜文告示,训令境内阴阳两界,遵循法纪,扬善除恶,并告知今年参与王船祭典的村中执事以及各家户主名单以及仪式的程序等。

早饭后,道士们分为两大组,一组在庙中从事祈安消灾醮会,一位道长在庙中诵经、献敬,头家中的三主今天轮到在庙中代表全村人跟着道长做主会献敬、午敬等科仪。所念的经文有灵宝五斗真经、灵宝三官宝忏、三官经、玉枢经、灵宝祈安清醮朝天宝忏等。另一组则是到各家去做"入户祈安"科仪。晚上,三清坛内举行"分灯卷帘"的科仪。村中的戏台上则演着酬神戏。在正式演出前,演员需扮成天官、八仙、状元夫妇的模样来到凤山宫,在庙堂内祭拜一下,表演传统的"三出头":天官赐福、八仙贺寿、状元送孩儿,祝愿鸿渐村村民能有福禄寿,添丁、添财,仪式完成后才返回戏台去演"大戏"。

### (八)进拜朱表

三朝王醮第二天的主要科仪,道士称为进拜朱表,也称登台拜表,而村民则俗称为"天公祭"或"拜天公"。十月十二日一大早,天还没有亮,代天府门前广场已经搭好一个临时的神坛,原内坛坛口的金阙临时移到台上,挂在那里象征南天门,其前的供桌上安置一个纸扎的宫殿,内有玉皇上帝的神位,以代表天庭,供桌上还有斗灯与道士的法器、香炉等。台下则有一些供桌,最前面供着一头嘴里含着一个柑子的生猪,后面的供桌上则供着公家与头家的供品,每份既有包括猪头在内的三牲、发糕、年糕、红龟粿、红圆、甜饭与装有各色水果的果盘、馈盒、茶、酒、天金和寿金制成的元宝、黄色的高钱等。各家各户自己扛一小桌按顺序排在广场上以及庙两边的路上,桌上面堆满了各式供品如三牲、红圆、红龟粿、酒、茶与天金、寿金、高钱、鞭炮等,香炉中点着香,桌上点着红烛,使这个庙埕广场被挤得水泄不通,香烟缭绕。

清晨六点吉时一到,道士团开始做"灵宝祈安清醮进表"科仪。道士先在坛下的供桌前念灵宝祈安清醮进表科仪的经文,邀请天上神灵前来参加祭典盛会,然后登上象征天界的神坛,在坛上祭拜、"送天书"、进表、诵"灵宝祈安清醮进表科仪"经文等。

早饭后,道士分成两组,到有竖灯篙的村民家中去做俗称"拜灯篙"的入户祈安仪式。庙中则留有一道士念经、做午敬等。

晚上在代天府前的小河边举行"燃放水灯"仪式。七点左右,高功道士在水边念祭文,执事人员在岸边烧纸钱后,往水中施放了 12 只水灯,并将带来的供品尽数洒入水中,意为燃放水灯普照晶宫泽国道场等,照亮黑暗的水面,祈求神灵等保佑人船平安,禳除灾难,去祸迎祥。

### (九)迁船巡境

十月十三日,道士说这天的仪式为普度、烧船,而村民说这天主要是送王。上午七点左右,在道士与三坛头的合作净场下,王船从祠堂的厅堂中移到祠堂前的埕上,此为"王船出厂"。村民将王船固定在一个用杉木做成的架子上,并安上生肖旗、五营旗、醮旗,把桅杆、船帆等放在船的甲板上。

八点左右,凤山宫的三坛头再次用盐米为王船洁净,道士则吹着法号为其助威,然后,放起一阵激越的鞭炮,聚集在祠堂门口的锣鼓队、西乐队也奏起乐来,顿时锣鼓喧天,西乐队的进行曲响彻云霄。在此喧闹声中,村中 16 名男性村民将王船抬起,船上有一"舵公"敲一面小锣指挥,一支浩浩荡荡的队伍开始出发,此即"王船出澳"去村中绕境巡游。这种"迁船巡境"或"王船巡境"的主要作用就是为鸿渐村每个社的村民做最后"押煞"的工作。因此,王船所到之处,各家各户燃放鞭炮,摆香案持香膜拜迎送,祈求改运纳福,并将晦气、厄运、邪煞、污秽等让王船"载"走。绕境完,王船停在王船地,即凤山宫后的一块空地上。

### (十)祭船

王船落地后没多久,庙中的三坛头、主会等开始布置俗称"船头醮"或"祭船头公"的祭船仪式的场所,他们在王船前面插上黄黑两面大旗,黄色的大旗上写着"无上正真三宝天君、太上无极大道、玄中紫洞宗师、三十六部尊经,混合百神,告盟三界,祈安清福、道庆迎祥"等神灵的名号与祈福语言,实际上是一个巨大的符令。黑旗据说则象征该地是送王也即烧王船的地点,这些都是王醮中的器物。此外,也在船的前面安置了供桌等,并给王船装上十八个写有各省份如福建、广东、广西等名称的灯笼,这些灯笼表示王爷是十八省的巡按,同时也表示王爷将去这些省份巡游。

各家各户也在这段期间,陆续来到王船前摆上供品祭拜。十点半左右,去入户祈安的道士和头家们回来,他们集中在代天府拜祭王爷后,鱼贯来到王船前举行俗称"船头醮"或"祭船头公"的祭船仪式。道士在榜文上则称此仪式为"和瘟净醮"。

这时王船前摆满各家的供桌,上面满是供品。道士则在供桌前诵念《灵宝禳灾船醮科仪》经文,然后为王船"净船""开光""开水路",将王船的两个木制的锚锭放在王船前的两桶水中,表示王船已停泊在港湾中,可以准备起航了。

### (十一)登座普度

烧王船之前需要做的最后一个大型祭礼就是道士所说的"登座普度",民间则俗称"做普度",其主要就是祭鬼,为孤魂野鬼钱行。由于凤山宫前的广场比较小,普度场面铺展不开,所以普度的道场改在村中心的广场上举行。在村中心的戏台对面设有一个普度公坛,内供奉着还未开光的普度公。戏台上,执事们为道士的科仪设立了一个神坛,一溜供桌像主席台一样地横在戏台的前部,供桌上摆着道士的法器,如木鱼、铙、帝钟等,和要施舍的供品如馒头、水果、糖果、饼干、香烟、大米等,中间的一张桌子上压着一张黄表纸写的"本坛疏"。戏台下还堆着一些给孤魂野鬼用的斗笠、草鞋、毛巾、肥皂、牙刷、牙膏、扑克、纸牌、象棋等,和两个纸扎的浴室,其分男女,据说这是给来享用普度盛宴的男女幽魂分别净身使用的。戏台下的广场上,家家户户早已自己扛来小供桌,上面摆满了祭品,其中除了香烛、三牲、果盘、钱盒之外,还有专用于祭拜鬼魂的白米和饭菜,以及银纸、库银、经衣(上印着各种日用品,如裤子、衣服、锅、手表、电冰箱、热水瓶、电视、音响等,代表给鬼魂带到阴间使用的器物)、龙图(上印有官服的图案,给鬼魂用的)等。

下午三点左右,普度的吉时一到,道士团在乐师们的伴奏下,来到普度场,先为普度公开光,让普度公坐镇,而使各路鬼魂不敢乱来。然后,登台而坐,面向台下的信众诵念《灵宝禳灾祈安普度科仪》的经文和疏文。根据道士科仪的进度,头家代表信众在普度公前拜请各路鬼魂来到醮场,去浴室沐浴后出来享用祭品。在台上的指令下,信众们纷纷将自家带来的经衣、龙图等,拿到普度场专辟的一个角落,将其堆成一座小山,烧给孤魂野鬼们带回阴间使用。待道士们诵念一会儿经忏后,就开始进行"普度品洒孤净筵"的仪节,道士将供桌上的祭品一一画符洁净,打上手印后,洒向台下,台下的信众也纷纷拥到台前争抢。据说将这些道士洁净后洒下来的祭品包起来放到自家的米柜里可以驱魔避邪，保佑自家五谷丰登、平安吉祥。待此施舍仪节结束后，普度仪式已近尾声。五点左右，道士们念完经文，发出可以烧金的指令，台下的信众就将自家带来的银纸送到焚化处，而主会执事们则把普度公、纸扎的浴室、斗笠、草鞋等公家备置的普度物品送到焚化处，点火烧化，村民们也把带来的鞭炮扔进火中。在震天响的鞭炮声中，道士团下台返回宫庙中，信众也开始收拾物品散去，准备迎接整个王船祭典最高潮的到来。

### (十二) 烧王船

烧王船即民间俗称的"送王"或"送王船"。"送王"就是"恭送王爷启行"的意思，在道士的榜文上写为"送王爷归洞府，送仙舟归海岛"。所谓"送王船"是因为王爷启行多乘船而去，所以民间也称"送王"为"送王船"。在清朝中叶以前，闽南地区在送王时多采用以木制王船"送水之滨"的放之水中流走的方式，俗称此为"游地河"。但是后因为木制王船漂到他地后有"祸延他地"之弊，或有出海不便、堵塞航路之弊等原因，所以在清中叶之后，闽南各地逐渐改用火化纸糊或木制王船的方式来送王了，此俗称为"游天河"，也即现在人们常说的"烧王船"。

根据道士事先的择定，农历十月十三晚上八点半为"烧王船"的吉时。六点多吃完晚饭，宫庙里的执事们就开始为送王做准备了，他们将堆在庙里、村民送来为王船添载的柴、米、油、水、锅及船上的贵重物品装到船上，金纸则堆在船的周围。在他处贴着的王醮榜文也揭下来，送到船上，镇守在村中十一个路头的"路头尪仔"也撤回来，先放在庙里。

七点半左右，凤山宫就开始热闹起来，送王的村民陆续来到宫庙附近，把广场、道路都挤得水泄不通，在宫庙边上候场的西乐队、威风鼓等这时也开始吹吹打打演奏起来，乐曲声、鼓声震耳欲聋；有些村民在王船周围施放烟火，各式各样的焰火冲天而起，绽放出漂亮的图形，也映亮了夜空。

八点左右,道士团在王爷前占卜获得神灵准许后,执事们将安奉于代天府的王爷、印童、侍女、妈祖、厂厅公、差役等几十尊纸糊神像送出庙门,在净香炉的前导下,送到庙后的烧王船地点,并依其角色的不同,一一装进王船内各厅舱,各安其位。而门神、路头尪仔等则送到凤山宫前的广场上,送走这些神灵后,凤山宫关起两个边门,表示王爷已离开代天府。

八点半左右烧王船的吉时一到,道士在王船前做了简单科仪之后,执事即开始点火"送驾",有的在宫庙前点燃了纸扎的门神等,有的则在王船的头尾点起火来,火舌一点一点地在王船上升起,不一会儿,就迅速地吞噬了整个船身,边上送王的人群看着火焰的升腾,不断地喊着:"发啊!发啊!"与此同时,各式焰火齐放,绚丽的火花在空中绽放,照亮了整片夜空。鞭炮声、锣鼓声、唢呐声更是响彻云霄。众人执香作揖恭送王爷出海,祈求好运留下,坏运带走。烧了好一会儿,在信众们的注视中,船的骨架坍塌,尾桅头桅也相继倒下,最后中桅也终于被大火烧断而倒下。根据民间的习惯,中桅倒下就象征着烧王船仪式的结束,中桅倒下指向的村庄将会兴旺发达;同时,那个方向也成为醮后首先拆灯篙的方向。因此,当送王的人们见中桅倒下,即知道此次烧王船仪式结束,王爷等已乘着王船游上天河,又去别的地方执行代天巡狩之职。至此,各艺阵和信众也相继离去。

### (十三)净油押煞

烧完王船后,代天府前的灯篙也熄了灯,表明各路神灵已离开。宫庙的执事和道士们还得马上进行俗称"喷油"的净油押煞活动,洁净各家各户。由于需在夜里完成,而村中家户也比较多,所以道士和庙中的执事人员分成五队到各家去做净油押煞的科仪,以便在规定的时间内完成。每一队都有好几个人,其中一人敲锣,一道士吹法号念咒,一人持一把长柄大勺子,勺子里盛着火油,并点燃着,另一人则提着一瓶酒精或烈酒,每到村中一家,就在其家门口往油火上喷酒精或烈酒。碰到雾状的酒精,勺子里面的火会顿时"噗哧"一声腾高起来,发起尺把高的火焰。这象征着为该家洁净,腾升的火焰也有发家的意思。鸿渐人相信,通过这样的"喷油"押煞洁净之后,就能家宅平安,兴旺发达。

### (十四)谢天公

十月十四日,送王祭典完成的隔天,宫庙和竖有灯篙的家户都将灯篙卸下来。由于鸿渐人将做灯篙的竹竿留下来以后继续使用,所以只把灯篙头部加设的龙眼枝拆下来,祭拜一下灯篙神,然后和金纸一起烧掉,此俗称"谢灯篙"。然后,凤山宫还需要在宫庙中举行俗称"谢天公"或"压醮尾"的仪式,将请在宫庙侧边的本庙神灵复位,供上祭品,拜谢他们,同时以这些祭品等答谢祭典活动中的有关人员。至此,三年一科的鸿渐村请王送王祭典彻底落下了帷幕。[①]

## 三、简单的请王送王仪式

穆厝村是厦门岛上的一个城中村,其原在钟宅湾边上,由于城市的扩展以及围海造地,现穆厝离海湾有一点距离。穆厝村每年都举行请王送王仪式,民间俗称"送王"或"做好事"。由于每年都做,所以其仪式的规模是一年大一年小。做大规模仪式时,穆厝人会请人糊王爷与王船,但做小规模的仪式时,穆厝人就没有纸扎的王爷与王船。然而其仪式仍有请王、送王过程,只是仪式中的象征物有所不同。

穆厝村有座二河宫,其主祀神灵为崇德尊王,配祀有妈祖、哪吒等。其请王送王都在农历十月份,2005 年为十月十八日(公元 2005 年

---

① 石奕龙:《厦门湾里的请王送王仪式》,载王建新、刘昭瑞编:《地域社会与信仰习俗——立足田野的人类学研究》,广州:中山大学出版社,2007 年,第 284~298 页。

11月20日)举行。十七日主要是布置代天府,其将该庙的前落布置为代天府,因当年是小规模仪式,故没有请人来用纸扎王爷、王船,只是在后厅的厅口设一天公坛,供奉玉皇大帝与三官大帝等神位,并用其将前厅与后厅隔开,在天公坛前摆放一张长桌,后放三张椅子,以此表示有三位王爷(其为康、金、李三姓王爷,是由乩童在请王后"卜贝"确认的)将来该地接受村民的供奉。同时,也请来戏班,准备酬谢神恩。

十八日早晨,将本庙中的神灵请出,安置在庙左前的神辇中,既表示迎接代天巡狩王爷之意,也便于晚些时候的绕境活动。然后,由二河宫的女乩童在庙门前靠海湾的一边"呼请"王爷入代天府已布置好的座位就座,此即简单的"请王"。

接着为简单的敬王或祀王,即在桌上摆上三份供品,此为贡献给这年请来的三位客王的。村民也陆续来供奉与祭拜,由于场所的关系,供桌摆在庙右的埕上,便于村民来祭拜、敬王、添载等。

十点左右,三坛头则在庙左的埕上作法"犒军",即祭祀王爷带来的兵将。之后,女乩童在庙内主神前祭拜后上身,在庙内外作法,最后告之王令,可以出巡了。故村民整好队伍,抬着各种神辇去村里绕境、押煞,此为"王爷巡境"。

傍晚,再在乩童的指挥下,将村民添载的米包、柴捆、金纸等一并火化,送王爷回去,是为送王,同时,也由王爷押解,将穆厝这一社会空间中的"污秽"等一并送走,而结束一年一度的请王送王仪式。

## 四、东南亚各地的王船祭形式

而在海上丝绸之路沿岸的国家中,也有一些国家的闽南籍华人从清代以来就在那里举办这种富有闽南人文化特色的王船祭仪式。

如印度尼西亚苏门答腊岛中部马六甲海峡沿岸廖内省的巴眼亚比(峇眼亚比,Bagan Si-Api-Api)镇市区的华人占80%左右,其中洪姓占35%,其他还有黄、许、陈诸氏,他们主要来自中国福建省同安县翔风里十三都(今厦门市翔安区新店镇洪厝村)。清代同治年间,同安翔风里十三都洪厝村的洪思返、洪思银等11人,在洋业渔,于风顺帆转之时,遥望火光烛天,咸以为异,冒险寻至其地,见山川秀丽,鱼虾充沛,因筑草庐其间,以收渔利。后获利渐丰,就在该地定居,建筑屋舍,开辟渔港,子孙繁衍,人烟稠密,户口数万,遂成贸易市区。因马来语"火"为"亚比"(api),"巴眼"(Bagan)为"对岸"的意思,故该地取名为"巴眼亚比"。经历数代人辛勤开垦,如今巴眼亚比已发展为世界最大渔场之一,当地的华人仍保留着同安方言和风俗习惯。[1] 他们出海捕鱼辗转迁徙到巴眼亚比时,就带有纪府王爷(纪信)随身庇佑,在该地区落脚后,他们先是在家族中祀奉纪府王爷。大约在1910年(清宣统二年)时,由于海底升高,改变了当地的生态,当地的鱼潮遂减,渔民只得远至爪哇海或印度南部海域捕鱼。由于当时的渔船设备不够先进,所以时常有海难事故发生。在法师的指导下,这些同安籍的当地居民开始建庙(永福宫)祭拜纪王爷,并举办"送王"仪式,以安抚海上游魂,庇佑众生及赐福祈愿渔民海产丰登。这以后,每隔几年举办一次,直到1967年苏哈托政府下令禁止,这种"烧王船"的送王仪式才被迫停止举行。

然而,在1996年,巴眼亚比的"王船祭"庆典又悄悄以小规模的方式重新恢复举行。但由于当时印尼各地再次爆发了排华浪潮,这一送王仪式又被搁置了几年。直到印尼总统瓦希德的政府宣布解除华人信奉自我的民间信仰禁令后,该地的烧王船庆典又于2000年农历五月十六至十七(2000年6月9—10日)再度轰轰烈烈地登场。这次仪式,当地华人建造了一艘八米长的竹木骨架纸糊的王船,从当地的大伯公庙荣福宫启程绕境,绕境时万人空巷,众多香客跟随着王船绕境,绕了七个多小时后,迁船至海边焚化。该仪式也吸引了近十万来自棉兰、

---

① 《厦门华侨志》编委会:《厦门华侨志》,厦门:鹭江出版社,1991年,第48页。

柏干苔鲁,巨港,爪哇岛的雅加达,泗水的信众来参拜,也吸引了远自香港、台湾的信众来参拜与观光。此外,巴眼亚比附近的四角芭(Pulau Halang)和大芭(Tapah)在农历四月十八和五月十五也举办了规模较小的烧王船祭典。[①] 2010 年,该地又举行了一次王船祭庆典,并成为印度尼西亚的旅游项目之一。

马来西亚沙捞越(砂拉越)古晋(Kuching)面向南海,该地的华人的祖籍多为中国福建省南安县、同安县,其信仰中心为供奉广泽尊王(圣王公)的凤山寺。1888 年(清光绪十四年)农历六月廿六至廿九举行了首届"送王船"祭典,其目的在于送走作祟民间的瘟神与"肮脏",祈求合境平安、农商业与经济繁荣。该宫举行了敬王仪式,王船绕境等活动,廿九日凌晨一点(午时),数百名信众扛着王船,迁船至今天昔加末的浮罗岸河畔的"王船地",与堆积如山的王船"添载物"(如柴、米、油、盐、生猪、鸡鸭、日用品、鞭炮、金纸,甚至纸扎的轿子、衙役、木制的火炮等)一起焚化。这以后,古晋凤山寺每隔十年举行一次送王船这种大规模宗教实践。1918 年则在农历九月廿五到廿九举行送王船仪式。该次活动的组织者为当地的社会名流、祖籍福建省同安县的王长水(1864—1950 年)和祖籍福建省南安县的宋庆海(1876—1945 年);参与者则是闽籍各属人士。20 世纪 30 年代初,该地再次举行送王船仪式后就停止了该项活动。[②] 其今后会不会恢复有待于当地人的社会实践。

马来西亚柔佛州峇株巴的石文丁渔村的崇龙宫始建于 1932 年,其主祀池、李、包"三府王爷",为当地华人的信仰中心和精神寄托之所。该村于 2002 年农历五月十八(2002 年 6 月 28 日)池王爷千秋日举行了三十年一度的王船祭和王爷巡境赐福活动,其目的为祈求国泰民

① 苏庆华:《代天巡狩:勇全殿池王爷与王船》,马六甲:马六甲怡力勇全殿,2005 年,第 34~36 页。

② 苏庆华:《代天巡狩:勇全殿池王爷与王船》,马六甲:马六甲怡力勇全殿,2005 年,第 28~29 页。

安,村民工作顺利和生活愉快。这次王船祭,当地人制作了一大二小三艘纸扎的王船,大的王船长26尺,宽12尺;小的王船长10尺,宽5尺。从照片看,大的王船为宽头的福船体官船模样,船舷上有7个炮口,船头的舷板上饰有狮面。据报道,王船先供于崇龙宫前,下午四点,村民自备祭品前来崇龙宫,举行"船头祭",而后协力将王船抬至海边焚化,并恭迎王爷出巡,在社区各处巡游、驱邪、赐福。除了本地人外,外埠也有不少信善前来参与,共襄盛举,场面非常热闹。[①] 由于该村的王船祭为三十年举办一次,由此推断,在1972年和1942年,该村也曾举行过烧王船的庆典,而且其始办王船祭是在建庙(1932年)后的十年。

马来西亚最著名的王船祭为2013年6月被评为马来西亚国家文化遗产的马六甲怡力勇全殿举办的马六甲王船祭。相传勇全殿始建于1811年(清嘉庆十六年),其主祀神明池王爷的香火来自泉州府同安县马巷(今属厦门市翔安区马巷街道)的元威殿,今天该庙供奉朱、温、池、李、白五位王爷,故称"五府王爷"。据称该地于1845年(清道光二十五年)开始举办"王船祭",其由"王爷谕示"而办,时间不完全定期,如1845年后,在1891年、1905年、1919年、1933年、2001年、2012年都曾举办过,有的认为在1856年也办过,而且这是以五府王爷的名义举办的,而有的人如苏庆华认为,以五府王爷的名义联合举办马六甲王船祭。[②] 具体的王船祭的时间多在正月十五元宵节期间,但也并非完全统一,如1919年的王船祭的送王仪式就在农历十月里举行,而且该年的王船祭持续较长的时间。

根据勇全殿留存的择吉资料看,1918年(戊午年)农历十月廿二癸巳时就在王船厂外竖立起高灯,开始造王船。十月丙申时为王船龙骨

---

① 苏庆华:《代天巡狩:勇全殿池王爷与王船》,马六甲:马六甲怡力勇全殿,2005年,第33页。

② 苏庆华:《代天巡狩:勇全殿池王爷与王船》,马六甲:马六甲怡力勇全殿,2005年,第27页。

开光。廿三日乙巳时龙骨开斧。十月廿五乙丑时由法师为龙骨"安签"。十一月初九辛亥时为龙骨"盖签"。1919年(己未年)农历二月三十甲辰时为龙骨"开签"。三月廿七甲辰时"安采莲馆"。五月初六甲午时"仙船起工",开始制作王船。六月初一"小彩路",开始不拘时出巡查夜。九月廿日庚辰时"安坎、安龙目"。十月初三己卯时"请水",为王船下水做准备。十月初三"大彩路",舭板出游。十月初六乙卯时"出厂落令",王船出厂下水,锚落于水缸中;然后"竖桅",竖起王船上的桅杆。十月初八辛巳时"请帆",竖起王船上的船帆。十月初十甲辰时"仙船游山",开始第一次王船巡境。十月十二戊辰时,再次"仙船游山",王船再次出巡,收邪、驱邪、赐福。十月十三壬午时"竖高灯",昭告天界,王醮即将开始。十月十七丁卯时"建醮开坛",开始由道士或法师从事三朝王醮,十七日庚午时"拜表呈疏奏天庭";十七日、十八日、十九日三天则从事"行香献供"的科仪;十八日乙未时"放水灯",招呼水国幽魂来领受当地人的普施。十九日下午三四点由道士举行"普度"科仪,普度众生;丁酉时则举行"入醮谢天公、三界公"的科仪。十月廿日己巳时水边"请王",十一十二点"祀王",向王爷献敬。下午一二点时"作蒲载",为王爷添载;五六点时"送仙船扬帆",即焚烧王船。十月廿一"盖殿门";接着廿一日、廿二日、廿三日"安符令",道士焚油为宫庙等净秽。廿三日甲申时"开殿门"。廿五日午时"谢高灯",倒下竖起的高灯,表示仪式的最终结束。

1933年(癸酉年),清华宫、勇全殿也举办了一次王船祭盛典,其筹备时间从农历癸酉年五月十七开始竖高灯造船,建造了一艘命名为"民安"号的王船,其长15尺6寸,连桅杆高17尺4寸。送王科仪则从癸酉年农历十月十二开始,十五日结束。当年的巡行路关云:"清华宫、勇全殿仙舟香阵路关:咨谨择癸酉年十月十二日、英一千九百卅三年十一月廿九号、拜三(星期三)十点鸣钟启行。(1)仙舟由厂出游万怡力路,直至法尼姑院口停止。(2)诸香阵、音乐、请客一暨齐集在鸡场街,准订九点半鸣钟起行,直进金声桥转过王家山脚路,直进城内街

**图 6　勇全殿 1919 年的王船(勇全殿提供)**

后,采莲及仙舟随行。(3)诸香阵、音乐、请客、采莲及仙舟由城内街出转万间加苔,转三宝井巷,入也而珍津,转过宝山亭,直入三宝井路湾打铁街,转出新路至礼拜堂,落武雅唠也诗牌埔,直进金声桥湾,入八芝兰吉宁街甘光板底,转入鹭城会馆,直行吧杀南吗,入和兰街湾,入十二间寇务律。诸香阵直进甘光于汝,采莲、仙舟至十二间路口停止,一点休息。(4)诸香阵、音乐、请客、采莲、仙舟由甘光于汝启行,入甘光板底,转入鹭城会馆街湾,入戈里街,出吉宁街八芝兰,进金声桥,落王家山脚,直往万怡力勇全殿止,散阵。(5)诸香阵、音乐行过板底而水仙门街,五王爷进香。"[①]然后,在晚上迁王船至海边的王船地,在那里烧王船,送走王爷,也除去污秽与瘟疫。

2001 年(辛巳年)有闰月,被当地华人视为多灾多难之年,故勇全殿池府王爷透过乩童出谕令,在农历正月十二至十五送王。故在 2000

---

①　苏庆华:《代天巡狩:勇全殿池王爷与王船》,马六甲:马六甲怡力勇全殿,2005 年,第 113 页。

年(庚辰年)底,勇全殿在宫庙边设置王船厂,开始造王船,花了 64 天,造了一艘长 30 尺、宽 8 尺、船身连桅杆高 19 尺的三桅王船和一艘长 6 尺、宽 2 尺、深一尺半的小舢板,并将王船命名为"安呷"号。

辛巳年正月十二(公元 2001 年 2 月 4 日)开始三朝祈安王醮与王船出游和送王仪式。十二日下午 5 时正道士团起鼓;6 时正发奏文字,上奏天庭,下通地府、水宫;7 时正,"开王船",为王船点眼;8 时正,迎真请圣,列请众神列圣来监醮和享宴;9 时正,恭迎玉皇上帝,请天公来共襄盛举;9 时半,理事补运,为勇全殿的理事们补运祈福,10 时半,宣《三元真经》(上品),由道士诵经,为合境民众祈福。

正月十三上午 10 时正,宣《东斗经》,由道士诵护命的《东斗经》;11 时正,宣《西斗经》,由道士唱诵护身的《西斗经》;12 时正,设敬三献,在道士的引导下,宫庙的理事们为王爷三献祭品;下午 1 时半,宣《三元真经》(下品);3 时正,唱诵《解年经》;晚上 7 时正,祝百神灯,祈座主神光普照;8 时正,为众善信补运;10 时正,高燃秉烛,燃祥光庇佑万民。

正月十四上午 10 时正,祝三界灯,祈求三界神明日月星灯光照荫;11 时正,设宴进筵,"贡王";12 时正,祝醮礼谢;下午 3 时正,宣《中斗经》,魁星吞魔;晚上 7 时正,宣注生的《南斗经》;8 时正,为众善信补运;9 时正,宣延寿的《北斗经》;12 时正,设案请火,敬答恩光。

正月十五上午 8 时至下午 5 时,五王圣座、辇轿、王船以及香阵(如清道大锣队、大旗队、舞龙队、舞狮队、长脚八仙、财神爷、各王爷旗车、凉伞队、道士团、九鲤鱼花车、随香队等)出巡马六甲,途经乌绒巴西路(Jln Ujong Pasir)、郑和将军路(Jln Laksamana Cheng Ho)、拉沙马拉路(Jln Laksamana)、荷兰街(Jln Tun Tan Cheng Lock),中途在惹兰哥打拉沙马那(Jln Kota Laksamana)休息,接着再续行葡萄牙街(Jln Portugis)、回教堂街、甘榜乌鲁街(Jln Kg. Hulu)、甘榜板底路(Jln Kg. Pantai)、武牙那也路(Jln Bunga Raya)、拉沙马拉路、默迪卡路、马六甲拉也路,折返勇全殿。入宫后,则举行犒军赏将、奉送天公、辞众神等科仪,王爷等进殿安位。当地人相信,通过这样的巡境,经由道士团行使其法术并结合宗教仪式中各位王爷的力量,已将散布于各街道和角落中扰乱社会秩序、威胁社群安宁的邪魔、瘟神、污秽等,统统擒拿并押送到王船上。所以,晚上 9 时,完成巡境任务的王船就迁船至马六甲拉也(Melaka Raya)海边的王船地焚化,象征着"非常、失序"的社会乱象经此王醮和王船的巡行的净化,已完全恢复常态。民生作业自然可以一如既往地在洁净的空间中运作下去,民众的精神生活,也可以在未受骚扰下幸福安稳地继续下去。①

2012 年(壬辰年)也是个闰年,马六甲华人认为壬辰年也是个多灾多难的年份,故勇全殿池王爷谕示应举办王船祭(王船绕境法会与烧王船仪式),以便为马六甲合境民众消解秽气与纳福。故在壬辰年正月十五期间,马六甲勇全殿等王爷宫庙再次联合举办王船祭,与 2001 年同样用木料建造了一艘三桅的王船和 5 只舢板,王船命名为"全安"号,船头饰有狮面,船尾饰青龙,长 23 尺,是为传统中国福船的官船体。从正月十二开始也举办三朝祈安王醮,并在正月十五举行王船巡行马六甲与烧王船法会。这次王船绕境除了有大旗队、道士团、神辇队、椅子轿队、麻坡潮州锣鼓队、龙阵、狮阵、大头娃娃、高跷队等香阵随行助阵外,还造了五辆王爷的花车伴行。正月十五早上 7 点半至下午 4 点半在马六甲城老街区里巡行了 7 个小时,曾经过马六甲的地标古城门,在鸡场街由于供奉香案多,"兴啊!发啊!"的呼喊声、鞭炮声、锣鼓声震天动地,气氛异常热烈,在选定的 15 个被认为"煞气"重的路口,道士团都得举行"押煞"仪式,将抓出的"煞气"包在红布中,扔于王船上,以象征王爷所具有的驱瘟制煞能力。最后在傍晚时分,绕境结束的王船载着马六甲各社区的煞气与污秽,在祭祀船头和添载柴米油盐等添载物后,在双岛城海边焚化,围观的信众向燃烧着的王船中扔出一包代

---

① 苏庆华:《代天巡狩:勇全殿池王爷与王船》,马六甲:马六甲怡力勇全殿,2005 年,第 110~115 页。

表家庭煞气的茶叶,扭头就返回。熊熊的大火,焚化了王船,也驱走了地方的煞气与污秽,使马六甲人的生活空间更加洁净,人们的社会生活再次秩序化。

总之,在海上丝绸之路沿岸的东南亚诸国中,存在着许多中华文化特别是闽南人文化的因素,王船祭就是一种最富有闽南人文化特色的现象。尽管从马六甲早期与现当代的王船祭中,我们似乎可以看到,1933年王船祭时,闽南人文化的特质非常明显,有的几乎就是一种"翻版",如当时造的王船与传统的闽南官船、战船几乎一样,当时采莲队穿的仪式服装几乎就是清代士兵的服装;然而,21世纪王船祭中出现的王船则发生了一些变化,由于传统式样的船只已成历史,故马六甲勇全殿现当代的王船也有些脱离传统的变化,但单就王船祭仪式的整体而言,它仍基本保留了闽南人文化的精髓与精神。另外,我们从马六甲的勇全殿、福建会馆及华人庙宇等公共建筑也可以看到,它们在最近都重修过,但它们仍与闽南人建筑保持一致的风格,甚至可以说它们与祖籍闽南的闽南人建筑几乎无两样,表现出很强的闽南人文化的物化特征。由此,我们或可以说,马六甲的闽南籍华人对闽南人文化中的某些事物的历史记忆有所衰退,但在其他某个方面,其历史记忆又有着强化的表现。随着马六甲勇全殿五府王爷王船出游的民俗活动成为马来西亚的国家级非物质文化遗产,我们相信闽南人文化也将在海上丝绸之路沿岸国家中继续存在与发扬光大。

本文原载《闽南》2016年第6期。

# 东南亚马来西亚等国闽南人的王船祭

  王船祭是闽南人为适应海洋生活在明代形成的祭祀神明、超度亡魂、洁净空间、祈求平安的大型仪式,其仪式过程有请王、造王船、竖灯篙、祀王、宴王、巡境、迁船、送王(烧王船)等仪节。

  在海上丝绸之路沿岸的国家如印尼、马来西亚的一些沿海地方,如马六甲海峡沿岸,该地的闽南籍华侨和华人从清代以来就在那里举办这种富有闽南人文化特色的王船祭仪式。

  如印度尼西亚苏门答腊岛中部马六甲海峡沿岸廖内省的巴眼亚比(峇眼亚庇,Bagan Si-Api-Api)镇市区的华人占80%左右,他们主要来自中国福建省泉州府同安县翔风里十三都洪厝村(今厦门市翔安区新店镇洪厝村)。清代同治年间,同安翔风里十三都洪厝村的洪思返、洪思银等11人,在洋业渔,于风顺帆转之时,遥望火光烛天,咸以为异,冒险寻至其地,见山川秀丽,鱼虾充沛,因筑草庐其间,以收渔利。后获利渐丰,就在该地定居,建筑屋舍,开辟渔港,子孙繁衍,人烟稠密,户口数万,遂成贸易市区。因马来语"火"为"亚比"(api),"巴眼"(Bagan)为"对岸"的意思,故该地取名为"巴眼亚比"。经历数代人辛勤开垦,如今巴眼亚比已发展为世界最大渔场之一,当地的华人仍保留着同安方言和风俗习惯。[①] 他们出海捕鱼辗转迁徙到巴眼亚比时,就带有纪府王爷(纪信)随身庇佑,在巴眼亚比落脚后,他们先是在家

---

  ① 《厦门华侨志》编委会:《厦门华侨志》,厦门:鹭江出版社,1991年,第48页。

族中祀奉纪府王爷,据说在1878年(清光绪四年)就建了永福宫公祀纪府王爷。大约在1910年(清宣统二年)时,由于海底升高,改变了当地的生态,当地的鱼潮遂减,渔民只得远至爪哇海或印度南部海域捕鱼。由于当时的渔船设备不够先进,所以时常有海难事故发生。在闽南籍法师的指导下,这些同安籍的当地居民开始建庙(永福宫)祭拜纪王爷,并举办俗称"送王"的王船祭仪式,以安抚海上遇难的游魂,洁净地方与海域空间,以庇佑众生及赐福众生,并祈愿渔民海产丰登。这以后,每隔几年举办一次,直到1967年苏哈托政府下令禁止,这种"烧王船"的请王、送王仪式才被迫停止举行。

　　然而,在1996年,巴眼亚比的"王船祭"仪式又悄悄以小规模的方式重新恢复举行。但由于当时印尼各地再次爆发了排华浪潮,这一送王仪式又被搁置了几年。直到印尼总统瓦希德的政府宣布解除华人信奉自我的民间信仰的禁令后,该地的王船祭庆典(请王、送王仪式)又于2000年农历五月十六至十七(公元2000年6月9—10日)纪府王爷千秋日时再度热热闹闹地登场。这次送王仪式,当地华人建造了一艘八米长的竹木骨架纸糊的白底王船,从永福宫(Ing Hok King)启程绕境,绕境时万人空巷,众多香客跟随着当地华人称为"中船"的王船绕境,绕了7个多小时后,迁船至王船地焚化。该仪式也吸引了近十万来自棉兰,柏干苔鲁,巨港,爪哇岛的雅加达、泗水的信众来参拜,也吸引了远自香港、台湾的信众来参拜与观光。此外,巴眼亚比附近的四角芭(Pulau Halang)和大芭(Tapah)在农历四月十八和五月十五也举办了规模较小的烧王船祭典。[①] 之后,巴眼亚比每年的农历五月纪府王爷千秋日都举办王船绕境和烧王船的祭典,如2006年农历五月十二、十三就举办过一次,十二日王船绕境,然后停在永福宫前让人祭

---

　　① 苏庆华:《代天巡狩:勇全殿池王爷与王船》,马六甲:马六甲怡力勇全殿,2005年,第34~36页。

拜,十三日绕境后,才迁船烧王船,恭送"彩船"游天河,送王爷"回家乡"。[①] 2007年,永福宫纪府王爷千秋日纪念文化节祭典被列为廖内省"最重要的民俗文化节",并在首都雅加达印尼民族缩影文化公园展示两天,成为印度尼西亚的旅游项目之一。2009年农历五月,巴眼亚比举行的王船祭庆典,参与者有数万人,不仅有本地人,还有印尼其他地方、新加坡、马来西亚的华人和中国福建、台湾的乡亲前来观礼、参拜。[②] 此外,据网上的视频报道,2014年,巴眼亚比地区也在农历五月份的纪王爷千秋日举行了一次王船巡境、烧王船的送王仪式。

图1　印尼巴眼亚比供奉纪王爷的永福宫(引自"东南亚行客——龚泉元的博客")

马来西亚沙捞越(砂拉越)古晋(Kuching)面向中国南海,该地的华人的祖籍多为中国福建省南安县、同安县,其信仰中心之一为位于花香街与友海街交界处的凤山寺,据称该寺始建于1848年(清道光二

---

①　《奇特的印尼华人烧船习俗》,"椰风已楼的博客",https://blog.sina.com.cn/u/1225866954。

②　《印尼苏岛巴眼亚比华人隆重举行第131届"纪府王爷千秋"纪念文化节》,"东南亚行客——龚泉元的博客",www.gunawan.lofter.com。

图 2　永福宫 2009 年所请的王爷(引自"东南亚行客——龚泉元的博客")

图 3　永福宫 2009 年巴眼亚比王船祭的王船巡境

(引自"东南亚行客——龚泉元的博客")

图 4    2009 年巴眼亚比王船祭仪式中的烧王船（引自"东南亚行客——龚泉元的博客"）

十八年），主祀广泽尊王（圣王公），初为福建公司，后成为福建公会。1888 年（清光绪十四年）农历六月廿六至廿九该寺举行了首届"送王船"祭典，其组织者可能为华人甲必丹王友海，目的在于送走作祟民间的瘟神与"肮脏"，祈求合境平安、农商业与经济繁荣。该宫举行了敬王（祀王或贡王）仪式，王船绕境等活动，廿九日凌晨一点（丑时），数百名信众扛着王船，迁船至今天昔加末的浮罗岸（Padungan）河畔的"王船地"，为王船"添载"了柴、米、油、盐、茶、生猪、鸡鸭、日用品、鞭炮、金纸，甚至纸扎的轿子、衙役、木制的火炮等以后，点火烧王船，使王爷"游天河"。这以后，古晋凤山寺每隔十年举行一次这种大型的请王送王宗教仪式。1918 年则在农历九月廿五到廿九举行送王船仪式。该次活动的组织者为当地的社会名流、祖籍中国福建省同安县的王长水（1864—1950 年，王友海的儿子）和祖籍福建省南安县的宋庆海（1876—1945 年）；参与者则是闽籍各属人士。20 世纪 30 年代初，该地

再次举行送王船仪式后就停止了该项活动。① 其今后会不会恢复有待
于当地人的社会实践。

**图 5　马来西亚古晋的凤山寺(引自 www.veer.com)**

马来西亚柔佛州峇株巴(Batu Pahat)的石文丁(Segenting)渔村的
崇龙宫始建于 1932 年,其主祀龙王,也供奉池、李、包"三府王爷",为当
地华人的信仰中心和精神寄托之所。该村于 2002 年农历五月十八
(2002 年 6 月 28 日)池府王爷千秋日举行了三十年一度的王船祭和王
爷巡境赐福活动,其目的是祈求国泰民安,村民工作顺利和生活愉快。
这次王船祭,当地人制作了一大二小三艘纸扎的王船,大的王船长 26
尺,宽 12 尺;小的王船长 10 尺,宽 5 尺。从照片看,大的王船为宽头的
福船体官船模样,船舷上有 7 个炮口,船头的舷板上饰有狮面。据报
道,王船先供于崇龙宫前,下午四点,村民自备祭品前来崇龙宫,举行

---

①　苏庆华:《代天巡狩:勇全殿池王爷与王船》,马六甲:马六甲怡力勇全殿,2005 年,
第 28~29 页。

"船头祭"和宴王仪式,而后协力将王船抬至海边王船地焚化,并恭迎王爷出巡,在石文丁村各处巡游、驱邪、赐福。除了本地人参与外,外埠也有不少信善前来共襄盛举,场面非常热闹。[①] 由于该村的王船祭为三十年举办一次,由此推断,在 1972 年和 1942 年,该村也曾举行过烧王船的庆典,而且其始办王船祭是在建庙(1932 年)后的十年。

**图 6　马来西亚柔佛州峇株巴辖石文丁村崇龙宫(引自微信公众号"明良海外")**

　　马来西亚最著名的王船祭为 2013 年 6 月被评为马来西亚国家文化遗产的马六甲万怡力勇全殿举办的马六甲王船祭。相传勇全殿始建于 1811 年(清嘉庆十六年),其主祀神明池府王爷的香火来自泉州府同安县马巷(今属厦门市翔安区马巷街道)的元威殿,今天该庙供奉朱、温、池、李、白五位王爷,故称"五府王爷"。据称该地于 1845 年(清道光二十五年)开始举办"王船祭",其由"王爷谕示"而办,时间不完全定期,如 1845 年后,在 1891 年、1905 年、1919 年、1933 年、2001 年、2012 年都曾举办过,有的认为在 1856 年也办过,而且这是以五府王爷的名义举办的,而有的人如苏庆华认为,以五府王爷的名义联合举办

---

　　① 苏庆华:《代天巡狩:勇全殿池王爷与王船》,马六甲:马六甲怡力勇全殿,2005 年,第 33 页。

马六甲王船祭。[①] 具体的王船祭的时间多在正月十五元宵节期间,但也并非完全统一,如 1919 年的王船祭的送王仪式就在农历十月里举行,而且该年的王船祭持续较长的时间。

图 7　马六甲怡力勇全殿正殿

　　根据勇全殿留存的清华宫、勇全殿己未(1919 年)王醮诰定虎头牌的择吉资料看,1918 年(戊午年)农历十月廿二癸巳时就在王船厂外竖立起篙灯,开始造王船。十月廿二丙申时为王船龙骨开光。廿三日乙巳时龙骨开斧。十月廿五乙丑时由法师为龙骨"安签"。十一月初九辛亥时为龙骨"盖签"。1919 年农历二月三十甲辰时为龙骨"开签"。三月廿七甲辰时"安采莲馆"。五月初六甲午时"仙船起工",开始制作命名为"联安"号的王船。六月初一开始称"小彩路"的王爷不拘时出巡查夜。九月廿日庚辰时"安坎、安龙目"。十月初三己卯时"请水",为王船下水做准备。十月初三举行"大彩路"仪式,王船舢板不拘时出

　　①　苏庆华:《代天巡狩:勇全殿池王爷与王船》,马六甲:马六甲怡力勇全殿,2005 年,第 27 页。

游,巡境社区。十月初六乙卯时"出厂落令",王船出厂下水,锚落于水缸中;然后"竖桅",竖起王船上的桅杆。十月初八辛巳时"请帆",竖起王船上的船帆。十月初十甲辰时"仙船游山",开始第一次王船巡境。十月十二戊辰时,再次"仙船游山",王船再次出巡,收邪、驱邪、赐福。十月十三壬午时"竖高灯",昭告天界,王醮即将开始。十月十七丁卯时"建醮开坛",开始由道士或法师从事三朝王醮,十七日庚午时"拜表呈疏奏天庭";十七日、十八日、十九日三天则在庙中从事"行香献供"的科仪;十八日乙未时"放水灯",招呼水国幽魂来领受当地人的普施。十九日下午三四点由道士举行"普度"科仪,普度众生;丁酉时则举行"入醮谢天公、三界公"的科仪。十月廿日己巳时在水边"请王",十一十二点丙午时"祀王",设宴向王爷献敬。下午一二点丁未时"作蒲载",即为王爷船添载;五六点时"送仙船扬帆",即焚烧王船。十月廿一乙卯时"盖殿门";接着廿一日、廿二日、廿三日"安符令",道士焚油为宫庙等净秽。廿三日甲申时"开殿门"。廿五日丙午时"谢高灯",倒下竖起的高灯,表示仪式的最终结束。①

1933年(癸酉年),清华宫、勇全殿也举办了一次王船祭盛典,其筹备时间从农历癸酉年五月十七开始竖高灯造船,建造了一艘命名为"民安"号的王船,其长15尺6寸,连桅杆高17尺4寸。送王科仪则从癸酉年农历十月十二开始,十五日结束。当年的巡行路关云:"清华宫、勇全殿仙舟香阵路关:咨谨择癸酉年十月十二日、英一千九百卅三年十一月廿九号、拜三(星期三)十点鸣钟启行。(1)仙舟由厂出游万怡力路,直至法尼姑院口停止。(2)诸香阵、音乐、请客一暨齐集在鸡场街,准订九点半鸣钟起行,直进金声桥转过王家山脚路,直进城内街后,采莲及仙舟随行。(3)诸香阵、音乐、请客、采莲及仙舟由城内街出转万间加苔,转三宝井巷入也,而珍律转过宝山亭直入三宝井路湾打

_____

① 参见苏汶财主编:《勇全殿王舡记事》,马六甲:马六甲怡力勇全殿,2016年,第60页。

铁街,转出新路至礼拜堂落武雅唠也诗牌埔,直进金声桥湾入八芝兰
吉宁街甘光板底,转入鹭城会馆,直行吧杀南吗,入和兰街湾,入十二
间尾务律,诸香阵直进甘光于汝,采莲、仙舟至十二间路口停止,一点
休息。(4)诸香阵、音乐、请客、采莲、仙舟由甘光于汝启行,入甘光板
底,转入鹭城会馆街湾,入戈里街,出吉宁街八芝兰,进金声桥,落王家
山脚,直往万怡力勇全殿止,散阵。(5)诸香阵、音乐行过板底而水仙
门街,五王爷进香。"①然后,在晚上迁王爷船至海边的王船地,在那里
烧王船,送走王爷,也除去污秽与瘟疫。

**图8 马六甲勇全殿 1933 年的王船(勇全殿提供)**

2001 年(辛巳年)有闰月,被当地华人视为多灾多难之年,故勇全
殿池府王爷透过乩童出谕令,在农历正月十二至十五送王。故在 2000
年(庚辰年)底,勇全殿在宫庙边设置王船厂,开始造王船,花了 64 天,
造了一艘长 30 尺、宽 8 尺、船身连桅杆高 19 尺的三桅王船和一艘长 6

---

① 苏庆华:《代天巡狩:勇全殿池王爷与王船》,马六甲:马六甲怡力勇全殿,2005 年,
第 113 页。

尺、宽 2 尺、深一尺半的小船,并将王船命名为"安呷"号。

辛巳年正月十二(公元 2001 年 2 月 4 日)开始三朝祈安王醮与王船出游和送王仪式。十二日下午 5 时正道士团起鼓;6 时正发奏文字,上奏天庭,下通地府、水宫;7 时正,"开王船",为王船点眼;8 时正,迎真请圣,列请众神列圣来监醮和享宴;9 时正,恭迎玉皇上帝,请天公来共襄盛举;9 时半,为勇全殿的理事们补运祈福,10 时半,宣《三元真经》(上品),由道士诵经,为合境民众祈福。

正月十三上午 10 时正,由道士宣诵护命的《东斗经》;11 时正,道士唱诵护身的《西斗经》;12 时正,设敬三献,在道士的引导下,宫庙的理事们为王爷三献祭品;下午 1 时半,宣《三元真经》(下品);3 时正,唱诵《解年经》;晚上 7 时正,祝百神灯,祈座主神光普照;8 时正,为众善信补运;10 时正,高燃秉烛,燃祥光庇佑万民。

正月十四上午 10 时正,祝三界灯,祈求三界神明日月星灯光照荫;11 时正,设宴进筵,"贡王";12 时正,祝醮礼谢;下午 3 时正,宣《中斗经》,魁星吞魔;晚上 7 时正,宣注生的《南斗经》;8 时正,为众善信补运;9 时正,宣延寿的《北斗经》;12 时正,设案请火,敬答恩光。

正月十五上午 8 时至下午 5 时,五王圣座、辇轿、王船以及香阵(如清道大锣队、大旗队、舞龙队、舞狮队、长脚八仙、财神爷、各王爷旗车、凉伞队、道士团、九鲤鱼花车、随香队等)出巡马六甲,途经乌绒巴西路(Jln Ujong Pasir)、郑和将军路(Jln Laksamana Cheng Ho)、拉沙马拉路(Jln Laksamana)、荷兰街(Jln Tun Tan Cheng Lock)、中途在惹兰哥打拉沙马那(Jln Kota Laksamana)休息,接着再续行葡萄牙街(Jln Portugis)、回教堂街、甘榜乌鲁街(Jln Kg. Hulu)、甘榜板底路(Jln Kg. Pantai)、武牙那也路(Jln Bunga Raya)、拉沙马拉路、默迪卡路、马六甲拉也路,折返勇全殿。入宫后,则举行犒军赏将、奉送天公、辞众神等科仪,王爷等进殿安位。当地人相信,通过这样的巡境,经由道士团行使其法术并结合宗教仪式中各位王爷的力量,已将散布于各街道和角落中扰乱社会秩序、威胁社群安宁的邪魔、瘟神、污秽等,统统擒拿并押送到王船上。所以,晚上9时,完成巡境任务的王船就迁船至马六甲拉也(Melaka Raya)海边的王船地焚化,象征着"非常、失序"的社会乱象经此王醮和王船的巡行的净化,已完全恢复常态。民生作业自然可以一如既往地在洁净的空间中运作下去,民众的精神生活,也可以在未受骚扰下幸福安稳地继续下去。①

2012年(壬辰年)也是个闰年,马六甲华人认为壬辰年也是个多灾多难的年份,故勇全殿池王爷谕示应举办王船祭(王船绕境法会与烧王船仪式),以便为马六甲合境民众消解秽气与纳福。故在壬辰年正月十五期间,马六甲勇全殿等王爷宫庙再次联合举办名为"全安王舡龙虎消灾清醮"的王船祭,与2001年同样用木料建造了一艘三桅的王船和5只舢板,王船命名为"全安"号,船头饰有狮面,船尾饰青龙,长23尺,是为传统中国福船的官船体。从正月十二开始也举办三朝祈安王醮,并在正月十五举行王船巡行马六甲与烧王船法会。这次王船绕境除了有大旗队、道士团、神辇队、椅子轿队、麻坡潮州锣鼓队、龙阵、狮阵、大头娃娃、高跷队等香阵随行助阵外,还造了五辆王爷的花车伴行。正月十五早上7点半至下午4点半在马六甲城老街区里巡行了7个小时,曾经过马六甲的地标古城门,在鸡场街由于供奉香案多,"兴啊! 发啊!"的呼喊声、鞭炮声、锣鼓声震天动地,气氛异常热烈,在选定的15个被认为"煞气"重的路口,道士团都得举行"押煞"仪式,将抓出的"煞气"包在红布中,扔于王船上,以象征王爷所具有的驱瘟制煞能力。最后在傍晚时分,绕境完的王船载着马六甲各社区的煞气与污秽,在祭祀船头和添载柴米油盐等添载物后,在双岛城海边焚化,围观的信众向燃烧着的王船中扔出一包代表家庭煞气的茶叶包,扭头就返回。熊熊的大火,焚化了王船,也驱走了地方的煞气与污秽,使马六甲人的生活空间更加洁净,人们的社会生活再次秩序化。

---

① 苏庆华:《代天巡狩:勇全殿池王爷与王船》,马六甲:马六甲怡力勇全殿,2005年,第115页。

　　总之,在海上丝绸之路沿岸的东南亚诸国的华人聚居区中,存在着许多中华文化特别是闽南人文化的因素,王船祭(请王、送王仪式)就是一种最富有闽南人文化特色的现象。尽管从马六甲早期与现当代的王船祭中,我们似乎可以看到,1919 年、1933 年王船祭时建造的王船,闽南人文化的特质非常明显,有的几乎就是一种"翻版",如当时所制作的王船与中国传统的闽南官船、战船几乎一样,当时采莲队穿的仪式服装几乎就是清代士兵的服装;然而,21 世纪王船祭中出现的王船则发生了一些变化,由于传统式样的船只已成历史,故马六甲勇全殿现当代的王船也有些脱离中华传统的变化,但单就王船祭仪式的整体而言,它仍基本保留了闽南人文化的精髓与精神。另外,我们从马六甲的勇全殿、福建会馆等华人庙宇与会馆的公共建筑也可以看到,它们在最近都重修过,但它们仍与闽南人的红瓦建筑保持一致的风格,甚至可以说它们与祖籍闽南的闽南人建筑几乎无两样,表现出很强的闽南人文化的物化特征。由此,我们或可以说,马六甲的闽南籍华人对闽南人文化中的某些事物的历史记忆有所衰退,但在其他某个方面,其历史记忆又有着强化的表现。随着马六甲勇全殿五府王爷王船出游的民俗活动成为马来西亚的国家级非物质文化遗产,我们相信闽南人文化也将在海上丝绸之路沿岸国家中继续存在与发扬光大。

　　本文原载《艺苑》2017 年 6 月增刊。

# 闽南人的王船祭与王爷信仰

王船祭俗称"送王""送王船""送王爷船""烧王船""祭王船""做好事""迎王送王仪式""贡王""王醮"等,其迎送的王爷为代天巡狩王爷,其被称为"代天巡狩""代天巡狩王爷""客王""大总巡""大巡""代巡""千岁""千岁爷""王爷公""阿爷""大人"等。

## 一、分布区域

王船祭的形成与核心地区是福建南部地区(俗称"闽南"),特别是厦门湾与泉州湾沿海的村落与城镇地区。至迟从明代以来,这个区域中就有不少村镇地方每隔几年就会举办一次王船祭。例如在厦门湾中的厦门岛内,有思明区厦港街道沙坡尾社区厦门港池王爷龙珠殿的王船祭,还有思明区前埔街道何厝社区、塔埔社区的王船祭,湖里区金山街道浦口社区池府王爷、龙王瑞云宫的王船祭,湖里区禾山街道坊湖社区保生大帝、妈祖太源宫及钟宅社区的王船祭;海沧区九龙江畔那里有海沧街道钟山社区朱池李三王爷的水美宫、石塘社区王爷龙华堂代天府的王船祭,海沧社区池王爷济津宫的王船祭,马銮湾中有新阳街道新垵社区、东孚镇芸美村朱钟池三王爷通济宫的王船祭;同安区有吕厝社区华藏庵的王船祭;翔安区有新店镇后村社区广泽尊王、岳王爷凤山寺的王船祭。而在厦门湾及九龙江的漳州地界中,也有许多村落与社区会定期举办王船祭,如九龙江北岸现今龙海角美镇的鸿渐村保生大帝凤山宫、乌屿村、寮东村、石美村妈祖庙等都定期举办王船祭;在厦门湾的南岸漳州龙海地界中也有许多村落会举办王船祭,如浯屿天妃宫、港尾梅市的天后宫、港尾白坑村、石埠村、海澄罗坑村、石码镇、漳州开发区石坑社区池王爷保泉宫、漳州市区中山桥水上人家外海王爷进发宫、西街教苑代天府等都定期举办王船祭。而在厦门湾的泉州地界中也有村落举办王船祭,如晋江金井南江村南沙岗的六姓府、金井丙州村都有王船祭。而在泉州湾中,晋江沿岸的萧王爷(萧望之)富美宫、法石的文兴宫、东海金崎村宁海庙、深沪华峰村镇海宫等都曾举办过王船祭(其称"王醮")。

王船祭的扩展区有台湾和其他闽南人聚居的地方,台湾闽南人的王船祭的形成大体有两种情况。其一,是接到闽南地区送出的王船或王爷及其象征物等而在台湾形成,如云林县褒忠乡马鸣山村据称就是在清代康熙元年(1662 年)接到大陆漂去的王船后,才设立王爷庙镇安宫,并开始有王船祭的。[1] 据说台南安定乡苏厝村也是在康熙十八年(1679 年)三月接到一艘插着 12 位"玉敕代天巡狩"王爷令牌的王船后,才建造长兴宫,并形成该地的王船祭。[2] 有的则是接到某王爷的象征物而形成的,如屏东县东港镇的东隆宫即为康熙四十五年(1706 年)东港人在海岸发现刻着"东隆温记"的漂流木材,温府王爷明确表示希望在庙中被供奉之意以后而建立起东隆宫和该宫的王船祭。其二,是因闽南人移民带着王爷香火以及王船祭的记忆过去,在当地形成王船祭的。由于大陆闽南地区的王船祭多在冬季举行,由于北风的关系,游地河(即由海上漂流走的)的王船多往南漂,故台湾接到大陆闽南厦门湾、泉州湾漂出的王船的地方多在台湾南部,因此台湾所流行的王

---

① [日]三尾裕子:《王爷信仰的发展:台湾与大陆之历史和实况的比较》,载徐正光、林美容主编:《人类学在台湾的发展:经验研究篇》,台北:"中央研究院"民族学研究所,1999 年,第 47 页。

② 黄文博:《南瀛王船志》,新营:台南县文化局,2000 年,第 54~55 页。

船祭最著名的有"北西港，南东港"的说法，这西港指的是台南县西港乡庆安宫（主神为妈祖），东港则为屏东县东港镇东隆宫（主神为温王爷），两者都处于台湾的南部地区，所以台湾的王船祭主要分布在台湾南部地区沿海的村镇中。近年来也因为一些庙宇神明分灵的关系，台湾南部的王船祭也有向北部扩散或传播的现象出现。至于台湾的王爷宫庙的建立，绝大多数不是接到王船或王爷的漂流物而建的，就是移民带着王爷的香火过台湾后建立起来的。由于王船与王爷像等与王爷信仰相关的器物多漂流至台湾南部，因此王船祭主要存在于台湾南部，而由带过去的王爷香火等所建立的王爷宫庙则随闽南的移民遍布台湾。

东南亚华人社区中的王船祭几乎都是间接形成的，即闽南的移民带着王船祭的历史记忆迁移东南亚，在东南亚定居后，在遇到自我的具体问题时，唤醒历史记忆，采取祖地同样的形式来举办，以处理他们自我遇到的问题。如马来西亚马六甲的王船祭是闽南的移民带着王爷信仰以及王船祭的历史记忆到马来西亚后，在当地遇到具体的问题后，根据其历史记忆于1854年在当地兴起的，因此它是一种文化人类学所说的刺激传播的现象，也是一种依据历史记忆在当地形成的一种再发明。马来西亚沙捞越古晋凤山寺、柔佛州峇株巴石文丁崇龙宫等的王船祭，印度尼西亚苏门答腊峇眼亚比永福宫、帕尼帕汉杨府七王庙的王船祭等也应该是如此。

## 二、历史渊源

根据民间传说，王船祭形成于明代初年，如厦门同安区吕厝的《华藏庵史略碑志》云："代天巡狩系由江北巡至江南，后续巡入闽。于洪武辛未年莅巡本邑从顺里三都霞崎石井（今之吕厝），初且座于日月二大使小庵。历数秋，神鉴石井盛地，环水依山，巨地龙虾出港，东望何厝,南联长弓形山脉,龙之左足,西对岸童头苏(今之东头埔)山脉入海,龙之右足。座由西山山脉落经西湖塘,袭龙于石井。堂朝洪海,供龙吮水,真景难尽。神吉择龙首落座。时本境弟子吕宗裕致力庙宇,殚精竭虑,倡导于戊寅年,始就此迹,命名'华藏庵',座艮朝坤。其时日月二大使旧庵已淹没,即本境诸明神均请落座于华藏庵,时值潮澎,龙虾吮水,胜景犹活,故促神威兴盛,遐迩震及,内外昭风,确由盛地促神威。至明永乐戊子年一四零八年玉皇敕旨:钦赐王爷荣爵,并订代天巡狩,以子、辰、申命任岁次。是年孟春初四迎接新任王爷。"换言之,该地方传说,代天巡狩王爷在明代洪武二十四年(1391年)就来到今吕厝这里,最初落脚于海边的日月二大使的小庙中,后因小庙被毁,吕厝的开基祖吕宗裕才在洪武三十一年(1398年)筹资建了华藏庵,来容纳该村各庙的神明和代天巡狩王爷,一直到了明永乐十四年(1416年),才最终定型,形成现今这四年一次的王船祭。但是可惜的是该碑志为1989年所作,没有明清两代的历史文献支持,故吕厝的王船祭是否就真正形成于永乐年间,仍有待考证。不过,我们从清乾隆四十二年(1777年)的举人柯辂的《柯淳庵诗文集》卷四《乡俗论》中看到,他曾说王船祭"此风之行,不知仿于何始,余观隆庆旧府志已言及之。而踵事之增,及今为甚"。也就是说,他曾在隆庆《泉州府志》中看到有王船祭的记载,而在清代乾隆年间,闽南各地王船祭的举行已相当盛行。由此,我们可以说至迟在明代隆庆年间,闽南人的王船祭就已经存在了,故那些认为王船祭在清初形成的说法无法成立。

台湾地区最早记述台湾闽南人有崇拜代天巡狩王爷的文献是康熙二十四年(1685年)蒋毓英修的《台湾府志》,其卷六《庙宇》云:"二王庙在东安坊,云神乃代天巡狩之神,威灵显赫,土人祀之,内有宁靖王行书匾'代天府'三字。大人庙在台湾县保大里,其神聪明正直,亦是代天巡狩之神。"而最早记录王船祭行为的文献则是康熙五十六年(1717年)周钟瑄修的《诸罗县志》,虽然台湾记载的王船祭与大陆的有些细微的差异,但不管怎么说,这表明,在清代康熙年间,台湾南部也有许多地方盛行王船祭。

由此我们大体可以说,闽南地区闽南人的王船祭至迟形成于明代,并因为送王"游地河"的关系,以及闽南人向台湾移民的关系,而在明末清初就传播至台湾南部,从而大陆闽南地区与台湾南部地区成为闽南人最频繁举办王船祭的地区。

# 三、基本内容

王船祭的仪式过程通常如下:某个水边的村落或城镇,在定期的某个时间点里,从水边(绝大多数是海边)请一尊或几尊"客王"(其被称为"代天巡狩""代天巡狩王爷""大总巡""代巡""千岁""王爷"等)到该地巡狩、镇守或祭祀几天后或几年后,举行仪式"贡王"或请道士(俗称师公)做"王醮",制作一艘用木架纸糊的王船(即王爷船)或纯粹木制的王爷船将其送走;送王时,先举行代天巡狩王爷或包括王船在内的巡境驱邪赐福仪式后,将木制的王船放于水中,让其漂走,或将木骨纸制的王船迁船至水边的"王船地",并在择定的时辰中将其焚化,前者称"游地河",后者称"游天河",现则多为"游天河"的烧王船形式,而且不论是木骨纸糊的王船与木制的王船均如此。以此来表达祭海祈福的意义,祈求国泰民安、风调雨顺、百业繁荣。

以迎王送王在短期内完成的王船祭仪式看,王船祭通常可以分两个阶段。第一个阶段为祭祀的准备阶段,其主要的事务是造王船和糊王爷等工作,其通常要设立一个王船厂,在其中建造王船;另外要请工匠制作仪式中要用的纸扎艺术品,如王爷及其兵马、差役、水手、官将等。有的王船厂封闭,需洁净,不让外人观看;有的开放,可以让人参观。王船厂中有的会供奉"总赶公"和"妈祖",前者为王船建造的监工,后者为王船上的守护神。有的地方造王船有许多仪式,如有"签(龙骨)祭""打造王船""王船出厂下水"三个阶段。签祭有取签、造签、请签、安签等几个仪式;打造王船即主要建造王船和彩绘王船,造好后还得举行"安梁头"、"安龙目"、竖桅、盖帆等仪式;然后举行王船出厂下水仪式,将王船从王船厂中迁出,停于厂外,将船桄落入桶或盆装的水中,以象征在港口等候。

第二个阶段为真正的王船祭,即迎王送王仪式,其包括"迎王入醮"、"王爷绕境"、"贡王、祭船仪式"和"送王仪式"。

迎王入醮简称"迎王",其一般都在海边举行,表现形式各异,有的为王爷神辇冲入海中表示迎到王爷,有的则以乩童上身后跳到某条小船上来表示王爷驾到,有的则带着纸糊的王爷在海边,或海边的某宫庙中呼请,请到后,即为纸扎的王爷开光点眼。迎到王爷后,往往先送进临时的"代天府"中供奉,同时也接受代天巡狩王爷信众的供奉与添载,人们或陆续来祭拜与添载,或集中祭拜添载,如同安吕厝每家每户都用一头生猪或加上一头生羊集中供奉,华藏庵前广场上用四百多头猪同时祭祀的场面相当壮观。而且在此期间庙前的广场上通常都会演戏,在泉州、厦门地区多演高甲戏与木偶戏,而在漳州地区多演歌仔戏、木偶戏,有时也会出现同时演几场大戏的"拼戏"场面。

王爷绕境即扛着王爷神辇,有的甚至扛着王船在本社区中绕境,有时王船如造得太大,就无法出去绕境,而只是扛着王爷的神辇在本社区的境内巡境,并驱邪、收邪煞、赐福,使社区洁净、平安。为了让王爷保佑,村人积极主动地去扛抬王船,或去亲近王船,或捡拾王船上撒出的金纸等,以便带回家保佑各自家人的平安。另外,随王船或王爷神辇出巡的有许多阵头,如道士团、龙阵、狮阵、大鼓凉伞、大摇人、戏班的八仙贺寿阵、车鼓阵、公背婆、两头人、高跷、拍胸舞、蜈蚣阁、大阁、宋江阵、马队、锣鼓班、腰鼓队、西乐队等等,有时巡行队伍有一两公里长。有的地方则有"海巡"的仪式,即将宫内供奉的王船请出来,放于海中,任其遨游一段时间后,再收回,以洁净社区前的海域。

贡王、祭船仪式,为庙宇正式的供奉王爷的仪式,其供品非常丰盛。有的由庙方筹措置办,有的由王船祭选出的"主会"或"头家"供奉,正式为王爷践行。而在庙外,则有"船头祭",对王船进行供奉与祭祀,或由道士举行"和瘟"仪式,或由村民自我上祭品祭拜。然后,迁船至海边的王船地,待时辰一到,将王爷送走。

送王仪式,即将纸糊的王爷等送上船,并将各信善添载的金纸、柴、米、油、盐等堆于船边,在送王时辰到时,就点火焚化王船等,让代天巡狩王爷返回天庭,同时也带走该地区的所有污秽、邪煞与晦气,使地方形成一个"洁净"的空间,使人们能在一个洁净的空间中平安生活。

# 四、王船祭的主要特征

## (一)造王船、糊王爷等纸扎品

王船祭定会造艘王船来送走当任的代天巡狩王爷,顺便将该地海陆内的邪煞也带走。王船可以是木制的,也可以是木骨纸糊的,但其船体主要是传统的官船体,船上有彩绘,如船头的狮面、船尾的飞龙、船帮上的十二生肖等,故有时被称为"彩船"。有的船舷上还饰有纸扎的神明,或王船的水手,或民间所称的三十六官将等。此外,人们供奉的代天巡狩王爷、中军、兵将、差役等也是纸糊的。所以除了非常小型的王船祭以外,中、大型的王船祭一定有艘彩绘的王船和大量的纸扎神明与物品。因此,王船祭也起到保留民间木制船舶的制作技艺与纸扎艺术和彩绘艺术等的功能。

## (二)竖灯篙

王船祭几乎都需要竖灯篙来表示仪式的举办,如厦门市同安区吕厝、翔安区后村、海沧区钟山、思明区塔埔等社区在举办仪式时都有竖。竖灯篙的目的是召唤陆上、海上的孤魂野鬼前来享宴,并可以通过王船祭的仪式，将其转换为代天巡狩王爷的兵将，从而据其今后跟随王爷行善积德而对人类的贡献大小，而从鬼魂的身份向神明的身份转化，或投胎为人。因此，竖灯篙现象与仪式具有洁净陆域、海域空间的功能，从而能在心理上消除渔民、航海人对海洋某些未知的疑虑，增强战胜海上风险达到目的地或者是获取好收成的信心。

### (三)海边迎王送王

王船祭都在海边或水边迎王(接王或也称请王)与送王，如吕厝社区在"王爷年"的农历正月初四在该社区东北方向的同安湾海边迎王(现建了迎王广场，在那里迎王)，农历十月底在海边送王，仪式隆重，参与者众多，非常热闹。又如钟宅人在海边的王公宫迎王，而在五缘湾(原钟宅湾)的海边沙滩上送王。再如厦门港龙珠殿在避风坞海边的王船厂中迎王，在曾厝垵书法广场的沙滩上送王。这种形式上表示代天巡狩王爷来于海上，从海上离去的现象，与民间流传的被皇帝冤死的三十六进士成为代天巡狩王爷的传说故事，都蕴含着代天巡狩王爷是从海上来又从海上走的"结构母题"或"核心象征"。这表明，王爷是由海上阴魂转化过来的一种神明，而与中国传统的瘟神来历并非一回事。这种地方文化逻辑是与闽南民间渔民在海上捞到尸骨后必先送上岸埋葬祭拜后，再出海打渔就必定有收获的文化逻辑是一致的。这类阴庙的崇拜，经过显灵等过程，往往会由阴转阳而成为所谓的正神，而这种定期或不定期来自海上，又从海上走的现象又与中国封建社会传统的代天巡狩的巡按制度嵌合，并且在中国人的观念中，巡按代天巡狩，具有比地方官更大的权威与除恶的功能，终使这类神明成为类似封建王朝巡按类的钦差大臣式的神明，故在形式上，送王用的王爷船上，通常都会挂上写有许多省份名称的灯笼，以表达代天巡狩王爷曾经去过或将去这些省份巡按。

### (四)王爷或王船巡境,驱邪、收邪、赐福

原本送王只是用王船(官船式样)送走来此地巡按一段时间的代天巡狩王爷(客王)。由于上述民间观念中,巡按(钦差大臣)具有更强的理清地方恶势力的功能,故人们认为,代天巡狩王爷具有除去或带走民间认为不可见的邪煞功能,因此,在王船祭中,常会请出王船、王爷来巡境,驱邪、收邪,为地方赐福、赐平安,将邪煞等所谓的观念上的污秽在王船离去时,一并带走,以使地方的生活空间有一种"洁净"的感觉,使地方人们在心理上有一个空间洁净的感觉,而使人们对此的焦虑得以减轻和释然,从而对进一步的生活充满信心,因而以更充沛的精神去面对未来的生活。故王船、王爷的巡境具有驱邪煞,使地方生活空间洁净,使人们消除对某种未知感的焦虑,更有信心去面对未来社会生活的功能。由于王爷的性质与功能,如王爷与王船都具有驱邪和押送邪煞出境的功能,所以信众常要与王爷、王船亲近,如通过与王爷神辇换香、摸王船以驱邪,或绕王船以除晦气,或捡拾王船上撒出的金纸,带回家以辟邪等,所以,代天巡狩王爷与带来瘟疫的瘟神是不同性质的神明。

### (五)隆重的"贡王"(有的也称"请王")仪式与王醮(太平清醮)科仪

王船祭多会举行隆重的祭祀仪式,此有的地方俗称"贡王"或"请王"(台湾对送王前的宴请王爷的称呼,相应的"接王"则称"迎王"),在这种仪式上,供品之丰富,令人叹为观止,如吕厝,可以集中四百多户人家,家家供奉一头生猪,有的人家则用"少牢"(即一头猪与一头羊),有的地方"主会"的供奉,不仅有五谷、六果、"一宴"(指二十四道菜肴)等,还会用当时最贵的酒、烟、茶等。

有的王船祭会请道士做醮,此称"王醮",通常会举办三五天。其会在宫庙中设立三清坛、三官坛,在宫外设立玉皇坛,甚至更多的坛,

从事一场接一场的科仪,如启鼓、发奏表文、请神、竖旗、分灯卷帘、进拜朱表、入户祈安、和瘟净醮船头祭、登座普度、焚化王船等,念的经文有灵宝五斗真经、灵宝三官宝忏、三官经、玉枢经、灵宝祈安清醮朝天宝忏,有的则用"送船科仪""王船醮科仪""送瘟科仪"等,因此造成一定的混淆。在王船、王爷出巡时,道士则协助宫庙的乩童或三坛头或独立负责收邪煞于王船,但有的地方,则由临时组成的"代天府"王府礼仪班子或乩童、三坛头来处理诸如祭祀、收煞等的事务,这时就不称"王醮"。

**(六) 王船游天河或地河,送王爷回天庭,并带走该地区的邪煞、个人的晦气等**

送王过去有"游地河"与"游天河"两种不同形式,前者以真的木制三桅海船送王爷出境,后者则用焚化王船的形式恭送王爷,现多数地方都以"游天河"的形式送王。由于在人们观念中,代天巡狩王爷是皇帝派出的巡按,其比某个地方的地方官具有更大的除恶能力,故在送王时,虽然人们只是在送一位或几位来本地巡狩的代天巡狩王爷,但这种仪式,也带有洁净本地海陆生活空间的邪煞、污秽等,并在送王的过程中将其送走的意味,从而使人们认为他们将在一个洁净的地域空间与海域空间中继续生活,人们的生活空间得到了进一步的净化,人们预期在此洁净的空间中生活将是平安的,人们对此的未知感得以消弭,因而,人们面对即将到来的未来的信心有一更大、更好的提升。

# 五、王爷的来历

闽台两地许多王爷庙中的王爷有名有姓,如泉州南门外相传始建于明代正德年间的富美宫主神为萧望之王爷(萧王爷、萧阿爷),其手下又有二十四位王爷的令牌,这二十四位王爷据说是商代的金素、吉立、姚宾，春秋战国的白起、伍员（字子胥）、侯嬴、田单、扁鹊（卢王爷），秦末汉初的纪信，东晋的温峤，隋末唐初的朱叔裕、邢明德、李大亮、池梦彪、吴孝宽、范承业，唐代的雷万春、薛礼（字仁贵），五代末北宋初的康保裔，北宋的包拯，北宋末南宋初的岳飞（武王爷），南宋的叶适，元末明初的徐达和明代的罗伦，因此该庙被人们称为"王爷总部"。泉州市丰泽区东海镇美山村的王爷馆供奉的萧府王爷为萧望之。又如晋江市安海镇塔兜的瑞丰殿所祀奉的"泉郡瑞丰殿代天巡狩邱王府正堂"邱王爷为宋末元初的邱葵。再如厦门市翔安区马巷镇五甲街始建于明代万历年间的元威殿供奉的池府王爷为明代的池然，字逢春，其号称为闽台池府王爷的开基祖庙，俗称池王爷的"正炉""祖炉"。翔安区新店镇后村凤山寺供奉的岳府王爷为宋代的岳飞；翔安区大嶝岛崎口下社青龙寺的蔡府王爷是清代的蔡攀龙。同安区大同镇祥露顶社莲鸿宫的陈府王爷为明代的集美大社人陈文瑞。

但更多的王爷是只知其姓氏而不知其名。如泉州市泉港区山腰镇埭港村白石港的龙见宫（新宫），主祀朱王爷，同祀邢、李二王爷。惠安县张坂镇浮山村（又名獭窟岛）的西峰后宫俗称六王府，奉祀陈、韦、温、金、骆、苏六府王爷（六千岁）。又如泉州市鲤城区浮桥镇高山村的三王府，祀奉朱、邢、温三王爷；鲤城区江南镇斗南村的温王宫祀温王爷；丰泽区东海石头街中的王爷宫，祀奉雷、萧、殷三王爷。石狮市祥芝镇祥芝渔村始建于清代乾隆二年（1737年）的斗美宫，供祀池、朱、李三位王爷。晋江市深沪镇华峰村镇海宫主祀树王爷，还配祀了萧、钦、黄、朱、李、温等12个姓氏的王爷；龙湖镇衙口村中堡社的丁王府供奉丁府王爷；金井镇丙州村玉安宫（原普庵宫）供奉丁府王爷；石圳村的苏王府（圳山古地）主祀苏府王爷，拱峰宫供奉新王爷，黄阿爷宫祀奉黄王爷；南江村大房头南沙岗的六姓府祀奉顺、钦、黄、朱、李、温六位王爷。厦门市翔安区内厝镇黄厝村的护安殿奉祀吴府千岁，莲后村龙阳殿供奉李府千岁；马巷镇曾林村凤仪殿祀奉密府王爷；大嶝岛山头村的灵水宫供奉石王爷和日月二大使；思明区何厝香山五王宫供奉朱、池、温、李、密五位王爷,厦门港龙珠殿供奉池王爷和池府千岁。厦门市湖里区塘边社区的王爷宫祀奉金、康、赵、岳、周五位王爷;江头街道江头社区江头街的龙泉宫供奉朱、邢、李三位王爷,后埔社区后埔社的禾济宫祀奉吴府王爷、关帝等,刘厝社的定安宫祀奉妈祖和吴府王爷;禾山街道围里社的会福殿供奉温府王爷;金山街道高林社区高林社的会堂宫祀奉关帝、朱王爷,五通社区泥金社的兴隆宫供奉吴真人、天后、真异大师、蔡王爷等。厦门市海沧区钟山社区水美宫、福仁宫均供奉朱、池、李三位王爷。漳州市芗城区瑞京村西街教苑俗称"王爷公庙"的代天府据说始建于明代洪武年间,其主祀"代天巡狩朱王府",配祀池、李、温、康王爷。龙海市石码镇杉排尾社的王爷公坛供奉朱府千岁,海澄镇罗坑村的王爷宫祀奉徐、朱、李三位王爷,浯屿岛邢府庙供奉邢府王爷。金门县金沙镇后珩的景山宫祀奉苏王爷,东萧社的湧源寺供奉邱王爷,后埔头社的川德宫祀奉厉王爷,下兰社金德宫供奉苏王爷,西山前社的圣侯庙供奉苏、邱、梁、秦、蔡五位王爷和恩主公、恩主娘,山西社的明王殿祀奉刑王爷,新墩前社的东关庙祀奉董王爷;金湖镇下新厝社的鹰龙庙主祀朱王爷,复国墩社的钦月殿供奉池王爷,西埔社妙香寺祀奉苏王爷,西村社的保莲殿主祀林王爷,东村社的沧龙宫供奉森府王爷,庵边社的护安宫主祀金王爷,料罗社代天巡狩府供奉大、二、三、四王爷,始建于明代永乐年间的新头社五德宫主祀苏王爷,湖前社碧湖殿主祀金王爷,配祀温、邱、苏、田王爷、六姓府、五王、佛祖公等,山外社英武山岩主祀林王爷,配祀留府三王爷、邱王爷等,后园社的代天府主祀池、温、朱三位王爷,成功社的象德宫主祀温王爷;金宁镇咙口社的鸡山宫主祀厉王爷,后盘山社的威济庙供奉池府王爷,后湖社的昭应庙主祀池王爷,下后垵社萧府庙供奉萧府王爷,东洲社孚佑庙主祀朱王爷,榜林社承济殿祀奉侯府王爷,榜林社的宏济殿主祀朱王爷,下堡社的福寓宫供奉厉王爷、温王爷、金王爷、池王爷,湖南社的吴保殿主祀吴府王爷、二府王爷、苏王爷、邱王爷,中堡社金圣宫主祀顺府王爷,西浦头社的灵济宫主祀朱、刑、李三位王爷,北山社的镇西宫供奉章、赵、罗三位千岁,南山社的伍德宫主祀苏王爷,其镇西宫祀奉池王爷、清王爷,下埔下社的代天府供奉温、朱、池三位王爷,埔边社的代天庙祀奉金、池、程、温四位王爷;金城镇西门的宏德宫主祀苏府三千岁,东门的昭德宫供奉苏王爷,代天府供奉温、池王爷,南门的睢阳府供奉厉王爷,安德宫祀奉雷、金、康三位王爷,官路边社的回龙殿祀奉金王爷,官里社的仰云殿主祀池王爷,欧厝社五显庙供奉金王爷,古岗社双峰岩供奉池王爷,前水头社灵济宫祀奉苏王爷、邱王爷、梁王爷、秦王爷、池王爷,其惠德宫供奉李、金、温、朱四位王爷;小金门后井社的王公庙祀奉刘府王公,青岐社的朱府王爷宫供奉朱王爷,上林社的李府将军庙祀奉李府将军爷,上林社的厉王爷庙祀奉厉王爷,埔头社的吴府王爷宫祀奉吴府王爷等。①

出现这样的状况,实际上与王爷的来历有关。

在闽南民间,一般都认为王爷来源于被皇帝与张天师斗法冤死的三十六进士。如厦门市同安区西柯镇吕厝村的村民认为,王爷是由三十六进士转化的。而他们是被皇帝与张天师害死的。据说有三十六位进士在翰林院等待皇帝派官。当时皇帝想试一下张天师的法术,就在翰林院的下面挖了一个地洞,要三十六进士在里面弹唱弦乐。皇帝带张天师走进翰林院,听见地底下有音乐的声响,就问张天师为什么有此声,是不是有什么东西作怪。张天师屈指算了一下就知道是怎么回事,也不讲话,只用脚在地上踩了三四下,地底下就鸦雀无声了。事后,皇帝问这三十六进士,为什么不弹了。三十六进士回答说,不知为什么突然都无法动弹,所以弹不出来。过了几天,皇帝又要他们照样在下面再弹,然后又问张天师,怎么又有此种声音。张天师也不答话,就把三十六进士的姓名写在一张纸上,放到一个瓶子里,塞上塞子,封好蜡,丢到河里。这下子地底下又没声音了。事后皇帝下去一看,原来三十六进士都死了,皇帝没辙了,只好埋了他们。再说那个装着写

---

① 黄振良编著:《金门寺庙教堂名录》,金门:金门县政府,2009 年。

有三十六进士姓名纸条的瓶子在河里、海上漂啊漂,一直漂到吕厝这里的沙滩上,正巧被一个乞丐看到了,他捡了起来,见里面有东西就拔开塞子,三十六进士的冤魂就乘机飞了出来。他们飞到京都,找皇帝作祟讨封,皇帝没办法,就封他们为代天巡狩王爷,可以"走府吃府,走县吃县",走到哪儿吃到哪儿,接受俗民的供奉。由于王爷是漂到吕厝这里得到封赐的,所以这里就有了王爷宫——华藏庵。同时由于是乞丐把王爷从瓶里放出来的,所以人们认为乞丐是王爷的大哥,送王时添载的柴米油盐等物品,乞丐甚至可以分一半。村民还认为,吕厝王爷是代天巡狩王爷,他们每四年来一任换届。新任王爷姓什么,由王爷借日月二大使、姜太公、大魁星君、吕洞宾或中坛元帅的乩身等告诉村民。当年底送走旧王以后,新任王爷就"藏与形"地坐镇在华藏庵内,并在同安西界一带巡狩,保佑这地方的安宁。[①] 所以,每隔四年,吕厝村要举行请王送王仪式,正月初四在海边请新一任王爷,十月送旧王。至于新任的王爷姓什么,就靠王爷上身吕厝村的乩童再说出来,如第 133 任庚辰科(1940 年)的王爷姓魏,134 任甲申科(1944 年)的王爷姓苏,135 任戊子科(1948 年)的王爷姓吴,136 任壬辰科(1952 年)的王爷姓朱,137 任丙申科(1956 年)的王爷姓李,138 任庚子科(1960 年)的王爷姓蔡,139 任甲辰科(1964 年)的王爷姓吴,140 任戊申科(1968 年)的王爷姓郭,141 任壬子科(1972 年)的王爷姓苏,142 任丙辰科(1976 年)的王爷姓朱,143 任庚申科(1980 年)的王爷姓李,144 任甲子科(1984 年)的王爷姓吴,145 任戊辰科(1988 年)的王爷有三位,为许、吕、古三位王爷,146 任壬申科(1992 年)的王爷姓吴,147 任丙子科(1996 年)的王爷姓李,148 任庚辰科(2000 年)的王爷姓林,149 任甲申科(2004 年)的王爷姓郑,150 任戊子科(2008 年)的王爷姓纪,151 任壬辰科(2012 年)的王爷姓郭,152 任丙申科(2016 年)的王爷

---

① 石奕龙:《同安吕厝村的王爷信仰》,载庄英章、潘英海主编:《台湾与福建社会文化研究论文集》,台北:"中央研究院"民族学研究所,1994 年,第 190 页。

姓孟。

　　笔者在厦门海沧区钟山村水美宫调查时,钟山村的村民也对笔者说,王爷是被皇帝与张天师斗法时冤死的三十六进士,与吕厝村不同的是,张天师在写三十六进士的名字时,是三个人写一张纸,塞在竹筒里扔进御花园的河里,后来其中之一漂到钟山村的海边,让一老人捡了,打开一看,上写朱、池、李,所以他们就在村边的水尾处,建了浦尾庵,供奉朱、池、李三位王爷,后则雅化为水尾宫——水美宫,并形成请王送王的王船祭仪式,每三年请一位王爷坐镇水美宫,并送走旧王。由于朱、李、池三位王爷是代天巡狩王爷,所以在水美宫中没有王爷的神像,只有一块"代天巡狩"神牌。在请王、送王时,才会用纸扎一尊或几尊。

　　笔者在海沧新垵调查该村的请王送王仪式时,也听在场执行"王醮"的王道士说,王爷来源于被皇帝冤死的三十六进士,故请王送王仪式,都要请"客王"来坐镇,然后送走。至于当任的王爷姓什么,也需乩童上身后告之。笔者在石狮与施仲谋聊天时,提及深沪镇华峰村镇海宫的王爷时,施仲谋也讲,他曾听其父亲讲,王爷来源于被皇帝冤死的三十六进士。

　　但有些人因为王爷的姓氏统计起来超过36,有100多,则建构出被冤死的进士有360位,如林国平认为,"关于王爷的来历,更是人说纷纭。或说是秦始皇焚书坑儒时,被活埋的360名博士演变而来;或说是唐代360名冤死的进士,被赐予'王爷'封号,血食四方;或者说是明代末年360名进士不愿臣服清朝统治,集体自杀,成为瘟神,等等"①。这种传说都是后代人或某些研究者的主观建构,而且没有一点历史的基础,如封建王朝的科举制度兴起于唐代,但每科的进士都不可能有360名,而只是几十名。所以如真有冤死这样的历史事实,也不可能有360名。三十六进士的建构中的另一主要人物是"张天师"。尽管正一派

---

　　①　林国平:《闽台民间信仰源流》,福州:福建人民出版社,2003年,第133页。

号称天师道起源于汉末的五斗米教,其创立者张道陵(张陵)为"祖天师",其子张衡为"嗣师",其孙张鲁为"系师",但其为封建政府承认则是在元代忽必烈时期,忽必烈正式赐予"天师"称号,在《制》文中称张宗演为"嗣汉三十六代天师"。自此以后,形成龙虎山正一派,并总领江南道教各派而著名。因此,民间建构皇帝与张天师斗法而冤死三十六进士的故事,应该在此之后,或是元代或是明代,而不可能往前追溯到唐代,因为唐代虽有许多皇帝崇尚道教,与道教有联系,但多与茅山派、金丹派发生关系,而与天师道毫无关系。

另外,36这个数实际上是"天罡"象征而已,不一定实指36这一实数,而是表示王爷这类神明为"天罡"的化身而已。所以不必去追求或考证具体的数字。

此外,在王爷信仰中,有的王爷是同姓的两个人,如池府王爷,泉州富美宫萧阿爷手下的池府王爷为池梦彪,开封人。唐高祖时任太守。在任时,有瘟疫神化为士人与池结为朋友。一日酒筵中,瘟疫神向池吐露玉皇大帝命其传播瘟疫。池心中十分恐惧,问瘟神施用何法放毒,瘟疫神自囊中取出瘟疫药一包,曰:"明日即将此药投入本地各水井中。"池曰:"可将此药借观否?"瘟疫神曰:"既是知交,但看何妨。"池急将药包解开,立刻全部倾入口中,一时毒性发作,满脸黑斑,眼珠突出,瞬时而逝。全城百姓感其爱民自我牺牲,悲痛万分,建庙奉祀。①然而,厦门市翔安区马巷镇五甲街元威殿池府王爷总庙的池府王爷则为池然,字逢春,又名德诚,原籍南京,明万历三年(1575年)武进士及第。池然为人耿介,居官清正,常怀治国安民、济困扶危之志。后调任漳州知府,在赴任途中,于马巷东七里之小盈岭路遇两使者,自称奉玉皇大帝圣旨往漳州播撒瘟药,池然设计智取瘟药自服,瞬间毒性发作,

---

① 泉州市区道教文化研究会编:《泉州市区寺庙录》,内部读物,第114页。

脸色变黑，遂化身于小盈岭。玉帝敕封代天巡狩，委派在马巷元威殿为神。①

因此，我们看到，大凡王爷宫庙中的代天巡狩王爷，多是先有姓，而后再去建构其为历史上的某名人，或建构的某名人。这我们大体可以从晋江市金井镇丙州村玉安宫（原普庵宫）所供奉的丁府王爷的来历及其后续的一些变化来认识这一过程。

相传在清代康熙年间，②丙州及附近地区发生了瘟疫，染病者上吐下泻，死亡近百人。乡民被瘟疫搞得手足无措、投告无门，只好去问神灵，丙州村的神灵指示，需礼迎由"泉府三十六进士"形成的王爷来驱逐瘟神、厉鬼才能解困。所以，丙州人就遵照神意制造了王爷船和36位王爷的神像，请来道士举行王醮等仪式，由道士将在当地肆虐的"无形"的"瘟神、疫鬼、厉鬼"等收押起来，拘禁于王船上，由这36位王爷押着这些"肮脏""邪煞"送出境外，赶出乡里。但当丙州人将这36位王爷安位于王爷船上时，有一尊神像被海风一而再、再而三地吹落下来。乡民见状都以为有蹊跷，就请神扶乩询问个中原由，通过扶乩，乩手在沙滩上写出了"丁府八千岁要留乡保境安民"的字样，由此乡民终于弄清楚了丁府王爷"不走"的意思，就将其神像留了下来，其他35位王爷就乘着为他们制作的王爷船，押着那些从丙州境内收押的"瘟神疫鬼厉鬼"等出海，将这些"肮脏""邪煞"送走。丁王爷则安放在丙州当地原有的普庵宫中奉祀，并请丁王爷巡护乡里。为了保证丁王爷出巡顺利，丙州人大搞公共卫生，将街道、广场、阴沟等清扫干净，并把清理出来的"有形"脏东西焚烧。丁王爷乘着神辇出巡时，家家户户点燃"满炉香"，放鞭炮、放香枪，顶礼迎送丁王爷圣驾的光临与巡视。丁王爷

---

① 许贵坤、陈贵福：《马巷元威殿池王爷》，载《同安文史资料·精选本》下，内部读物，第293页。

② 一说在乾隆年间。由于其他与此相关的丁王爷传说故事所涉及的年代关系，笔者以为康熙年间可能比较接近历史事实。

巡境后,也许是做了大规模的公共卫生,用火烧掉了各种"垃圾"(lasan 或 lasa),由于放鞭炮、放香枪、点"满炉香"的烟火弥漫等"消毒"的缘故,仪式过后不久,瘟疫逐渐消退了。然而,丙州人却认为,这种结果或效果是仰仗了丁府王爷所具有的驱瘟功能与神威,丁府王爷在此灾难中对丙州人有着莫大的恩惠,故丁王爷的威名日渐高涨,其声名遍布四隅,许多外村人也都纷纷闻名前来烧香点烛,以祈求丁王爷的庇佑和帮助。① 晋江南部地区的有些村落也请丁王爷去该村坐镇,成为该村的"当境神明"或"境主"。衙口村浔中社(中堡社)的丁王爷庙也是在这样的情况下建立起来的。

换言之,丙州人原没有供奉王爷,因瘟疫举行"王醮"的王船祭仪式时,有位王爷表示不走要坐镇丙州,通过王爷上身乩童告之,丙州人才知道其为"丁王爷",由于其对丙州人的恩惠而逐渐成了该地的主神。后来,丙州人根据"泉州府三十六进士",既是泉州府人又有进士身份的线索,找到陈埭鹏头行政村的丁姓汾溪公家庙"汾溪丁公祖第",认陈埭丁姓第一位进士汾溪公丁仪为丁王爷。故丙州人所供奉的丁王爷自此后,就是陈埭丁的丁仪了。陈埭鹏头的"汾溪丁公祖第"也成了丙州丁王爷的祖庙了。现汾溪公家庙的正殿中也供奉了丁仪的塑像,因他是明代"弘治乙丑进士,官知县,历吴越荆楚,间多龃龉,晚迁四川按察(司)佥事,卒于官"②,故其形象为穿戴明代官服的模样,而在神像前的八仙桌上围的八仙彩桌围上也明确地写着"丁王府"。当然,后来丁王爷的信仰被移民带到台湾后,有的地方的丁王爷庙又发生了一些变化,有的认为丁王爷并非丁仪,而是丁仪的曾侄孙丁启濬,因为后者的官当得比丁仪大,他曾当刑部右侍郎,逝世后获赠刑部尚书。③ 由此看来,王爷信仰绝大多数都可能会经历这样的过程,即先

---

① 下岙福安宫管理委员会:《下岙福安宫沿革志》,1993 年,第 8、44 页。

② 庄景辉编校:《陈埭丁氏回族宗谱》,香港:绿叶教育出版社,1996 年,第 73 页。

③ 石奕龙、陈兴贵:《闽台两地的丁府王爷》,载周仪扬主编:《谱牒研究与海洋晋江》,北京:华夏出版社,2011 年。

由乩童告之，或梦示为某姓王爷，以后再慢慢地找出或建构出其为历史上的某人，而逐渐丰满起来，这就是民间王爷信仰有的不知姓，有的知姓不知名，有的知道姓和名，并知道事迹现象由来的民间地方文化逻辑。

至于有些人把青山王张悃、广泽尊王郭忠福、正顺王谢枋得、开漳圣王陈元光、开台圣王郑成功等也归于代天巡狩王爷的行列中，笔者以为不妥。虽然这些神明确也是王或王爷，但他们都不是这类代天巡狩的王爷。实际上在民间也是有区别的，最明显的例子就是惠安山霞镇的青山王祖庙中，青山王（灵安尊王）是有神像的，他端坐在后殿中，左右有大、二夫人配祀。而在同一庙中，也供奉有代天巡狩王爷，他们称"四大总巡"，供奉于中殿中，但他们没有木雕或泥塑的神像，只摆了四张太师椅在那里，以表示他们在青山宫的位置。所以我认为，民间对代天巡狩王爷与这些称为"王"的神明是有明确区别的，反而是那些研究者们弄不清楚了，所以研究者不要仅凭白纸黑字，应该多多地向那些民间信仰的实践者请教，并忠实地记录他们的文化分类、象征与建构某类文化符号的文化逻辑。

本文原载《闽台缘》2019 年第 2 期。

# 富美宫传统的送王船与厦门等地的
# 送王船仪式异同研究

## 一、引言

中国厦门和马来西亚马六甲能联合起来,共同建构"送王船(Wang chuan Ceremony)——有关人与海洋可持续联系的仪式及相关实践"的项目,向联合国教科文组织(United Nations Educational, Scientific and Cultural Organization)非物质文化遗产委员会申报,并在 2020 年 12 月该组织的评审会上顺利通过审议,获准列入该组织"人类非物质文化遗产代表作名录"(Representative List of the Intangible Cultural Heritage of Humanity)而成为世界级的非遗项目,其主要的合作基础,就是两地的送王船仪式实践有着重要的共性,即两地的仪式实践都有迎王、送王的过程,而且其中多种因素所体现的意义与象征也趋于一致。尽管两地的国家级非物质文化遗产项目的名称不同,如中国为"闽台送王船",马来西亚为"王舡大游行",其他方面也有些差异,但由于有着这重要的共性,两地才可能合作建构文本,联合申报,并申报成功。然而,在申报之前,甚至是已获得世界级非遗项目的今天,民间一些不明真相又不做认真仔细研究的人,仍存在着一些不符合历史事实与社会事实的言论,硬是要将一些名称上类似但事实是"送瘟"的仪式与之合并或混为一谈,这将不利于该项目的保护与发展,也不利于联合国教科文组织非物质文化遗产委员会事后定期对遗产项目保护的核实与检查,故很有必要公开辩之、区别之,以辨明事实真相,以利于未来的实践与保护。

## 二、世界级非遗项目"送王船"的基本共性是具有迎王、送王仪式

2020年12月17日被联合国教科文组织非物质文化遗产委员会批准列入"人类非物质文化遗产代表作名录"的"送王船——有关人与海洋可持续联系的仪式及相关实践"的世界级非物质文化遗产项目,在福建南部、台湾南部和马来西亚马六甲等地区的民间,有着各种不同的称呼或俗称,如"送王船"、"送王"、"做好事"、"烧王船"、"闽台送王船"(国家级非遗项目的名称)、"王舡大游行"(马来西亚国家级遗产项目的名称)等。尽管如此,他们所从事的仪式实践却有一个共同的特点或特性,即他们所从事的"送王船"实践都有迎王、送王的过程或仪式。简单说,这类仪式是一个具有迎王、送王过程的仪式,也就是说,这类仪式首先有迎请王爷到任的仪式,然后才有送王爷乘王船离去的送王或烧王船仪式,而且定期举行;与只送不迎和非定期举行的"送瘟"、"送瘟神"或"送瘟船"截然不同。

下面我们先多了解一下其仪式的内容与特点,再来辨识其与实质为"送瘟"而表面又被称为"送王船"仪式的差别。

第一,现为世界级非遗项目的送王船仪式都是定期举行的,不同的只是有的社区一年举行一次,有的社区三年或四年举行一次,有的甚至间隔的时间更长些。如厦门市翔安区新店镇后村村、漳州市九龙江水居社进发宫等每年都举办一次。厦门市思明区厦港街道沙坡尾社区龙珠殿每逢闰年举办一次。厦门市海沧区海沧街道钟山社区水美宫每三年(虎、蛇、猴、猪年)举行一次,石塘社区每三年(牛、龙、羊、

狗年)举办一次。厦门市同安区西柯镇吕厝村、湖里区禾山街道钟宅社区、思明区前埔街道何厝社区等每四年(鼠、龙、猴年)举行一次。厦门市湖里区金山街道浦口社区每六年(虎、猴年)举行一次。

第二,举行仪式的宫庙并非都是"王爷庙",有的以宫庙为单位,有的以宗祠为单位,有的以村落为单位,如台湾台南西港的迎王、送王仪式由主祀天上圣母妈祖的庆安宫主办,厦门同安区西柯镇吕厝社区以供奉水仙尊王、吕祖、姜太公、王爷为主神的华藏庵主办,厦门湖里区钟宅社区以主祀观音菩萨的澜海宫与钟姓宗祠来主办。

第三,这类仪式都先有"迎王"的仪式,也即这类仪式都事先在水边、海边举行"迎王"仪式,迎来一尊或几尊王爷后,才有后续的"送王"或"送王船"仪式。尽管迎来、送走的时间并非一致,有的几天,有的几个月,有的几年,有的甚至十几年或几十年。

第四,所迎、送的王爷称"代天巡狩"王爷,人们认为他们是类似传统封建社会的钦差大臣,是到某地来巡狩或镇守的神明,如2018年(狗年)厦门市海沧区海沧街道石塘社区举办迎王送王仪式时的告示云:

　　禄位高升
玉敕代天巡狩府朱为荣任事照得
　　本爵钦遵
玉旨巡查胜境,默佑人间介甬景福,兹于十月廿三至廿五吉时
　　到境视事,凡诸一切行袁(辕)人等,须当洁净斋戒,至
　　期忝谒行礼,毋致混杂参差,合就出示所仰众
　　善信人等知悉毋遗,特示
　　右仰各宜知悉
天运戊戌年十月廿三日给
　　示　主行科事王罗祥承诰奉行
　　　　发府前挂谕

玉敕代天府朱氏　为晓谕事照得

皇天眷顾,惟德是依,人心举善,正诚可感,本爵分符
　　派灵篆,护国庇民,驱妖氛,由水陆自北而南,理
　　枉伸冤,祸福因其素行赏罚,皆出自公,阴纪可助
　　阳纲,宜念监察不真,幽条严于明律,勿谓报应
　　有差,汝等士农工商,各宜守分,官吏胥使,更
　　当尽心,务使草野之士女皆宁,乡间之鸡犬不
　　动,植兹冥福,表我神灵,为此晓谕,各宜知悉
　　　　右仰各宜知悉
天运戊戌年十月廿三日给
　　示　主行科事王罗祥承诰奉行
　　　　　　发府前挂谕


　　当朝一品
玉敕代天府朱氏为访察民间善恶,以安民生事,照得
　　合境众善信等,今月廿三至廿五日建设禳灾祈安醮科五朝
　　本爵钦遵
玉旨,代行巡视,择于廿三日吉时到任,体
上天爱民至意,要百姓安乐为心,务须斋戒,诚心祷告
天恩,自求多福,据此,合行示饬该属神将随行,士卒遵
　　守营卫,不许喧哗,扰害生灵,致干未便,各宜凛
　　遵慎之,特示
　　　　右仰各宜知悉
天运戊戌年十月廿三日给
　　示　主行科事王罗祥承诰奉行
　　　　　　发府前挂谕


即代天巡狩的朱王爷遵上天的玉旨于戊戌年(狗年)农历十月廿

203

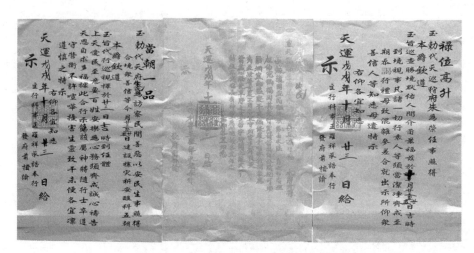

图1　厦门市海沧区石塘社区举行请王送王仪式时的告示

三到廿五到石塘村巡狩"视事",故石塘人需在十月廿三举行迎王仪式,从事一系列祭祀活动后,在十月廿五举行"送王"仪式,将王爷送走。又如同安区吕厝村通常在鼠、龙、猴年举行迎王送王仪式,不过在这些民间俗称的"王爷年"中,正月初四在海边(现在海边建有迎王广场)的迎王是迎接新一任王爷的到来,然后此新一任王爷需在吕厝等地镇守四年后才被送走,如鼠年正月迎来的代天巡狩王爷,要到龙年十月才送走,所以每个"王爷年"正月迎的是这一任的新王爷,十月送走的是上一任旧王。因此,在举行这类实质上有着迎王、送王仪式而表称为"送王船"的仪式时,人们多认为这类迎来、送走的"代天巡狩"的王爷是类似于封建社会中钦差大臣一样的神明,即他们为上天(以玉皇大帝为表征)的"钦差"来地方上代天巡狩,而非"瘟部"的"瘟神"或瘟神中的"瘟王"。

　　换言之,被列入教科文组织"人类非物质文化遗产名录"的"送王船",或被列入国家级非物质文化遗产名录中的"闽台送王船"的迎王、送王仪式是根植于闽南人滨海社区的民俗文化传统中的一种重要的禳灾祈安仪式,其过程通常如下:某个水边的村落或城镇,在固定的某个时间点里,在海边请一尊或几尊"客王"(其称为"代天巡狩"或"代天巡狩王爷"或"大总巡"、"代巡"、"千岁"、"王爷"等)到该地巡狩、镇守几天或几年后,才会举行送王爷的仪式。送王时,先准备好一艘用木架纸糊的、模仿官船的王船(即王爷船)或纯粹木制的王船作为搭乘工具以便送王。送王期间,会竖灯篙,召唤神鬼来赴会;用丰盛的供品祭祀将要离任的代天巡狩王爷,普施俗称"好兄弟"的水陆孤魂野鬼;也会举行代天巡狩王爷或包括王船在内的巡境驱邪赐福的仪式。民众簇拥着王船巡查本社区的四境,同时接受王船上洒出的平安金纸,带回家保平安,万人空巷,热闹非常。巡境的王船也一路召请"好兄弟"随王爷登上王船,转化为王爷的兵将。之后才将木制的王船迁至水边,放于水中,让王爷等上船后,再让载着王爷的王船顺水漂走离去;或将木骨纸制的王船或木制王船迁至水边的"王船地",待王爷等上船后,在择定的时辰中将其化吉而离去。前者称"游地河",后者称"游天河",现在则多以"游天河"的烧王船形式送王爷等离去,而且不论是木骨纸糊的王船还是木制的王船均如此。以此仪式实践来表达洁净地方、禳灾祈安、祭海祈福的意义,祈求国泰民安、风调雨顺、百业繁荣,同时也在此送王的过程中带走本社区的邪煞、晦气等,俗称"好兄弟"的无主阴灵则转化为代天巡狩王爷的兵将,随王爷去他处代天巡狩或回归天庭。

## 三、泉州富美宫的传统送王船仪式实质是"送瘟",而非"送王"

在有着迎王、送王过程的送王船实践的地区,也存在着一些表面上称为送王船,但其实质却是"送瘟"的仪式实践,其中泉州富美宫历史上从事的所谓"送王船"即为一个典型代表。泉州文人陈垂成撰写的《泉州习俗》说:

　　泉州凡遇灾患之年，均举办水醮、"送王船"及群众性的"水普"等，泉属各县闻讯也来参加……富美（境或宫）还有一种意在消灾、解厄、保境安民的送真"王船"之俗。其船用木造的帆船，长三丈有余，载重约在二、三百担之间，形体似官船，装饰华丽、威严、庄重、大方。船上供祀王爷神位，仪仗罗列，并放置生活用品实物及活鸡活羊等。选择吉日下水，人们备办供品"赞筵"，道士行祭礼，仪式庄严、肃穆、热烈。挑选富于航海经验、驾驶技术高超的艄公数名，佩带符篆登船，在鼓乐、鞭炮声中，起锚开船沿晋江而下驶出海口，择定海滩停泊，继而择定航向，再举行"交班"仪式，包括祷告、焚烧符篆、把船移交给神明，然后张帆起锚，人员上岸，王船随风逐浪漂流而去。据载有的王船漂抵台湾，台胞便将船上神像奉祀于泊处本乡，并视之为幸事。①

　　其一，泉州富美宫在"灾患之年"才会请道士举办"水醮"、"送王船"和"水普"等仪式，故其是"遇灾患之年"才举办的，由于"灾患"不可能定期产生，故这种送王船不可能定期，与厦门湾、台湾和海外等地定期举办的送王船完全不同。其二，富美宫送王船现象的功能纯粹在于"消灾、解厄、保境安民"。其三，这种表面上称为"送王船"的富美宫传统送王船仪式，实际上是泉州的道士在"灾患"发生时所从事的驱瘟科仪。其程序有道士驱瘟的"水醮"，然后制作一艘王船，派遣王爷押送瘟神速速离去，故它只有送瘟或泉州人所说的"送王船"，而没有迎王的仪节。因为对瘟神来说，人们的观念是驱尽而后快，而不可能去碰他，更不用说去迎接他了。所以这种驱瘟的仪式只有"送"的仪式，而没有"迎"的仪式，而且送的是瘟神，而不是王爷。其四，由于是驱瘟的科仪，故除了相关的处理仪式的人员外，一般的信众多不会参与，而且还会趋避之，主要是怕被瘟神污染。

---

　　①　陈垂成：《泉州习俗》，福州：福建人民出版社，2004 年，第 299～300 页。

富美宫当代的董事、理事们甚至自己认为"王船"古称"瘟船"，王爷是"瘟神"，如富美宫董事会与泉州市区民间信仰研究会编撰的《泉郡富美宫志》云："王船，古称瘟船，是用来祭献王爷（瘟神）的重要民俗活动之一。泉郡富美宫因是泉州王爷行宫，历史上送王船甚为频繁，且仪礼隆重。相传，送王船之举因非同一般祭祀习俗，只在灾年或接送过往王爷时举办……由于泉州地处亚热带潮湿地区，历史上自然灾害时常发生，尤以瘟疫危害更甚，为保境安民，把'送王船'视为驱瘟逐疫、消灾解厄的重要举措，借以增强人们抗御自然灾害的精神力量。"① "王船系仿民用船制作，因装饰华丽，民间又称彩船……送王船，先期须举办醮会，祭毕，由事先挑选好的几名水手各背带符箓，王船在富美渡头旁下水，这时，江畔彩旗招展，鼓乐、鞭炮齐鸣，数以千计信众焚香叩拜，王船按指定时间起锚，由水手徐徐从晋江下游驶出泉州湾，而后停泊于海滩，举行人神交接仪式，在简短祭献后，由水手按预定方向，张航起锚，然后焚化背带的符箓，人员离船上岸，交接告毕，王船顺风漂向远方。"②此外，在同书中又对"王爷"有自己特别的、自相矛盾的阐释，如"王爷崇拜则是泉州民间信仰中的一大类别，是古代瘟神崇拜的发展，也是泉州人民为抗御灾害、战胜瘟疫所创立的一类神的体系。为此赋予了王爷既能司瘟又能驱瘟，能降灾又能赐福，具有赏善罚恶为特征之神。而同瘟神在性质上有所区别"③。换言之，即把王爷先认定为"瘟神"，然后又说王爷与中国文化中的瘟神有所区别，"王爷既能司瘟又能驱瘟，能降灾又能赐福"，是"具有赏善罚恶为特征之神"，非常矛盾。

---

　　① 泉郡富美宫董事会、泉州市民间信仰研究会合编：《泉郡富美宫志》，1997 年，第 61～62 页。

　　② 泉郡富美宫董事会、泉州市民间信仰研究会合编：《泉郡富美宫志》，1997 年，第 63 页。

　　③ 泉郡富美宫董事会、泉州市民间信仰研究会合编：《泉郡富美宫志》，1997 年，第 1 页。

　　其实,这些现代表述的混乱与矛盾,显示当代富美宫董、理事们对他们的前辈的所思所为的误解和误读。因为 1903 年(清光绪二十九年、日本明治三十六年)8 月一艘富美宫驱逐瘟疫的"彩船"(文本中的表述,俗称王爷船,简称王船)漂至台湾苗栗县后龙镇外埔村海边,被当地村民搬回村里。当时为日据台湾的时代,日本警察去"临检",记录了这一事件与船上的物件等,船中有一些文书,表明该王船来自哪里,为什么送王船等。这也说明了王爷与瘟神的关系与区别,及当时的富美宫的理事们是如何界定王爷与瘟神的。如:

　　一、船名:金(庆)顺号
　　船头左右有如下文字:
　　福建泉州府晋江县聚洋铺富美境新任大总巡池金形(邢的别字)雷荻(狄的别字)韩章七王府彩船　安字第二十八号　牌名金庆顺号
　　二、船种:中国型戎克船(三支樯)
　　三、船籍:中国(港名不详)
　　四、载重:二百担①

　　换言之,这艘泉州富美宫送出的彩船的船名为"金庆顺",其船的执照为"安字第二十八号",为"福建泉州府晋江县聚洋铺富美境新任大总巡池、金、形(邢的别字)、雷、荻(狄之别字)、韩、章七王府彩船",三桅的"中国型戎克船","载重二百担"为民用的商船形制。也就是说,这是泉州富美宫送出的"新任大总巡池、金、形(邢的别字)、雷、荻(狄的别字)、韩、章七王府",即 7 位代天巡狩王爷的"彩船""神船"(亦文本中提及的,即俗称的"王爷船",简称"王船")。根据图 3 的照片看,船上供奉的神明除了有池王、金王、邢王、雷王、狄王、韩王、章王等七

---

　　①　《泉州地区的神船》,《台湾惯习记事》第三卷第九号,第 142 页。

图 2　漂至台湾苗栗县后龙镇外埔村的"金庆顺"号

图 3　"金庆顺"号上的七府王爷与其他神明

位王爷的软身神像外,还供奉有天上圣母妈祖、郭圣王与郭太子三尊硬身神像。船号与执照表明其为"三桅"的民用商船体(非官船形制,因为从照片看,该船的船头并没有官船特有的"吞口像"或"狮面"),有清政府准许出港或出外海的执照(尽管它可能是假的)。以此来极力表明其非偷渡出外的船只,因为当时清政府对三桅以上的船只的出海都有限制,所以此项送王船行动需得到清政府泉州官方的核准后才能进行。

又如彩船金庆顺号中贴附的日人称之为"第一号证件"的文书云:

(第一号证件)

谨启者:兹奉福建省泉州府晋江县南门外富美乡福神

萧太傅大人　建造新任大总巡

池、金、邢、雷、获(狄)、韩、章七位王府彩船于此六月十三日诣祥芝澳

扬帆驾放出洋,巡游四方。该船如到贵处,希恳贵乡诸善信,即将该船游泊何埠并何时日,仰乞代复一缄,以慰敝乡绅董之遥盼也。并付笔

资银四角到所收人顺挥来慰,则获福无穷,而诸善信均沾神庇也。此托

贵乡诸绅董老爷　钧鉴!

泉州晋江县南门外富美宫绅董公启

这是当时富美宫的董事会(其成员亦是富美乡或境的乡绅)写给捡到该彩船者的一封信。大体告之对方,这是富美宫福神(主神)萧太傅大人"派出"的"新任大总巡池、金、邢、雷、狄、韩、章七位王府彩船",1903 年(光绪二十九年)农历六月十三从泉州湾口的晋江县祥芝澳"扬帆驾放出洋,巡游四方",希望接到彩船者能回信告诉他们,彩船何时到了什么地方。富美宫的"绅董"怕接到彩船者不回信或没钱回信,故

还附了"笔资银四角"为回资与报酬,并祝愿接到彩船者"获福无穷,而诸善信均沾神庇",也就是均沾"萧太傅大人"以及他派出的"新任大总巡池、金、邢、雷、狄、韩、章七位王府"神明的"神庇",而且回信者能"获福无穷"。由此看来,当时泉州府晋江县南门外的富美乡(境)或富美宫的绅董绝不可能将这几位"新任大总巡"王爷视为"瘟神"或"瘟部诸神",而是将其视为可以驱逐瘟神,押送瘟神出境、出海的正能量的强力大神。否则,怎么敢祝接彩船者"均沾神庇"和"获福无穷"? 遗憾的是,这份文件(信件)没有明说"送王船"的原因,但同样是这艘彩船上附带的第二号证件"船牌"对其原因则略有透露,如:

> (第二号证件)船牌
>
> 灵宝大法司　为护船照事照得
>
> 大清国福建省属下,泉州府晋江县南门外三十五都聚津铺鳌旋富美境合信众等,遵奉
>
> **富美萧王府新任大总巡**敕谕,择于**五月十七修设平安清醮**,构造彩船一只,梁头一丈五尺,龙骨
>
> 二丈一尺四寸,及杉(舢)板一只,装载冥银、金帛、代人,**奉送**
>
> **瘟部及值年行灾使者绅(神)祇**,保护合郡老少平安。合要牌示,仰
>
> 本船官员舵舡水手伙长目哨人等知悉,务要小心远送**诸项鬼祟及疾疠、疫疠等,速归东海**,勿致
>
> 疏忽毋违。凡过关津隘口,到放,不得阻滞,取咎,须至牌者
>
> 　　　　　右仰押船官员等众　准此
>
> 天运癸卯年(1903年)五月十七日　坛司给
>
> 　　牌
>
> 限即日销①

---

①　《泉州地区的神船》,《台湾惯习记事》第三卷第九号,第146页。

这大概是富美宫举办"平安清醮"请来的道士做"驱瘟"科仪所出的"告示"。它说"泉州府晋江县南门外三十五都聚津铺鳌旋富美境合信众等",也就是富美宫或富美境的信众等,"遵奉富美萧王府新任大总巡敕谕",这里虽没有直接讲明"大总巡"是谁,但根据上述的"第一号证件",我们可以知道,这"新任大总巡"为"池、金、邢、雷、狄、韩、章七位王府"或七位王爷。他们发出"敕谕",在1903年农历五月十七请道士举办"平安清醮"(即前述泉州人陈垂成《泉州习俗》中提到的"水醮"),造彩船一艘,押送"瘟部及值年行灾使者神祇"及"诸项鬼祟及疾疠、疫疠等"(即"诸瘟神")"速归东海",以"保护合郡老少平安",也就是保护当时泉州府城、晋江县城,即现在整个泉州市区男女老少的平安。换言之,即现泉州市区地方发生瘟疫等"灾患",所以富美宫的萧王府举办驱瘟科仪,派出池、金、邢、雷、狄、韩、章七位王爷,造了一艘彩船,押送瘟部及值年行灾使者诸神祇(即"瘟神")出海,使其"速归东海",来保证与庇佑整个泉州市区人们的平安。因此,这些被萧王爷派出的、称为"大总巡"的"池金邢雷狄韩章王爷"并非"瘟神"已明。由于他们不属于"瘟部",不是"瘟神",因此也不能称其为"瘟王"了。所以,在当时的富美宫绅董眼里,他们是"代天巡狩"的钦差神明,其功能是押送"瘟部"诸神祇(瘟神:瘟部、值年行灾使者、鬼祟、疾疠、疫疠等)出境,回归东海(泉州人认为他们的来处)。文本中提到的那些"瘟部及值年行灾使者"及"诸项鬼祟及疾疠、疫疠等"才是所谓的"瘟神"。也就是说,清代末年的富美宫绅董们是把"王爷"与"瘟部诸神祇"区别对待的,王爷是正能量的"正神",而非司瘟的瘟神,彩船是"王爷"的,也可以称之为神船或"王爷船"或简称为"王船",但此彩船的功能并非"送王",即将"王爷"送走,而是萧王爷派出的王爷乘坐着"彩船"押送危害泉郡的"瘟神"出境,"速归东海"。

而关于因瘟疫或恶疫等灾难而派出"大总巡王爷"用彩船押送"瘟部诸神祇"(诸瘟神)回归大海的意义,其实,接到"金庆顺号"彩船的台湾苗栗县后龙镇外埔人也是清楚的,并认为接到彩船是件"吉事"。如日本警察曾对当地人进行了调查,外埔庄 65 号的老人洪晋来(当年 65 岁)、162 号的吕芮(当年 62 岁)就告诉日本人这是怎么回事,如他们告诉日本人说:

> 在中国泉州府晋江县聚洋铺及石头港,于恶疫流行之际,有如下之习惯,即以地方善男善女之施舍,购买一艘船,加以彩饰,祭祀各种神明,且放置许多供物,然后放行出海,以消除该恶疫,称之为神船。现漂抵者即是该神船,绝非载乘人们者。
>
> 神船漂抵之地将之当作吉事,建立庙宇以奉祀该神像,并且举行盛大的祭典以纳福。拒(距)今三十年前,外埔庄曾有神船漂抵,当时乃新建庙宇加以奉祀,即今之王爷宫。①

换言之,也就是外埔庄的洪晋来和吕芮老人告诉日本警察,这是大清国福建省泉州府晋江沿岸的富美宫、文兴宫(石头港的)等,因"恶疫流行之际",为了"消除该恶疫",富美宫的执事用信众施舍的钱"购买"建造了"神船",将其"放行出海",为的是"消除该恶疫",也就是送王船是为了除疫驱瘟。而且他们也认为,"大总巡王爷"等和"瘟神"不同,因为在这艘彩船上,"瘟神"是没有具体神像的,有神像的(不管是硬身的还是软身的)都是正能量的神明——正神。所以他们告诉日本人,台湾这里的"神船漂抵之地将之当作吉事,建立庙宇以奉祀(神船带来的)该神像"。同时也告诉日本人"距今三十年前,外埔庄曾有神船漂抵,当时乃新建庙宇加以奉祀,即今之王爷宫"。这座王爷宫就是外埔庄的"合兴宫"。该宫的宫志记载,在光绪二十九年(1903 年)前 30 多年的清同治八年(己巳年,1869 年)农历六月初四,外埔庄也接到一艘从泉州石头港"文兴宫"派出的驱瘟神船,其上有龙、天、张、沈、林、刘、苏七位王爷和潘、苏、文、范、玉、李、王等七位王爷夫人与妈祖、千

---

① 《泉州地区的神船》,《台湾惯习记事》第三卷第九号,第 143~144 页。

里眼和顺风耳等军将与五营头押送瘟神出境。① 外埔人"不但不把神船漂来当作不吉祥,反而当作最大吉利,以致予以盛大的参拜奉祭","当作吉事"。"依照耆老所说,当地三十年前,居民还不满百户,是一个道地的贫寒村落,自从三十年前,神船漂流之后,五谷丰收,渔猎亦多,于是渐渐繁荣,到目前已有二百五十户以上,一般住民甚至要比附近村落富裕。另外,界于新竹与中港之间的香山,在十四五年前,漂来一艘神船,香山也因此顿然繁荣。外埔庄民此次眼见神船漂来,喜出望外之余,更乐意见到整个村落的繁荣。"②因此外埔人在第一次接到王船后,通过祭祀就在海边修建了庙宇——"王爷宫"(即后来的"合兴宫")来祭祀第一艘神船中的七府王爷及夫人等的神像。也因此,这 30 多年来,外埔庄有了很大和很好的发展,丁财兴旺。自然,当 1903 年接到富美宫的神船后,也是"喜出望外",也自然要供奉"金庆顺"号彩船带来的七府王爷等的神像。

因此,由以上的一些记述看,台湾人对大陆漂来的"送瘟"神船(彩船或王船)并没有认为是瘟神上门,而是认为送瘟后的神明的到来,所以会将船上的神明王爷等的神像请回去供奉,或者建庙供奉,而这种行为是会使村落丁财繁荣的"吉事",所以有时也会出现几个村落相争的局面,然后协商分请王爷回各自的村落奉祀拜拜。通过这些,我们也可以看到,即便是王爷押送瘟神出境出海的"送瘟"船,也会造成台湾的王船漂抵地产生新的王爷庙的现象。这不是对瘟神的崇拜,而是对王爷的崇拜导致的。这也从另一侧面说明,现代富美宫的董、理事们在宫志中用括号来说明王爷即是瘟神的表述,是一种对前辈思想的误读或错误的理解。这也表明《泉郡富美宫志》中认为的"王爷既能司

---

① 合兴宫管理委员会编:《外埔合兴宫》,2009 年,第 32 页。

② 《神船之解》,《台湾惯习记事》第三卷第十号,第 149 页。

瘟又能驱瘟,能降灾又能赐福,具有赏善罚恶为特征之神"①的界定,不符合富美宫自己的历代实践,因此是错误的。

当然,误解的还有日本人,他们也没有理解当时富美宫绅董的意思,也没有理解外埔庄耆老对神船(彩船、王爷船)、大总巡王爷的认识,而是根据清嘉庆十二年编撰的《台湾县志》中的记载,将这种代天巡狩的大总巡王爷称为"瘟王",如"金庆顺"号王船附的第二号证件的文书说,彩船送的是"瘟部及值年行灾使者神祇"和"诸项鬼祟及疾疠、疫疠等"瘟神,但到了日本警察的口中,却成了"前段表示本船系建醮以奉送瘟王者,中段命令船员等宜注意速将瘟王送还东海"②。虽然在该文后面的叙述中表达还算准确,如"要之,该船系中国福建省泉州府晋江县南门外富美乡之信徒,为祈求平安而建醮造彩船,将瘟神送出远洋"③,但由于在一篇文章中,前后的提法不一致,其造成的混乱可想而知。实际上,有许多学者在使用这篇调查文章后,由于没有去细查和分辨日本人的误读之处,直接引用,所以也犯了与日本人同样的错误。其实,嘉庆《台湾县志》中提到的"瘟王",实际上是受到道士送瘟科仪的影响,关于这一点,我们以后再另文讨论。

通过上述的白纸黑字的记载以及我们的分析,我们大致可以看到,富美宫清末传统的送王船仪式,是在有恶疫时,由富美宫萧太傅派出几位王爷,用彩船(王爷船)押送瘟部诸神祇(瘟神)出境出海,以保证泉州市区"合郡"男女老少平安的"平安清醮"仪式,而非只是富美境这一泉州南门外的一小块地方的事。而且,也没有像当下富美宫董、理事们用括号表达的形式将王爷与瘟神画等号。这就使我想起,十多年或二十多年前曾听泉州市已故的黄炳元先生说过,过去当泉州市区

---

① 泉郡富美宫董事会、泉州市民间信仰研究会合编:《泉郡富美宫志》,1997年,第1页。

② 《泉州地区的神船》,《台湾惯习记事》第三卷第九号,第146页。

③ 《泉州地区的神船》,《台湾惯习记事》第三卷第九号,第148页。

的范围中出现瘟疫之事时,泉州地方力量就会在通淮关帝庙中举行"三堂会审"的仪式,即请南门天后宫的天上圣母、花桥慈济宫的保生大帝与通淮关帝庙的关圣大帝一起"三堂会审",驱逐瘟神。之后,则请南门外后母尾的主祀萧阿爷(萧王爷)的富美宫举行醮事,监造王船,然后择日派富美宫萧太傅手下的王爷,乘王船押送"瘟部诸神祇"(瘟神)放之大海出境。所以富美宫虽是一个乡或境的小庙,但其"送王船"(送瘟)的仪式却是关系到泉州市区中所有人的安危,故富美宫的此仪式对泉州人来说是至关重要的。当然,这是我听到的民间传说,没见可靠的白纸黑字记载,也没有民间碑刻类的记述,所以此传说的可靠性还有待进一步证实。不过从上述金庆顺彩船上文书中提到富美宫的送王船"送瘟"是关系到"合郡老少平安"的记载,我觉得已故黄炳元先生的故事极可能是真实可靠的。

尽管清末富美宫的绅董、信众把代天巡狩王爷与瘟神区别开来,但毕竟富美宫的这种实质为"送瘟"的送王船仪式是在有瘟疫的情况下才请道士举办自称为"平安清醮"的"水醮"后的"送瘟"行为,故其仪式展开时,除相关人员外,一般的民众是不会积极参与的,而且还需要尽量避开,以避免被"瘟神"所侵扰,自己触霉头。故清末民国初的泉州文人吴增在其《泉俗激刺篇》中对泉州的地方这种实质为"送瘟"的送王活动有所批评,但也暴露当时泉州人对王爷与瘟神的区别已开始模糊,如他在《贡王》中云:

> (泉州人)有病药不尝,用钱去贡王,生鸡鸭,生猪羊,请神姐,请跳童,目莲傀儡演七场,资财破了病人亡。此时跳童又跳起,说是王爷怒未已,托神姐再求情,派刀梯,派火城,五牲十六盘,纸船送王行。送王流水去,锣鼓声动天,吓得乡人惊半死,恐被王爷带上船。

泉州人陈盛明辑注该书时,做了一些按与注,其云:

按,旧时认为"王爷公"是位高而凶恶的神,怠慢不得,要用丰盛的供品和隆重的仪式敬奉,向它进贡,叫做"贡王"。得了病是得罪王爷所致,更要加倍买好它:托神姐、跳童这些"力能通神"的人,向它求情,请跳童表演登刀山(用刀扎成梯子爬上去)、跳火城(用柴草堆成圆圈,烧着跳进去),让神息怒。然后用纸(或木片)糊扎的船放在溪流送它远去,以免再在当地肆虐。送"王爷船"时,要大锣大鼓,严禁小孩观看,怕魂魄被王爷带上船去。这种闹剧,清末民初还常看到。①

　　换言之,在清代和民国时期,泉州人认为,"王爷公"虽不是"瘟神",但却"是位高而凶恶的神",因此"怠慢不得",送"王爷船"时,不仅"严禁小孩观看,怕魂魄被王爷带上船去"被送走,而且也"吓得乡人惊半死,恐被王爷带上船"。因为这种王爷船也被视为是"瘟船"。② 久而久之,泉州人多将王爷视为"位高而凶恶的神"或类似"瘟神"一样的神明,对其产生一种普遍恐惧的心理和氛围。对表面上称为"送王船"这类实质上的"送瘟"举动,并不认为是大众可普遍参与欢庆的"地方的狂欢",而是将其视为一种通向或走向死亡的道路或者威慑或"闹剧"。故过去泉州民间对不听话的小孩,常常用"你要是不听话,就会被王爷抓走"或"你再七说八说,不怕让王爷掠去"的言语去恐吓他/她,而这种心态与氛围也延续至今日。所以,才会导致20世纪90年代富美宫的乡绅与董、理事们邀请泉州地方文人撰写《泉郡富美宫志》时,以在王爷后面加括号的形式将王爷直接称为"瘟神",同时也将王爷乘坐的

---

① 吴增:《泉俗激刺篇》,载泉州市民政局、泉州志编纂委员会办公室编:《泉州旧风俗资料汇编》,内部读物,1985年,第123页。

② 泉郡富美宫董事会、泉州市民间信仰研究会合编:《泉郡富美宫志》,1997年,第61页。

押送瘟神出境的王船称为"瘟船"。①

# 四、简短的结语

综上所述,我们可以清楚地看到,现纳入联合国教科文组织"人类非物质文化遗产代表作名录"的"送王船"仪式实践,或纳入国家非物质文化遗产项目的"闽台送王船"仪式实践的共性,为它们都有迎王与送王环节,而且是定期举办的,所迎、送的都是民众称之为"代天巡狩"的王爷,也就是说,这类仪式实践是有迎请王爷来,才有后续的送走王爷。而且都认为王爷不是瘟神,而是代表上天来到某地巡狩或镇守的钦差神明。王爷到某地是"上任",送走是"卸任"或"卸职",也顺便带有"洁净"地方和带走和转化可能影响地方不靖的因素(如邪、煞、晦气、俗称"好兄弟"的孤魂野鬼等)的功能。由于代天巡狩王爷的"到任"是为民众"做好事"来的,民众对其"感恩戴德";而且,王爷离任需乘"王船"(官船体的船只)离去,所以,当王爷离任要走时,感恩的男女老少都来相送,故相关的送王仪式参与者众多,热闹非常,因此民众多用"送王船"来指称这一仪式实践的全部,而忽略了"迎王"的环节,所以,如果此仪式实践用"迎送王"来界定或命名,可能会更准确地把握和反映该仪式实践的特性。

泉州晋江边上的富美宫历史上所从事的送王船仪式,虽然表面上也俗称"送王船"或"送王",与上述仪式实践相类似,但其实质则是遇见灾患时所做的"送瘟"仪式实践,其所驱离与送走的重点是"瘟神",所以该仪式应称为"送瘟"仪式才能较准确地反映该仪式的意义与性质。至于船上的"王爷",他们并非"瘟神",而是执行"押送"任务的正

---

① 泉郡富美宫董事会、泉州市民间信仰研究会合编:《泉郡富美宫志》,1997年,第61页。

神,所以当他们漂抵某地时,就会有漂抵地的民众接手祀奉,而成为漂抵地民众的守护神。由于灾患并非定期出现,因此,富美宫表称"送王船"实质为"送瘟"的科仪也不可能定期举行。由于涉及瘟神,故仪式从事时,除了相应的执事外,没有很多人积极参与的境况,民间也形成认为此"送瘟"仪式,需要规避的气氛,而且怕像瘟神那样被王爷抓走、送走。所以,富美宫传统所做的不定期"送王船"仪式应该界定为"送瘟"仪式才能准确地表达其实质。其与有着定期从事迎王、送王仪式的"送王船"仪式实践在许多形式、内容、象征、意义、性质方面都存在着很大差异,因此它们并非同一类仪式实践。

最后再狗尾续貂地加上一句,即 2019 年 12 月富美宫重新按照前述的迎王、送王的程序而举办的那场新建构的"送王船"仪式,才与现已列入国家非物质文化遗产名录的"闽台送王船"仪式,或 2020 年 12 月 17 日正式获准列入联合国教科文组织的"人类非物质文化遗产代表作名录"的"送王船"仪式实践一致。

本文原载《青海民族大学学报(社会科学版)》2022 年第 4 期。

# 漳州市区九龙江畔疍民水居社进发宫及其请王送王仪式的原真性

一

漳州市区九龙江南门溪畔过去有许多疍民（水上人家）的聚集点，如旧桥头、新桥头、东闸口等地，每个地点除了聚集数十条连家船，形成一种特殊的聚落外，这种聚落通常都有一个船庙（水上庙宇）来凝聚这群人，从而这船庙成为该群连家船聚落的信仰与社会中心，故在九龙江上的这些水上人家聚集点多有船庙，如旧桥头的进发宫、新桥头的新发宫、东闸口的金山宫等。但是随着城市的改造，政府希望水上人家迁到岸上，成为定居的居民，于是逐步将九龙江边上的水上人家迁居陆上。在最后将迁进发宫时，由于有识之士的干预，为了保护疍民的文化遗产，进发宫成了疍民文化遗产的代表，并留在了中山桥与战备大桥之间的旧码头原地。

但在 2011 年 4 月首次在媒体上揭示九龙江上存在着疍民的进发宫时，漳州某些地方文人由于不懂得民间信仰庙宇的具象情况，误将进发宫中的神龛视为进发宫本体，如草根作家郑德鸿为进发宫成为漳州市文物点和非物质文化遗产漳州疍民习俗的传习中心于 2011 年 4 月 24 日写的《震惊！世界最小最神秘的袖珍级水上庙宇——漳州进发宫首次公开面世》一文认为，"福建省漳州市芗城区九龙江中山桥与战备大桥江滨公园边的一艘连家船上，有一座世界上最小最神秘的袖珍级水上庙宇——进发宫。进发宫是船民世世代代传承下来的庙，有500多年的历史，庙宽90厘米、长85厘米、高88厘米，完全可以申报吉尼斯世界纪录。庙里分前后二殿，主殿供奉着九天玄女，九天玄女侍童剑童子，九天玄女侍童印童子，玉皇上帝，阎罗天子，关圣大帝，哪吒太子，池、朱、形、李四位王爷；前殿供奉黑虎将军、土地公，另有蛇神法武爷。与庙同存的宗教仪式哪吒鼓乐，是福建省非物质文化遗产；农历九月十三的送王船去外海所举行的仪式，是独特的船民文化。该庙信众遍布九龙江流域芗城区、龙海市、南靖县、平和县、长泰县、华安县及部分陆上居民"①。

这之后，各种媒体报道都把进发宫视为袖珍宫庙或最小的宫庙，如《闽南日报》《海峡都市报》《漳州广播电视报》《闽南风》杂志②和漳州电视台等都有报道，"道教之音"网站③在2011年5月18日也转载了郑德鸿的这篇文章。这些连篇累牍的不实报道，使得闽南地方学术界的一些学者也受其影响，没有去好好调查或核实一下，也认为该船庙中的神龛为进发宫，如漳州师范大学段凌平的《闽南与台湾民间神明庙宇源流》中第十一章第三节第四小节为"九龙江面的进发宫"，其云：

> 在芗城延安南路正对的九龙江江面上，有艘挂着"代天巡狩"横联的渔船，船上有座袖珍庙宇④，流传至今约500多年。这木制的庙宽90厘米，长85厘米，高88厘米，供奉船民世代信仰的王

---

① 郑德鸿：《震惊！世界最小最神秘的袖珍级水上庙宇——漳州进发宫首次公开面世》，http://blog.sina.com.cn/s/blog_544f29e60100qfik.html，2011年4月24日。

② 《海峡都市报》，2011年4月6日；《漳州广播电视报》，2011年4月6日；《闽南日报》，2011年4月6日、2011年5月6日；《海峡导报》，2011年5月6日；《闽南风》2011年6月刊（总第138期）等。

③ 网址：www.daoisms.org。

④ 应为进发宫中的"神龛"，而非庙宇本体。

爷,王爷为朱、池、邢①、李四姓。同时配祀有九天玄女、次帝君②、玄天上帝和太子爷、玄坛、虎将公。

此王爷原有发药签为人治病的职能。进发宫原来有药签,"文革"中烧了。据说,如今渔民认为犯了邪气,身体不舒服,到这里祭拜一番,就会有效果。另外,渔民还认为,王爷可让(他们)"进展、发达"。

进发宫王爷香火很旺,信众遍布九龙江周边的芗城区、龙海市及南靖等县的水域,以及部分陆上居民。

"文革"中庙宇受到冲击,郑十(拾)字、郑爱吃等十多人将神明保存下来,使这数百年文物得以传承。

原来九龙江流域水面上约有数十处渔船供奉神明,现在可知只进发宫保留下来。渔民对此庙神非常信仰,每年九月初八到十五为送王船时间,九月十二为最热闹[初十请王,十一踩火,十二拜尪,十三送王(烧王船)]。"文革"前还踩火,"文革"后没了。约二百户(其中几十船户)参与祭祀,同时还进行哪吒鼓的表演,渔民认为哪吒鼓可通天庭,入地狱,贯水府。这与其他的哪吒鼓不一样,有自己的特点。③

厦门的陈耕、蔡亚约编著的《海丝送王船》书中,也提及漳州九龙江边的进发宫。他们说:

进发宫位于漳州九龙江上中山桥与战备大桥间的一艘连家船上,是座袖珍级水上庙宇,宽90厘米,长85厘米,高88厘米,祀池、朱、邢、李四位王爷。进发宫是九龙江疍民的重要宫庙,"文

---

① 应为"形"字,因为进发宫的王爷大印上刻着"进发宫 朱 池 形 李",而非"邢"。

② 应为"关圣帝君"。

③ 段凌平:《闽南与台湾民间神明庙宇源流》,北京:九州出版社,2012年,第336页。

革"时期,几个船民把神像掩藏在一艘破旧的小渔船上,并将小渔船搁置在一处无人的沙洲上。

进发宫送王船习俗已延续了 500 多年,是九龙江西溪流域较有代表性的送王船活动之一,每年举办一届,由庙里的法长按宗教仪式客请五位外海王爷,在进发宫留住半年后,再举行送王船仪式送走客王。之前需由彩纸糊造王船,约 7 米长,船头造一青色龙头,船身则插满书有"青龙""白虎""玄武"等字样的旗帜。农历九月十三,送王船活动开始。下午 3 时许,道士绕着王爷船前做醮,模仿船员划船动作,船民轮流上前摆上一生一熟的猪头及鸡、鱼、鱿鱼等供品,烧香跪拜。5 点多,三坛弟子唱颂哪吒鼓乐,船民们将五位"外海王爷"从庙里请上王船。十几个船民合力将王船抬上主渔船,将王船安放到沙洲上,尾随而至的船民则搬上备好的米、面、柴、油和盐等,安放在船舱和船底。一切布置妥当后,在击鼓和诵经声中,王船被放火焚烧。①

由此看来,很有必要厘清漳州疍民进发宫的情况,以使其宫庙的原真性让更多的人认识,以防以讹传讹,或闹出笑话来。

实际上进发宫是一艘"船庙",即将一艘有棚盖的连家船作为漂浮在水面、可以移动、可以增减组合的水上庙宇。杨鸿、陈花现编著的《漳州龙溪水居社进发宫》小册子说:"进发宫庙宇迥然异于陆上的神庙,平时由一艘供奉神尊的主船,和厨房、烧金两艘副船泊定一起组成。主船的船头的篷上悬挂天炉,信众面朝上苍祭拜'玉皇上帝'时焚香的处所。宽敞的船舱正中墙堵前安放着一座神龛。神龛仿实硬山顶抬梁式闽南建筑,宽约 92 厘米,长 85 公分,高 88 公分。面阔三间,雕有四枝龙柱,周围以栏杆,前为拜亭,后为庙室,两旁木壁镂空留有小窗。整座神龛红底贴金,精美雅致。'山不在高,有仙则灵。'神龛中

---

① 陈耕、蔡亚约编著:《海丝送王船》,厦门:鹭江出版社,2019 年,第 48~49 页。

主祀'朱池形李'四府王爷正身副驾和剑印将军,同时还供奉有三坛小法的主公'九天玄女','剑童、印童',圣祖爷'玄天上帝',以及'关圣帝君''中坛元帅''玄坛爷''黑虎将军''福德正神'等30多尊神像,刻有'玉皇上帝、九天玄女、阎罗天子''敕封代天巡狩奉旨'字样的两面神明牌位。"[1]

笔者几年前在漳州市开会时,有天晚上出去散步曾到进发宫拜访过,但可惜当时拍的照片不知塞到哪里,无法引出当时对进发宫的印象。不过,从现在网上的照片看,杨鸿、陈花现所说的东西较准确。也就是说,进发宫是由供奉神明的主船与烧金炉小船(副船)和厨房小船(副船)这样三艘船泊定在一起构成的(参见图1)。进发宫的主船庙是一条较大的江船,除船舷外,船的甲板上有间房,房顶竖着"九龙江进发宫代天巡狩"几个大字。此房隔为三,船头一间为棚子式的空间,类似陆上庙宇的庙堂前的拜亭,中间较大的一间为"庙堂",此为安置供奉神明的神龛与祭拜的主场所,其船头位置的窗前吊着两个"天公炉",这是进发宫的信众供奉天公(玉皇上帝)的地方。被人称为进发

图1 进发宫的位置

---

[1] 杨鸿、陈花现编著:《漳州龙溪水居社进发宫》,2019年,第9~10页。

宫的那个小神龛则安置在船的右侧,搁在木制的神台上,面朝着船头;左侧则有一道门与过道,通向船尾的房间(可能是庙公的住所)。因此,烧金炉船是为来祭拜的人给神明焚烧金纸服务的;而厨房船则是为顾庙管庙的庙公日常生活和庙方招待客人服务的。

进发宫内的神龛正如杨鸿和陈花现所说,为一座小型的面阔三间、前后两进、燕尾翘脊的闽南式硬山顶的建筑。其后室分为三间,正中的一间,相当于一般庙宇中正殿的主神龛,里面供奉的是进发宫的主要神明。其分三层,最高一层供奉的是九天玄女及其附属神灵剑童与印童的正身,以及玉皇上帝、九天玄女、阎罗天子的神位牌和"敕封代天巡狩奉旨"的神位牌,后者据说是指进发宫请王、送王的代天巡狩外海王爷,其有三十六姓,但每年仅来五六位。中层则供奉玄天上帝、关圣帝君及其属神周仓、关平和玄坛爷赵公明赵元帅的正身。下层则供奉朱、池、邢、李四位王爷的正身。在右次龛中供奉一尊土地公(福德正神)正身,拜亭的正中供奉黑虎将军或虎将爷正身,而中坛元帅应该供奉于右次龛中。如此看来,在这座 7650 平方厘米的小神龛中,放置的神像只有上述提到的这些,包括主神的附属神明在内,应该大约有大小 14 尊神明,并加上两个神位牌。他们已把神龛后室塞得满满登登,只有拜亭正中除放三个神明大印外还略有空间,而这种空间中也放不下几尊神明了。所以,该神龛装不下"30 多尊神像",过去有人说最小的宫庙进发宫(指此神龛)中供奉了 30 多尊神明的表述,完全是瞎扯,是一种为哗众取宠而不顾事实的胡言乱语。

实际上,根据进发宫"列位神明圣诞"的表格看,在进发宫中,正月十三为关圣帝君(当地人称"帝君")圣诞,三月初三为玄天上帝圣诞,三月十六为玄坛元帅(当地人称"玄坛爷")圣诞,五月十三为关圣帝君(当地人称"帝君")另一个圣诞,六月初八为"大恩主"朱府王爷圣诞,六月十八为二恩主池府王爷圣诞,七月廿二为四恩主李府王爷圣诞,八月廿三为三恩主邢府王爷圣诞,九月初九为中坛元帅(当地人称"太子爷")圣诞,九月十二为九天玄女(当地人称"主公")圣诞。因此,这些有圣诞祭祀的神明才是进发宫崇拜的主要神明,他们主要都供奉在神龛后堂正中,也就是神龛的正殿中,除了中坛元帅以外。而中坛元帅之所以有圣诞祭祀,可能是他的诞辰在进发宫每年最主要的科仪季(九月初八到九月十三)中,还有他可能是三坛头所崇拜的坛神之一,所以才有如此的待遇。因此进发宫信众们所崇拜、供奉的主神应该为该神龛正殿中所供奉的那8尊神明,即玄天上帝,关圣帝君,玄坛元帅,九天玄女,朱、池、邢、李四位王爷。但为什么有人说进发宫内有"30多尊神像"呢?实际上是因为这8尊进发宫主祀的神明除了正身外,还有一些副驾或分身。如玄天上帝有两个副驾,共3尊,船民分别称其为"大圣祖""二圣祖""三圣祖"。又如关圣帝君除了正身外,还有两个副驾,船民称他们为"大帝君""二帝君""三帝君"。因此把这些神明及其副驾合起来算,是有30多尊,但是,神像虽有30多尊,但并非有30多种神明,而且也并非全部塞在那个宽90厘米、长85厘米的小神龛中,而是供奉在这座进发宫中。其实,有时神明多了就摆在放神龛的神台上。如从一张2015年送王期间进发宫中主祭坛的照片(图3),我们可以看到,除了神龛中放了不少神明外,神龛前的神台上也摆满了神明。实际上,在民间信仰中,神明的正身主要是镇殿用的,故多供奉于神龛中不动,而副驾常会被本庙的宗教执事者请出去办事,故有时他们就不在宫庙内,而可能在办事的场所。

进发宫虽供奉了这8尊大神,但可能是觉得这些神明还无法保证他们的生活能百分百地平安、丰收、行船安全、风调雨顺,故每年农历三月初三玄天上帝圣诞的那天,还需请几位类似封建时代的钦差、可代天巡狩的外海王爷来坐镇一些时日,到农历九月十三九天玄女圣诞祭典后,将其送走。所以,进发宫的神龛中供着"敕封代天巡狩奉旨"的神位牌。

有关进发宫神明的另外一个问题,即有些人见三坛头法长使用的"法绳"的手柄为蛇头的模样就称其为"蛇神法武爷"或"蛇神法母爷",将其视为神明。这好像也存在着问题,即"法武爷"或"法母爷"这种称

图 2　神龛中的供奉情况（引自 https：//blog. sina. com. cn/u/1414474214）

图 3　2015 年送王期间进发宫中的神明情况

（引自 https：//blog. sina. com. cn/u/1414474214）

谓是如何来的。

其实"法绳"也称"法索""法鞭""净鞭""打神鞭""麻蛇"等,是闾山道派法师的重要法器之一,凡举法师做请神净坛放兵、收兵犒赏、改厄制煞及各种驱邪押煞等法事,都需要使用法绳。

法绳长七尺二,分为蛇头及蛇身两部分,蛇头部分以桃木雕刻成蛇形手柄,需上顶八卦,下披七星,蛇身部分以苎麻编制而成,编制方式分为7股和9股2种,桃木和苎麻连接处及蛇尾需涂上红漆。长度七尺二代表72侯,抚三辅、应三台;蛇身以7股编制代表贪、巨、禄、文、廉、武、破七星,9股则代表七星加上左辅右弼。

相传法鞭的使用是始于法主公张慈观(出生于宋天圣二年),《德化文史资料》云:"……师尊降旨:'慈观可先回去除妖,章真、萧信他们另有差遣。三位日后在石壶岩聚首。'慈观乞赐护身法宝,师尊说:'你原来砍柴用具即是法宝,届时自然灵验。'慈观叩谢后,奔向尘寰。路经蓬岛,两条麻绳忽而变化成两条长蛇,一条凌波溜走不知去向。慈观立刻抓住一条缠在自己脖子上,用师尊传授的灵符封牢。又挥舞起扁担,闪闪发光,呼呼作响,转眼变成一口莫邪宝剑。"[①]换言之,也就是说,民间认为法绳是源自闾山派法主公张慈观在闾山学法时所用的砍柴工具——捆柴火用的绳索,即法绳是由张慈观平时用的捆东西或捆柴草的绳索演化、神化来的,并因其化为蛇形,并被神咒镇压,故法绳制作像蛇,手柄为各种蛇形(进发宫的法绳手柄为南蛇模样)。所以法绳应是闾山派重要的法器之一,因源自法主公张慈观,故而可以称之"法主绳(鞭)",简称"法绳(鞭)"。在进发宫的三坛头看来,当三坛头吟唱请神咒语:"拜请恩主南蛟黑蛇万龙军,神通广大独为尊。头上火焰驱邪威,火丹炎炎鬼神惊。吞精食邪广万里,号令一声在坛前。喝起天兵在吾左,喝起地兵在吾右。吾受玉皇上帝敕,焚香拜请到坛前。

---

① 中国人民政治协商会议福建省德化县委员会文史资料研究委员会:《德化文史资料(第15辑)》,1994年,第27～29页。

弟子一心专拜请。恩主大将降临来。神兵火急如律令。"①换言之,其可以化为"南蛟黑蛇万龙军",但却不是被人崇拜的某神明的神像。

总之,进发宫这艘船就是一个庙,是艘船庙,而非里面的神龛是庙宇,或最小的庙宇。另外,我们从图3可以看到,当神龛装不下时,神像可以摆在神龛外的案桌上,因此,如果神龛是庙的话,岂不神像都供奉在"庙宇"外了,这是不可言说与想象的。

## 二

谈到漳州烧灰巷水居社进发宫的"送王船",一般都介绍请王、送王仪式的后半部——真正的"送王船"。如提到进发宫庚子科的三朝王醮,就有人说,它从九月初九开始。九月初九,中坛元帅圣诞结坛,搭船寮;九月初十,请王,三坛头罗坛,立灯篙,道士起鼓;九月十一,道士早晚朝科,三坛头罗坛;九月十二,主公玄女圣诞,道士早晚朝科,三坛头罗坛;九月十三,三坛头罗坛,送彩船,做外敬;九月十四,合会补运。而且每年几乎都如此。然而这种说法都忽略了俗称的"送王船"本就应该包括迎王的部分,因此没有介绍请王的情况,实际上等于是忽略了"送王船"仪式的原真性。

其实进发宫的整个所谓的"送王船"仪式过程,包括"询平安"(向神明询问当年所请王爷的数量和姓氏)、"请平安"(迎请水府神祇及外海王爷到庙坐镇、代天巡狩,为一方信众解厄赦罪赐福)、"送平安王"(造王船,祭王、酬王后,将王爷送走)三部分。前两者属于"迎王"环节,"送平安王"属于"送王"环节,也即真正的"送王船"或"烧王船"。换言之,人们俗称的"送王船"应包括"询平安""请平安""送平安王"三部分;前两者不涉及"王船",而"送平安王"才需要建造"王船",所以

① 杨鸿、陈花现编著:《漳州龙溪水居社进发宫》,2019年,第23页。

"送平安王"才是名正言顺的"送王船"或"烧王船"或"送王"(用王船送走代天巡狩王爷,进发宫的信众称之为"平安王")。整个过程大约历经 7 个月。也就是说,进发宫每年都要迎来他们所谓的"外海王爷"来本宫驻跸 7 个月时间,然后在九月十三送走。由于后者仪节多,热闹,故民间常用表述后者的词汇"送王船"来指称整个仪式过程。在进发宫,迎王、送王的仪式过程主持人主要是庙方的三坛头,请来的道士只是辅助,只参与"送平安王"部分,他们主要是建醮来送王,通常做的是"平安清醮",由于在"送王"期间做科仪,故也称这种"平安清醮"为"王醮",即"王爷醮"。在进发宫,从事"王醮"是三年一循环的,即第一年做一朝王醮,第二年做二朝王醮,第三年做三朝王醮,第四年又从一朝王醮做起,这样循环下去。2020 年正好是做三朝王醮的年份,所以,在2020 年送王时,进发宫请灵宝派的道士来做三朝王醮,时间从九月十一到十三。

进发宫每年做"询平安"仪式是在农历二月里做,询平安是向神明询问所请王爷的数量和姓氏的仪式。在二月到来时,先由三坛头或他们自己所称的"三坛小法"择出"询平安"的吉日。在吉日的晚上 7 时到11 时之间,开始"询平安",先是请神,上至天曹金阙玉皇上帝、东岳大帝、释迦牟尼佛祖、观世音菩萨(佛祖)、南北二斗,下至阎罗天子、注寿司官(添福寿官)、注生娘娘、十二婆姐、产妊夫人等遍及三界的神明一一礼请到位。然后三坛头的法长用轿扛扶乩的方式来得到神明特别是玉皇上帝的指示,以确定当年有几位代天巡狩的"外海王爷"(也有人认为是"水府王爷")要来该庙驻跸,以及他们的姓氏。换言之,即在择出的二月吉日里,通过"扶乩"或"降僮"的形式来获致当年迎请前来进发宫驻跸的"外海王爷"或"水府王爷"的人数以及他们的姓氏,做好"请平安王"的准备。如 2015 年请来温、康、沙、岳、赵五位王爷;2017年迎来赵、温、沙、康、萧、孙、张七位王爷;2020 年迎来王、岳、沙、赵、康、张、萧七位王爷。

农历三月初三为进发宫供奉的玄天上帝的圣诞之日,进发宫除了举行庆典庆贺圣寿之外,还要在这天举行"请平安"的仪式,其由三坛法长主持,将写有王爷姓氏的"彩扎王令(王爷的令箭)"供奉于进发宫的神龛前,以代表所迎请来的外海王爷驻跸该庙,到庙坐镇、代天巡狩,为一方信众解厄赦罪赐福,保一方平安。此后进发宫的信众会陆陆续续来此供奉与祭拜或请外海王爷去坐镇。

"送平安王"的仪式在九月初八开始,最初几天是"送平安王"的准备工作。初八一早,结船建坛,在举行请天火、移营、罗坛、浮炉、敕符等仪式后,将包括进发宫船庙在内的四五艘船固定成一座临时的大船庙,每艘船相当于一个殿,如进发宫主船改为"王爷馆"或"代天府"。一艘称"主公船",内供奉进发宫的九天玄女与剑童、印童等,后则作为道士从事王醮的"三清坛"。一艘称"三坛船",内供奉进发宫的玄坛元帅,该船为三坛头们做法事的场所或"道场"。一艘供奉"天公炉",而构成一个比较大的祭祀空间,以便仪式活动的展开。

九月初九是中坛元帅的生日,进发宫做仪式为其庆祝圣诞,同时在岸边搭船寮(即王船厂),准备开始建造王船与纸扎王爷的彩扎金身等的事务。

九月初十拂晓请王,由三坛头们在王船厂中用为四尊王爷、天上圣母妈祖、钦奉厂官爷等的彩扎金身点眼开光的方式,迎请他们到主船王爷馆(即代天府,见图4)安座,升堂办事。而请来的几尊王爷则用写有姓氏的王令来表示。因王令只有五支,故如多于五位,最后几位的姓氏就写在红纸上,贴与王令座上。2020年所请的神明还包括了漳州地区较为流行的、俗称"天仙"的神明。他们供奉在纸扎王爷的右边。岸边则竖起灯篙(用一根带有梢的竹竿挂上灯与幡布制成),昭示开始要从事"王醮"。进发宫周边到处彩旗华盖、张灯结彩。进发宫信众主动来供奉、祭拜。

初十道士就会来到进发宫,在主公船布置三清坛等做"王醮"的工作,布置好后起鼓、闹厅,三朝王醮拉开序幕。2020年王醮榜文如下:

图 4　2020 年九月送王时的"王爷馆"(即代天府)

榜　　灵宝大法司

太上三五都功经箓清真静灵振坛传度道长王吴罗民,

帝命掌握符印领诸司号令之权,主元坛谢恩之衷,所有激切条例、词陈,合当播闻中外,

金据

中华人民共和国福建省漳州府龙溪县南河水居进发宫闲来同址居住,奉

道,修醮三朝,保境植福,炉主钟明华、郑进兴、阮春芳、郑国瑞、陈林跃东、理事会郑拾字、郑耀聪、郑爱食……欧郑宝艺偕合众人等,　　　　　　以今一坛善事,

涓兹今月十一、十二、十三日,为起延仗,黄冠肃宇,舒坛开设,

三界攸司,敬启芳筵,恭迎

帝辂,扬旗通厥,揭榜告明,演拜朝天宝忏,看讽

玉皇金印妙经,过午进供,普奉

高真,监晚趋启,

圣师主维大教,燃灯卷帘,鸣金戛玉,宿启行道,敕水禁坛,敷露云篆安镇,文忏悔十极,乙奏九

天朝,四五府谢师解珮,暂息焚音,少停法事,次日天曙,复整坛场,三朝行道九捻,上香词疏衷三,上金门香灯果,普献

玉阶,登座说法三旱,重白

至尊,复宣诚恫进一之表旨,奏通明之御号,行香绕境,各家贡疏,禳祭天仙,运送彩船,钱祭火部掩灭炎威,关祝华灯,光映元辰,赈恤孤魂,完满降迎

玉京上帝四府高真,一念征诚,三行美酝,四省谢师,出坛劳将,安奉

真列分位,行科三旦夕,功果完满等因,延格

高真祈求景贶

    神人致敬                 各安齐肃

        须至                      榜者

右榜告        晓谕        神人        周知

天运庚子年九月               十一、十二、十三日给

        右榜告

榜       发坛前挂

九月十一,王船出厂或"出仓"。在进发宫,出厂的活动是以王船造好后,拆除"船寮"来表现,这相当于王船移置"锚地",表示王船已入港待命,等候外海王爷登船回归。进发宫的王船通常都由竹木为框架构成福船形,外糊绸布、彩色绫纸而成,长约7米,每年略大一点,以表示每年都"发"。三桅的官船式样,白底。船头有彩纸雕塑成的狮面,上插"代天巡狩"红旗,下挂"代天巡狩""八仙彩",并挂着写有"招财进宝"等吉祥语词的大红灯笼;船尾则装饰青龙。上半部船舷上插"青龙""白虎""朱雀""玄武""勾陈""腾蛇"等代表方位与星宿的各色纸旗与纸扎的水手,船尾侧舷上则插着"三军司命""木龙光彩""天上圣母"

等旗帜。船的中部为官厅(即王爷厅),船尾有的有一神厅,那是妈祖与"厂官爷"居住的地方,妈祖的功用是保护彩船在海上、天河中的安全,而厂官爷则负责王船建造时的安全与在海上、天河行驶时船体的安全。

这天,三坛头还需在三坛船等处罗坛作法,并在岸边烧一堆炭火,来举行俗称"踢过火"(亦称"操练火盆")的仪式。三坛小法从事"开坛请神""调兵安营""操营结界""颁符押煞"后,则带领信众从事"操练火盆"的仪节,待三坛小法们抬着神辇、法器、香炉等赤脚踢开炭火,等神辇踏过火堆三趟后,信众背着装有家人的衣物包袱或者环抱幼子,纷纷踏过,以祈求驱邪治病、福寿安康。也有妇女等过火一结束,马上铲点炭火回家,驱邪祈福,以祈祷家庭红红火火,家人平平安安、健健康康。道士则在主公船等地方做王醮的早、中、晚的科仪,大概是早朝、午供、晚朝等。

九月十二,为进发宫主公九天玄女的神诞日,是日三坛头要为其主公九天玄女做祝寿仪式,信众则来祭拜、烧金,同时也祭拜"王船"。进发宫地处的漳州市中心的江滨公园,因早早立起彩旗华盖,张灯结彩,正一道士从早至晚斋醮,三坛头鼓乐唱念不断,周边信众不时结伴而来拜神献祭,并为王爷船献祭"添载物",现场节庆氛围十分浓厚,吸引许多行人和民俗爱好者驻足观赏。

九月十三为真正的"送王船"日子。这天三坛头罗坛祭祀本坛的王爷"贡王",正一派道士则做俗称"拜王船头"的"请王送瘟修醮谢恩祈安植福法会",做法会时,供品为嵌有猪尾的猪头、公鸡、鱼、鱿鱼等各两份,一生一熟。道士念诵经文,估计是把道教设计用于送瘟的科仪经文在此诵读,然后表演王船水手划船的动作,以象征王船向外海行进。仪式结束后,在下午四五点时,进发宫开始迁船,先在王爷等神辇的引导下,将王船扛到一艘"趸船"上,准备行进至江中的待御巷沙洲上。三坛头在船庙往陆上的路边夹道蹲着,敲响哪吒鼓,念着本庙三坛头咒语,如"谨请乘风厂官爷,日日坐船游江河。两边手下叮当响,亚班水手驶船人。车帆起锚喊严声,摇橹扳带顺顺行。游山公公上天去,游海公公在船中。吾奉玉皇上帝敕,送出外海去游香。弟子一心专拜请,厂官爷公降临来。神兵火急如律令",护送水居社的炉主、长老们将王爷、妈祖、厂官爷、天仙和其他将爷等以及为王船添载的东西送上另一只船,然后,三坛头跟着装有王船的趸船,出发迁船并巡江,到达江心的沙洲,后将王船扛上沙洲,在王船地由王爷的神辇来定位与定方向,而后将王船定位。之后,将王爷等送上王船,王爷居官厅,妈祖居后,厂官爷居官厅外,接着再将添载物(金纸、柴、米、油、盐、肉等)送上船,或堆在船下。在一切准备妥当后,做了最后的祭拜后就点火化吉,送这任的外海王爷离去,同时也带走本社的邪煞、晦气等,洁净了本社区及其社会成员。

待王船化吉后,大伙才回程,并在进发宫主船上举行祭拜"老先生(祖师)"的仪式。九月十四晚上还得由三坛头举行"进钱补运"的仪式,九月十五三坛头"收兵谢坛",十六日"安座",主公船、三坛船的神明回归进发宫的主船神龛,恢复进发宫的原样,自此,进发宫一年一度的迎王、送王仪式的过程或各仪节才算圆满完成。故上述的所有才是进发宫迎王、送王仪式的本真。

本文完成于2020年12月17日11时,此为中马联合申报的"送王船"成功列入人类非物质文化遗产代表作名录之后三小时;原载《闽南文化研究》2022年总第28期。

# 钟山水美宫是代天巡狩王爷
# 朱、池、李的祖庙

厦门市海沧区钟山社区居住区南边的兴东花园边有座 2019 年重建的大三开间三重檐歇山顶金色琉璃瓦的宫庙，其庙额为"水美宫"。就宫庙本体而言，其保存着许多闽南人的文化遗产与非物质文化遗产，如闽南传统的大木建筑以及建筑技艺、石雕及其技艺、影雕及其技艺、细木木雕及其技艺、木构彩绘及其技艺、泥塑及其技艺、剪粘及其技艺、交趾烧及其技艺等，故重建的水美宫，庙貌金碧辉煌、美轮美奂，是一座不可多得的反映闽南文化遗产与非物质文化遗产的物化宝库。

据钟山人说，该宫的所在地原为钟山村东南端的海边，为流经钟山村的一条小溪的入海口。该宫相传建于明代，最初名"浦尾庵"，也称"水尾庵"，后雅化为"水美宫"，供奉朱、池、李三位代天巡狩王爷。

为何在此建宫庙供奉代天巡狩王爷？据钟山人世代相传，明代有一天，一位乞丐在这里的海边捡到一个有封印的竹筒，他打开后，飞出三尊神魂，告诉当地人，他们是皇帝与张天师斗法而冤死的三十六进士中的三位，姓朱、姓池、姓李，皇帝封他们为代天巡狩王爷，走府吃府，走县吃县，四处代天巡狩。今爷几位来此地驻扎，是要以此为基地，造福与庇佑当地的百姓，并以此为基地外出代天巡狩，以便造福更多的人。钟山人听从了此"神示"，便在小溪的水尾入海口修建了坐东朝西的"水尾庵"，供奉朱、池、李三位代天巡狩王爷，由此建构了朱、池、李代天巡狩王爷的祖庙。由于朱、池、李王爷常外出代天巡狩，所以宫中也没有供奉朱、池、李的神像,只供奉一块"代天巡狩"神牌。由于王爷每三年会回来一次,然后再出去代天巡狩,故钟山也形成了三年一次的民间俗称"送王船"或"做好事"的迎王、送王的仪式,即虎(寅)、蛇(巳)、猴(申)、猪(亥)年都会举行迎王、送王仪式,其程序大体有选主会、竖灯篙、造王船、迎王、祀王、仙舟巡境、普度、烧(放)王船送王等,并一直延续至今。同时,钟山人也认为代天巡狩王爷是类似于封建王朝里的巡按或钦差的神明,其神力或神威比那些类似于县官或府官的境主公来得大。2011 年,"民间信俗(闽台送王船)"被列入国家级非物质文化遗产名录中。

据称,朱、池、李代天巡狩王爷驻扎钟山后,也确实尽心尽责,为钟山人驱邪煞赐福祉,庇佑钟山人民,其丰功伟绩与灵验也不断流传开来,使得周边的一些村落也得知朱、池、李代天巡狩王爷的威名与灵验,当遇到困难与危机时就会来水美宫请王爷去镇守或去巡狩。如漳州市角美镇的白礁村就在清代光绪九年(1883 年)请水美宫的王爷去该村解决瘟疫流行的大事,并因此在白礁村建造了"天赐东宫"这样的王爷宫,以供奉朱、池、李三位代天巡狩王爷,并且每年都要回祖庙请火。再如角美镇的鸿渐村,也因有难请水美宫的王爷驱邪赐福后得以化险为夷,并因此形成到水美宫"迎王",然后在"贡王"或"祀王"(祭祀王爷)后,再"送王"的仪式。还有晋江十三施的王爷宫也是从水美宫分灵的。此外,水美宫朱、池、李王爷的信仰也随着"送王船"仪式与村民的迁徙分灵于中国台湾与东南亚地区,如马来西亚槟城就建有供奉朱、池、李代天巡狩王爷的"水美宫"。

# 后　记

　　本书为 30 多年来笔者调查、研究请王送王仪式实践心得的集录，也算是对过去 30 多年来这一方面调查、研究的一次总结。其能问梓，首先应感谢厦门市闽南文化研究会的支持。其次，应感谢厦门大学出版社的薛鹏志编辑和林灿编辑。前者慧眼识珠，让本书的出版成为现实；后者为本书的责任编辑，在他悉心、认真、仔细的审读与校阅下，本书辑录文章过去存在的一些疏漏得以校正，一些术语、认知与观点也有进一步的明确与进步，使得本书的质量有了很大的提升。

　　综观本书，有些认识是必须再次归纳的。如送王船实际应称之请王送王仪式，也即是说，有请王才有送王，迎王或请王是迎接代天巡狩王爷上任，送王是用王船放水流的"游地河"方式载着王爷离任，或用焚化王船的"游天河"形式送王爷离任。前者可称"送王船"，后者也可称"烧王船"，形式虽不同，但都表达着"送王"的意义，即送来某地上任的王爷离任。因送王通常规模大、热闹，所以民间常以"送王"的名称来指代整个仪式实践。也因之，送王仪式与送瘟仪式不是一回事：送王是送代天巡狩王爷离任，去他地巡守，或回天庭；而送瘟是派出王爷押送来某地司瘟、行瘟的瘟神、疫疠等出境，而非送王爷走。因此，这类代天巡狩的王爷不是瘟神，也不是类似瘟神的神明，更不能称之为瘟王。试问在民间实际的社会生活中有谁会或敢迎接瘟神上门的？送瘟仪式是遇到了瘟疫后才有的行为，所以在这类仪式中，没有请王的仪节。也因之，当人们接到送瘟的神船时，会接受押送瘟神出境的王爷在当地驻扎,而不是接受瘟神或瘟王。从事送王仪式的闽南人都把王爷视为代天巡狩的王爷,也就是类似封建王朝的钦差大人或巡按。他们比地方官权力大,故有比境主神明更大的神性或力量可以镇压或驱离瘟神。所以,民间才有用王爷来驱离瘟神的作为。也因此,在真正的送王过程中,也有定期洁净送王仪式实践从事之地的功能。不过这类洁净地方的功能与专门的驱离瘟神的送瘟还是有些区别的。即送王带走的是某地某个时间段里积累下来的邪煞、晦气等不洁之物;而送瘟则是在民间认为瘟疫流行、发作时的一种禳解仪式。前者是定期的,后者是不定期的,因为瘟疫不可能定期出现。

另外,送王是沿海地带某些闽南人村落所特有的一种仪式实践,并非某种神明的庙宇的专属,所以它与五帝庙特有的"出海"和遇到瘟疫时的"送瘟"不是同类的仪式实践。尽管这些仪式中有某些类似的地方,如都用到"船"这一载体,但仪式中的许多象征、意义则不同,如闽南人"送王"时用的船是"官船"体,而1903年泉州富美宫"送瘟"时的"彩船"是"民船"体。这表明,上述有着某些类似现象的仪式实践并非同一类,不能混为一谈。

最后是关于送王仪式与王爷信仰的关系问题。笔者在研究中也已厘清了一些眉目,即王爷信仰多数是在请王送王仪式形成后再形成的,这可以从许多仪式实践中看到。在一些请王送王仪式中,每次迎请的王爷都可能不是同一人,是通过神灵媒介而知其姓氏却不知其名字大号的王爷。而且在某姓王爷中,有的是一个姓氏有不同名号的神明人物,如池王爷就有池梦彪和池然之区别。所以王爷往往是先知其姓,而后才有具体名号与事迹的神明。因为某姓王爷多在请王送王的仪式中由神媒告之而出现,随后,某姓王爷驻扎下来,才慢慢有了具体的名号与事迹或神迹。因此,王爷信仰来源于请王送王仪式,这样的逻辑推理应该是比较合情合理的。

当然,对于请王送王仪式实践的认识与理解还有许多需要厘清的问题,如文献记载的一些内容与社会实践的不符,道士或师公手中的送船科仪是否专为请王送王仪式设计的,等等,都有待进一步探究。故而,今后笔者将会在这些方面多加努力,或写文章,或写专著,以便使这一联合国教科文组织的人类非物质文化遗产代表作的来历与面貌更加符合历史事实和社会事实。